Walter C. Wright

Der Beziehungsfaktor

Walter C. Wright

Der Beziehungsfaktor

Menschenorientiert führen. Ziele gemeinsam erreichen

Mit einem Vorwort von Eugene H. Peterson

BRUNNEN
VERLAG GIESSEN · BASEL

Band 5 der Edition AcF
Die Edition AcF wird herausgegeben von der Akademie für christliche Führungskräfte, Furtwängler-Str. 10, 51643 Gummersbach,
Tel. (++49) (0)2261 / 807 227
www.acf.de

Erschienen 2000 unter dem Titel Relational Leadership. A biblical model for leadership service bei Paternoster Press, einem Imprint von Paternosterpublishing, Carlisle, Cumbria, Großbritannien und Waynesboro, Georgia, USA

Aus dem Amerikanischen von Wilhelm Schneider
Lektorat: Ralf Tibusek

Umschlagfoto: Premium, Düsseldorf
Umschlaggestaltung: Ralf Simon
Satz: DTP Brunnen
Herstellung: St.-Johannis-Druckerei, Lahr
ISBN 3-7655-1275-3

Inhalt

Den Führungskräften,
der Fakultät, den Mitarbeitern
und den Studenten des Regent College,
die mir die Möglichkeit gaben,
ihnen durch Führen zu dienen.

Vorwort

Das muss man vielleicht zuerst sagen: Eine „geborene Führungskraft“ gibt es nicht. Jeder eifert zunächst seinen Eltern, den Geschwistern oder älteren Kindern in der Nachbarschaft nach. Später ahmen wir unsere Lehrer, Trainer, Chefs, Manager, Ratgeber und Führungskräften nach. Dann treten auch Autoren und Heilige, Prediger und Propheten als Führungskraft in unser Leben, von denen einige schon lange verstorben sind, und wir eifern ihnen nach.

Und irgendwann beginnen dann Menschen uns nachzueifern – ob wir das wollen oder nicht, ob uns das bewusst ist oder nicht. Wir werden Führungskraft. Jeder von uns. Menschen beobachten, was wir tun und wohin wir gehen. Sie haben den Eindruck, dass wir wissen, was wir tun und wohin wir gehen wollen. Und sie folgen. Wir werden Führungskraft, ehe wir überhaupt wissen, wie man leitet.

Für manche ist das verlockend. Führungskräfte haben Macht. Man ist angesehen, man sieht zu uns auf und respektiert uns. Wir lieben Verantwortung. Wir mögen es gerne, wenn man uns nacheifert – es hebt unser Selbstwertgefühl und wir fühlen uns wichtig. Wir versuchen, unsere Macht zu erhöhen. Wer uns folgt, den benutzen wir. Er soll uns helfen, das zu werden, was wir werden möchten und soll das tun, was wir wollen.

Für manche ist das erschreckend. Doch Führungskräfte haben Verantwortung. Menschen möchten von uns geführt werden. Wenn wir das Falsche sagen oder tun, können wir andere verletzen und wenn wir uns zu sehr auf sie einlassen, können sie uns verletzen. Wir tragen nicht gerne Verantwortung und möchten nicht, das andere uns nacheifern. Das stört uns in unserer Eigenständigkeit und unserer Privatsphäre. Wir suchen nach Wegen, diese Verantwortung zu meiden und so wenig wie möglich mit denen zu tun zu haben, die uns folgen.

Und nun erkennen wir, dass wir alle in gewissem Maße Führungskräfte sind und „Führungskraft" keine Rolle ist, die auf eine bestimmte Arbeitsbeschreibung beschränkt ist. Und jetzt wissen wir, dass wir Hilfe brauchen. Denn die Position der Führungskraft – ob offen oder im Geheimen – kann unseren Ehrgeiz oder Gefallen an der Macht wecken. Das endet dann damit, dass wir Menschen und Organisationen benutzen, um uns selbst in ein besseres Licht zu rücken. Und die große Versuchung ist, durch Zwang oder Manipulation zu führen. Dann sind für mich diejenigen, die mir folgen, vor allem ein Mittel, um meine Ziele und Strategien zu fördern.

Unsere Führungsaufgabe kann uns aber auch erschrecken und wir ziehen uns in die Isolation zurück. Wir ziehen uns von anderen und ihrem Bedürfnis nach Liebe, Mitgefühl und Gerechtigkeit zurück und suchen Distanz zu denjenigen, die uns folgen. Schließlich führen wir, indem wir aus der Ferne die Kontrolle ausüben und die Geführten als Last und Ärgernis ansehen. Wir meiden sie. Und wenn wir sie nicht meiden können, neigen wir uns gönnerhaft zu ihnen herab.

Wenn wir unweise, unintelligent und unaufmerksam führen, kann dies uns und die Menschen um uns herum lähmen oder sogar zerstören.

Führung lässt uns und unser Umfeld oft unpersönlich werden, und wir werden schlechter statt besser. Führungskräfte aller Art – Mütter und Väter, Freunde und Nachbarn, Brüder und Schwestern, Präsidenten und Vorsitzende, Pastoren und Lehrer, Künstler und Sportler, mit anderen Worten: jeder von uns – brauchen Hilfe. Das, was die Führungskraft durch die Jahrhunderte hindurch vorzuweisen hat – sei es in Politik oder Wirtschaft, in Erziehung oder Religion, in der Familie oder einer anderen Gemeinschaft – ist nicht sehr ermutigend. Verführung und Druck durch eine ungeübte Führung kann uns leicht zerstören. Ja, wir brauchen Hilfe.

Walter Wright hat sich schon lange mit dem Wesen von Führung beschäftigt und bietet frühzeitige und erprobte Hilfestellung. Er hat nachgedacht, gelehrt, gebetet, Gespräche geführt und groß und breit in der Bibel und anderer Literatur über die Natur des Führens geforscht und das Gelernte in seinem Leben umgesetzt. Und nun schreibt er. Die Art zu führen, die Walt Wright lebt und über die er nun schreibt, ist keine Rolle, keine zugewiesene Stellung. Führung ist ein Lebensstil, der alles durchdringt – was wir tun und was wir sind. Sie ist eine besondere Art und Weise, sich in der Familie und der Ehe und unter Freunden zu geben, auf die Arbeit zu gehen und Berge zu besteigen. Es ist auch, was das Zentrale ist, eine Art Jesus nachzufolgen – alles, was er tat zu tun und darüber nachzudenken.

Eugene H. Peterson
Professor em. für spirituelle Theologie
Regent College, Vancouver, Kanada

Was ich will

Führen – was ist das? Wie können Sie führen? Wer ist eine Führungskraft und wer nicht? Seit über dreißig Jahren suche ich nach Antworten auf diese Fragen. Denn immer wieder erwarten Menschen von mir, eine dieser Führungskräfte zu sein und zu wissen, was Führen ist.

Vor gut zwei Jahren wurde ich gebeten, die Festansprache zum Abschluss eines mehrwöchigen Management-Aufbauseminars zu halten. Was sagt man einer Gruppe von erfahrenen Geschäftsleuten, die gerade vier Wochen intensiv Führung an einer der besten Schulen Kanadas studiert hat? Sie bereiteten sich gerade auf die Rückkehr in ihren normalen Alltag irgendwo auf der Welt vor. Ich hielt es deshalb für interessant, über den Aspekt der Beziehungen bei der Menschenführung zu sprechen.

Führung ist letztlich eine Beziehung zwischen dem Führenden und dem, der folgt. Verläuft sie ideal, ist es eine Beziehung, die eine Vision, die Verantwortung und die Führung selbst teilt. Deshalb beschloss ich, meine Rede aus der Sicht der Menschen zu halten, die von diesen Menschen geführt werden möchten – die Menschen in ihren Unternehmen, für deren Erfolg sie die Verantwortung tragen. „Achtung! – Hier kommt eine Führungskraft!“, oder „Wer sind Sie? Wer sorgt sich um Sie?“, titelte ich meinen Vortrag.

Ich wollte über das Modell einer *Führung durch Beziehungen* sprechen. Darum konzentrierte ich mich auf den Charakter der

Führungskraft. Deren Charakter steigert letztlich den Wert eines Unternehmens und bestimmt in entscheidender Weise die Unternehmenskultur mit.

Wer Sie sind zählt. Was Sie glauben und wie das Ihren Charakter prägt ist tatsächlich wichtig für die Menschen, die Sie führen. Die Art der Beziehungen, die Sie an Ihrem Platz im Unternehmen pflegen, beeinflusst stark die Art und Weise, wie das Unternehmen seine Aufgaben erfüllen kann. Es prägt auch die täglichen Erfahrungen der Menschen, mit denen Sie arbeiten. Die Menschen interessiert es, wer Sie sind. Das macht den Unterschied.

Als meine Rede später ins Internet gestellt wurde, erhielt ich zahlreiche Briefe. Fast alle bekräftigten die Wichtigkeit des persönlichen Charakters und der Beziehungspflege.

Das Modell einer Führung durch Beziehungen entwickelte ich in den langen Jahren, in denen ich mit und für Menschen arbeitete. Viele der grundlegenden Bestandteile entstanden intuitiv, als ich während meines Studiums als Aufseher an einer Rampe für einen internationalen Flugservice arbeitete. Unsere Firma bot Serviceleistungen am internationalen Flughafen von San Francisco an. Auf der Rampe hatte ich wenig Autorität und ein Team schlecht bezahlter Kurzzeitangestellter und musste einen straffen Flugplan einhalten. Hier lernte ich den entscheidenden Wert von Beziehungen.

Meine Arbeit konnte ich nicht tun, wenn nicht jedes Mitglied meines Teams die seine tat und sich unser Gesamtziel zu Eigen machte. Führung und Verantwortung wurde geteilt, obwohl einzig ich der Unternehmensleitung Rechenschaft ablegen musste. Als Team arbeiteten wir gut zusammen und hatten Spaß miteinander. Dieser Satz fasst wahrscheinlich die Philosophie einer Führung durch Beziehungen zusammen: Wir arbeiteten gut als Team zusammen und hatten Spaß miteinander!

■ ***Führung durch Beziehungen heißt: Wir arbeiten als Team gut zusammen und haben Spaß dabei!***

Nach dem Studium konnte ich mit und für einige exzellente Führungskräfte arbeiten. Calvin Schoonhoven, Vizepräsident einer theologischen Hochschule, glaubte an mich und gab mir eine Chance. Durch ihn erhielt ich den Anstoß, über Führung in der christlichen Gemeinschaft nachzudenken. Glenn Barker, der Dekan der Universität, nahm mich unter seine Fittiche und war zwölf Jahre lang mein Mentor. Sein Vorbild ließ mich das Modell einer dienenden Führung verinnerlichen. David Hubbard, der ausgezeichnete Präsident von Fuller, lebte ein Modell einer Führung als Theologe, die immer noch mein Maßstab ist für alles, was ich tue. Und dann gab es noch Max DePree. Max DePree war der ehemalige Generaldirektor der Herman Miller GmbH, einer großen Möbelfabrik. Er ist Autor der Bücher *Leadership is an Art*, *Leadership Jazz*, *Letters to Zoe* und *Leading without Power* und hat mich wahrscheinlich mehr geformt als irgendein anderer Mensch. Als ich als junger Mann in der Verwaltung der Universität tätig war, war Max der Vorsitzende des Aufsichtsrates.

1981 arbeitete ich als leitender Institutsdirektor für die Entwicklung christlicher Organisationen bei Fuller. Max DePree schulte die Führungskräfte der Hochschule. Wie ich ihn beobachtete, hörte und später seine Bücher las, lernte ich in ihm einen Mann kennen, der tief den fürsorglichen Ansatz und das Führen durch Beziehungen verkörperte. Er hatte Charakter, und seine tief verwurzelten „christlichen" Werte durchdrangen seinen Ansatz, durch Beziehungen zu führen.

Als ich zum Präsidenten des Regent College berufen wurde, fragte ich DePree dreist, ob er mein Mentor werden würde – und er nahm an. Nun habe ich jedes Jahr die Möglichkeit, mit DePree einen oder zwei Nachmittage zuzubringen. Ich denke mit ihm über das nach, was ich lernen will, was ich tun möchte, und profitiere von seiner ständig zunehmenden Weisheit in Bezug auf Führung.

Wenn es ein sichtbares Modell für Führung gibt, das ich gerne in meinem Leben anwenden möchte, dann ist es das Modell von Max

DePree bei Herman Miller. Max verband christliche Werte mit einer effektiven Firmenleitung und machte so Herman Miller zu einer der beliebtesten Arbeitsplätze in Amerika. Dies ist der Maßstab, an dem ich meine Qualitäten als Führungskraft messen möchte.

Dieses Buch entstand als ein fortlaufender Prozess. Es ist eine Wiedergabe meiner gegenwärtigen Gedanken über Führung – wie ich versuche, sie auszuüben und zu lehren. Ich versuche bereits seit über dreißig Jahren, das sich ständig entwickelnde theologische Verständnis meines christlichen Glaubens in verschiedenen Rollen im mittleren und gehobenen Management anzuwenden. Und seit über zwanzig Jahren lehre ich Führung. Hier versuche ich, die besten gegenwärtigen Gedanken darüber mit meinem theologischen Verständnis in Bezug zu bringen. Die letzten dreizehn Jahre war ich Präsident des Regent College, einer kleineren Universität im kanadischen Vancouver. Dort wurden alle Ideen einem Praxistest unterzogen.

In gewisser Weise schreibe ich dieses Buch seit dreißig Jahren. Es ist der Kern meines Seminars „Führen für Diener". Aber es ändert sich auch ständig, wenn neues Forschen und Nachdenken mit einfließt und neue Situationen in der Praxis der Führung auftreten. Die Welt um uns herum verändert sich. Unsere Organisationen verändern sich auch ständig. Die Menschen, die wir führen, verändern sich. Führungskräfte und Führung müssen sich auch ändern. Nur Gott alleine ist unveränderlich. Und für christliche Organisationen ist dies der Punkt, an dem alle beginnen.

■ ***Die Welt um uns herum verändert sich. Unsere Organisationen verändern sich auch ständig. Die Menschen, die wir führen, verändern sich. Führungskräfte und Führung müssen sich auch ändern.***

In dieser Studie beginne ich mit der Kritik eines biblischen Autoren an der Führung in einer christlichen Gemeinde des ersten Jahrhunderts. Die fünf scharfen Anfragen, die der Brief von Judas aufwirft, sind der Umriss für die darauf folgende Darstellung einer dienenden Führung. Ich versuche in dem Buch auch, die praktische Anwendung der Führung auf die hervorragende biblische Fallstudie im Kolosserbrief zu gründen. Die dortige Gemeinde ist eine lebensnahe und mit beiden Beinen auf dem Boden stehende christlichen Gemeinschaft. In ihr sehen wir, wie das Führen durch Beziehungen inmitten menschlicher Gefühle und Konflikte innerhalb von Organisationen funktioniert. Und auf der Grundlage von Judas und Kolosser versuche ich ein Grundmodell einer Führung durch Beziehungen zu erstellen, wie es sich durch mein Studieren und meine täglichen Bemühungen, in einer besonderen christlichen Gemeinschaft Führungskraft zu sein, entwickelt haben. Viele meiner Veranschaulichungen stammen aus meinen eigenen Erfahrungen. Wenn ich mich auch für die Begrenztheit dieses Beispiels entschuldigen muss, so ist es doch die tatsächliche Bühne, auf der diese Prinzipien und Methoden getestet wurden. *Der Beziehungsfaktor* ist keine Theorie. Es ist eine Art zu führen, die ich selbst zu leben versuche. Ich bin auch bereit, für sie Rechenschaft abzulegen.

Führung ist eine Beziehung, und für den Rest dieser besonderen Reise wird es eine Beziehung zwischen Ihnen, dem Leser, und mir als Autor. Ich wünsche mir, dass diese Gedanken und Erfahrungen Ihr Denken über Führung anregt und Sie fähig macht, sich für die Menschen zu engagieren, für deren Wohlergehen Sie verantwortlich sind.

1 Die Theologie einer dienenden Führung

Dieses Buch handelt von Führung, biblischer Führung, von einer Führung, die dienen soll.[1] Wir werden das Modell einer Führung betrachten, das mit unserer Beziehung zu Gott beginnt und sich mit der dienenden Beziehung zu unserem Umfeld fortsetzt. Zuerst betrachten wir die Theologie und Praxis einer dienenden Führungskraft anhand des Judas-Briefes, denn dieser Brief richtet sich an christliche Führungskräfte.

Wie definiere ich Führung?

Bevor wir tiefer in den Judasbrief einsteigen, müssen wir zuerst klarstellen, was wir unter Führung verstehen. Was ist Führung? Wer ist eine Führungskraft? Meinen wir die Verantwortung von Menschen, die Führungspositionen in Organisationen innehaben oder reden wir allgemeiner über Dinge, die jedermann angehen? Ist jeder Christ eine Führungskraft?

In dem kleinen Buch *I Heard the Owl Call My Name* (Die Eule hört' ich meinen Namen rufen) erzählt Margaret Craven jene wunderbare Geschichte von einem jungen anglikanischen Priester, dem seine tödliche Krebserkrankung nicht bekannt war. Ein weiser Bischof gab ihm die isoliert liegende und schwierige Gemeinde von

Kingcome, einem Dorf mit amerikanischen Ureinwohnern in Britisch Kolumbien, Kanada. Mark Brian kam als Vikar in dieses Dorf und glaubte, er wäre durch seine Rolle – durch seine Position – eine Führungskraft. Drei Jahre später starb er von einer großen Anzahl von Freunden umgeben in diesem Dorf und wusste, dass er durch seine Beziehungen führte und genauso oft geführt wurde wie er selbst führte. Durch seine Beziehungen zu den Menschen in diesem Dorf war Mark in der Lage, sie zu führen, ihr Leben zu verändern. Und genau diese Beziehungen ermöglichten es auch den Menschen in diesem Dorf, das Leben und den Dienst von Mark Brian zu verändern. Er lehrte sie die Liebe Gottes und sie lehrten ihn den Wert des Lebens und die Bedeutung des Todes.[2]

Wenn wir mit *Führungskraft* einen Menschen meinen, der eine verantwortungsvolle Führungsposition hat, dann ist nicht jeder Christ eine Führungskraft. Manche sind es, andere aber nicht. Aber wenn wir unter einer *Führungskraft* eine Person verstehen, die mit jemand anderem eine Beziehung eingeht, um ihr Verhalten, ihre Werte oder ihre Einstellung zu beeinflussen, dann sind meiner Meinung nach alle Christen Führungskräfte. Oder genauer gesagt: Alle Christen sollten sich darin üben, zu führen, und zu versuchen, das Leben der Menschen um sie herum zu verändern.

Die letzte Definition finden wir in der aktuellen Literatur über Führung und Management. In dieser Betrachtung vertrete ich die Meinung, dass *Führung eine Beziehung ist – eine Beziehung, durch die eine Person versucht, die Gedanken, das Verhalten, den Glauben oder die Werte einer anderen Person zu beeinflussen.*

Wenn wir unter einer Führungskraft eine Person verstehen, die mit jemand anderem eine Beziehung eingeht, um ihr Verhalten, ihre Werte oder ihre Einstellung zu beeinflussen, dann sind alle Christen Führungskräfte.

In ihrem klassischen Artikel über das *Management of Organizational Behavior* (Management des bewussten Verhaltens) bezeichnen Paul Hersey und Kenneth Blanchard „jeden Versuch, das Verhalten einer Einzelperson oder einer Gruppe zu beeinflussen" als Führung.[3] Genauso sieht es Howard Gardner in seiner exzellenten Studie über modernes Führen *Leading Minds* (Führende Gedanken).[4] James MacGregor Burns geht in seinem mit dem Pulitzerpreis ausgezeichneten Buch *Leadership* noch einen Schritt weiter und sagt, dass verändernde Führung eine Beziehung ist, welche die Vision, die Werte und die Bestrebungen von sowohl dem Führenden als auch der Person, die geführt wird, zu neuen Höhen treibt.[5]

Führung besteht aus Beziehungen, die etwas verändern.

Judas und Führung

Als ich Letztens zum wiederholten Mal das Neue Testament durchlas, stieß ich wieder auf den Judasbrief – einen kleinen Brief direkt vor dem majestätischen und geheimnisvollen Buch Offenbarung. Judas war mir vorher nie aufgefallen, aber dieses Mal sprang mir seine Botschaft schier aus dem Buch entgegen.

Als jemand, dessen ganzes Leben mit Führungsfragen zu tun hat, stellte ich erstaunt fest, welche Bedeutung der Judasbrief für die Fragen des Leitens hat. Seine 25 Verse sind eine kraftvolle Anweisung für heutige christliche Führungskräfte.

Damit meine ich nicht nur Leute, die sich in einer Führungsposition befinden – Manager, Pastoren oder Politiker. Judas schreibt den einfachen Gemeindegliedern und warnt sie vor einigen unter ihnen, die versuchen, ihre Gemeinde zu beeinflussen und behaupten, Führungskräfte zu sein. Aber in Wirklichkeit führen sie die Menschen in eine falsche Richtung. Er ist bestürzt über die selbstgefällige Haltung einiger Lehrer, die versuchen, die Gemeinde zu führen. In dieser Situation schreibt er diesen kraftvollen kleinen Brief, den wir den Judasbrief nennen.

Zuerst fesselten besonders die Verse 12 und 13 meine Aufmerksamkeit. So ähnlich hatte ich es bereits von Tom Peters gehört, der bei seiner Beschreibung von „Nicht-Führern" deutlich auf Judas zurückgegriffen hat.[6] Dessen Originaltext lautet:

> Sie sind Schandflecken bei euren Liebesmahlen, prassen ohne Scheu, weiden sich selbst; sie sind Wolken ohne Wasser, vom Wind umhergetrieben, kahle, unfruchtbare Bäume, zweimal abgestorben und entwurzelt, wilde Wellen des Meeres, die ihre eigene Schande ausschäumen, umherirrende Sterne; deren Los ist die dunkelste Finsternis in Ewigkeit.

Hier finden Sie fünf kraftvolle Bilder dafür, wie diese Nicht-Führer darauf bedacht sind, Macht auszuüben. – Bilder, die in diesem Buch eine zentrale Rolle spielen werden. Aber bevor wir diese Bilder betrachten, müssen noch ein paar andere Fragen beantwortet werden, und die erste lautet: Wer ist Judas?

Als ich mich mehr und mehr mit diesem kleinen Buch beschäftigte, erkundigte ich mich bei verschiedenen Leuten nach Judas. Die meisten kannten ihn nicht. Dieses biblische Buch wird halt selten erwähnt.

Judas nennt sich selbst in Vers 1 „Judas, ein Knecht Jesu Christi und Bruder des Jakobus". Gemäß früher Überlieferungen und der heutigen Lehrmeinung ist Judas der jüngere Bruder von Jakobus und der Bruder – oder wenn Sie so sagen möchten – der Halbbruder Jesu.

Einer meiner Freunde ist der dritte Sohn einer Karriere-Familie. Der Vater ist in leitender Position an einer respektablen Hochschule; die Mutter ist eine bekannte Autorin; der älteste Bruder renommierter Pastor einer großen Kirche und der mittlere Bruder Führungskraft an einer anderen Hochschule in den USA. Der Vater und die beiden Brüder haben promoviert und sind weithin bekannt.

Bei meinem Freund sah das ganz anders aus. Als ich seine Entwicklung zu Beginn seiner Karriere beobachtete, sah ich das fast verzweifelte Bedürfnis, die Erwartungen der anderen Familienmitglieder zu erfüllen. Man trieb ihn schier zum Erfolg. Und endlich hatte er Erfolg.

Ich hatte nie an ihm gezweifelt. Seine natürlichen Gaben und Fähigkeiten brachten ihn in Positionen, in denen er immer mehr wichtige Beiträge leistete. Er ist eine etablierte Führungskraft auf seinem Gebiet und sein guter Ruf wird noch zunehmen. Aber in dem frühen Stadium der Entwicklung meines Freundes sah ich nicht, dass sich sein Führen natürlicherweise und selbstverständlich aus seinen vielen Gaben ergab. Es kam eher aus seinem aggressiven Bedürfnis nach Erfolg, seinem Verlangen, gemäß dem Beispiel zu leben, das ihm die anderen Mitglieder seiner Familie gaben. Er trieb sich selbst an und ging ziemlich streng mit sich ins Gericht. Verglich er sich mit seinen Brüdern, wurde er merklich unsicher. Und ich glaube nicht, dass er in diesem Stadium seines Lebens wirklich Frieden hatte. Aus meiner Sicht war sein Führen, solange es aus seiner Unsicherheit und seinen Bedürfnissen entsprang, nicht so effektiv wie in der entspannteren Zeit. Dann ergab es sich natürlicherweise aus seinen vielen Gaben und seiner Abhängigkeit von Gott her.

Es ist nun eine Sache, ältere Geschwister zu haben, die in Philosophie promoviert haben und als Führungskraft arbeiten. Aber was ist, wenn der eine Bruder die Führungskraft der Gemeinde in Jerusalem ist und der andere der Heiland der Welt! Wie würden Sie da reagieren?

In dieser dem Augenschein nach misslichen Situation befindet sich Judas. Welcher Judas? Der Bruder von Jakobus und der Halbbruder von Jesus. Wenigstens der Dritte in der Linie in einer Familie, deren Größe er nie erreichen wird. Vielleicht erstaunt es mich deswegen so überaus, dass Judas seinen Brief mit dem beginnt, was ich die Psychologie, oder besser, die Theologie von Führung nenne.

Voraussetzungen für dienendes Führen

Judas erwähnt seinen legitimen Status als „Herrenbruder“ nicht, denn er bezeichnet sich als Diener – als Diener Jesu Christi. Sein Status wird nur durch seine zweite Beziehung zu seinem Bruder Jakobus angedeutet. Trotz der Tatsache, dass er als Bruder Jesu in der frühen Kirche bestimmt hohe Aufmerksamkeit genoss, ist er sehr darauf bedacht, das zu vermeiden, wofür er die falschen Lehrer kritisiert. Stattdessen wendet er sich sofort an seine Leser.

Im Zentrum

An alle, die Gott zum Glauben berufen hat. Gott, der Vater, liebt euch alle, und Jesus Christus wird euch sicher ans Ziel bringen.

Judas kennzeichnet hier seine Leser mit drei Merkmalen. Und die sind Voraussetzung für Führung in einer christlichen Gemeinde. Es sind drei Eigenschaften, die christliche Führung – das Führen durch Dienen – von sonstiger Führung unterscheiden. Judas gibt hier in der Tat Antwort auf drei wichtige Fragen, die grundlegend für jede Art von Führung an jedem Ort sind:

- Wer bin ich? Bin ich etwas wert? – behandelt die Frage nach der Identität.
- Werde ich morgen noch hier sein? – behandelt die Frage nach dem Überleben.
- Warum bin ich hier? – behandelt die Frage nach dem Sinn.

Der Wirtschaftsphilosoph Peter Koestenbaum betrachtet diese drei Fragen als den Kern jeder Führungsbeziehung.[7] In seinem Buch *The Heart of Business* untersucht er, was eine Führungspersönlichkeit ausmacht. Er fragt, was einem Menschen die Eigenschaften verleiht, die andere dazu bringen, seinen oder ihren Einfluss zu akzeptieren – eben was eine Person befähigt, etwas in der Welt zu verändern.

Koestenbaum behauptet, dass Führungspersönlichkeiten ihre Mitte gefunden haben. Sie haben befriedigende Antworten auf die Fragen der Identität, des Überlebens und des Sinns gefunden. Und dieser Seelenfrieden bringt andere dazu, zu hören, was sie zu sagen haben, macht sie glaubwürdig. In ihrem ausgezeichneten Buch *Credibility* zeigen James Kouzes und Barry Posner, dass Menschen Führungspersönlichkeiten folgen, weil sie an ihnen gute Charaktereigenschaften erkennen. Sie besitzen eine Glaubwürdigkeit, der es sich zu vertrauen lohnt.[8] Wie sagt schon Peter Koestenbaum:

Dieser Frieden lässt Menschen kraftvoll erscheinen, und sein Fehlen lässt Menschen vor sich selbst und vor anderen als nicht wirkungsvoll, sogar als unfähig erscheinen … Frieden ist die Quelle von echt wirkendem Glauben, Vertrauen und gesundem Selbstbewusstsein …[9]

Gute Worte von einem Philosophen. Wie finden wir nun diese Mitte, diesen Frieden? Wie bekommen wir diese Charaktereigenschaft, auf die die Menschen so positiv reagieren? Schauen wir nochmals in den ersten Vers des Judasbriefes.

1. Identität

Auf die Frage nach der Identität antwortet Judas, dass wir von Gott geliebt sind. Unser Wert, unsere Würde und unsere individuelle Persönlichkeit hängen von der Tatsache ab, dass Gott uns liebt. Er ist eine Beziehung zu uns eingegangen, in der er in seiner Bundestreue sich verpflichtet, für unser Wohlergehen, unser Wachstum und unser ewiges Leben zu sorgen. Wer bin ich? Ich bin von Gott erkannt und geliebt. Ich gehöre ihm. Unsere Identität stützt sich nicht auf unsere Arbeit oder unsere Führungskraft. Sie basiert einzig auf dem Wissen, dass wir von Gott geliebt sind. Das ist der Schlüssel zur Führungsfähigkeit von Christen.[10]

2. Lebensfähigkeit

Unsere Überlebensfähigkeit ist nicht davon bestimmt, ob wir morgen noch hier sein werden oder nicht. Judas erläutert, dass es darauf ankommt, dass *Christus uns sicher ans Ziel bringen wird*; oder anders gesagt: Wir werden von Gott für die Wiederkunft von Christus bewahrt. Es ist Gott, der uns sicher in und für Jesus Christus bewahrt. Die heutigen Ängste und Sorgen müssen aus der Perspektive betrachtet werden, dass wir in Gottes Hand sind. Unser Leben hängt nicht von unserer Position oder unseren Leistungen ab, sondern von unserer Beziehung zu Gott durch Jesus Christus. Nur das zählt. Christliche Führung gründet sich auf die Beziehung zu Gott.

3. Sinn

Und jetzt kommt noch die uralte Frage nach dem Sinn. Warum bin ich hier? Judas beantwortet diese Frage kurz. Wir sind *berufen*. Wir sind von Gott dazu erwählt worden, sein Volk, seine Diener zu sein. Was ist der Sinn und das Ziel meines Lebens? Es ist, ein Kind Gottes – sein Diener – zu sein, mein Leben zu seiner Herrlichkeit und seiner Ehre zu leben. Wir sind nicht für eine bestimmte Rolle oder Position berufen. Wir sind nicht für einen bestimmten Dienst als Laie oder ordinierter Geistlicher berufen. Wir sind dazu berufen, dieses auferweckte Leben zu leben, damit es Menschen, wo immer wir auch sind, auf Gott hinweist.[11] In *Der Beziehungsfaktor* geht es um Gott, nicht um uns.

Die Mitte meines Lebens finde ich dadurch, dass ich mein Leben von Gottes Perspektive aus betrachte. Das heißt, zu wissen, dass ich von Gott geliebt, bewahrt und berufen bin. Durch diese Identität, diese Sicherheit und diesen Sinn entsteht eine Charakterpersönlichkeit – eine Person, die glaubwürdig ist – eine Person, die andere beeinflussen und in der Welt etwas verändern kann – eine *Führungspersönlichkeit*.

In seinem kleinen Buch über Führung *In the Name of Jesus* schreibt Henri Nouwen, dass christliche Führungskräfte tief in

Gottes Liebe gegründet sein[12] müssen. Sie müssen erkennen, dass jede gute Führung, die wir auszuüben versuchen, sich auf eine ständige und tiefe Beziehung mit dem inkarnierten Wort – Jesus Christus – gründen muss.[13] Nouwen beschreibt die drei Versuchungen der Führung, die uns von Gott wegtreiben: Bedeutung, Popularität und Macht. Nur eine tiefe Beziehung zu Jesus Christus kann eine christliche Führungskraft in der Liebe Gottes verankern.

Dies ist der Anfangspunkt für alle, die christliche Führungskräfte sein möchten – die Menschen um sich herum beeinflussen möchten. Wir beginnen damit, dass wir uns auf unsere Beziehung zu Gott konzentrieren. Wir verankern unsere Seele in der Hand Gottes – nur dann sind wir fähig, Führungskraft zu sein. Christliche Führung beginnt mit einer lebendigen Beziehung zwischen der Führungskraft und Gott. Das ist der grundlegende Bestandteil des Dienstes eines Christen, des dienenden Führens.

Ich halte das nicht für einfach und ich glaube auch nicht, dass man es ein für alle Mal erreichen kann. Es ist ein kontinuierlicher Prozess. Jedes Mal, wenn wir in die Welt hinausgehen, um Dinge zu verändern, müssen wir uns auch neu auf Gott konzentrieren und unsere Seele ausrichten.

In den vergangenen Jahren waren die Medien weltweit voller Geschichten über Führungskräfte, deren nicht ausgerichtetes Leben sie in Schwierigkeiten brachte und ihren Einfluss zunichte machte. Aber ich muss gar nicht auf andere zeigen, um Angst, Sorgen und Unsicherheit zu bemerken. Je länger ich lebe, desto bewusster wird mir meine eigene Abhängigkeit von Gott. Ich merke, wie sehr ich seine Gegenwart genau im Zentrum meines Lebens brauche.

Jeder von uns muss mit Gottes Hilfe seinen eigenen Weg finden, sich auf Gott auszurichten und Zeit für die Beziehung mit Gott in Christus zu finden. Meiner Ansicht nach gibt es dafür fünf notwendige Bestandteile:

■ **Einsamkeit:** Zeit, in der ich ohne Ablenkung auf Gott höre – das reicht von einem Gebet alleine in meinem Zimmer bis zu einem ruhigen Spaziergang durch den Wald.

■ **Studium:** Zeit, um über Gottes Wort nachzudenken – das reicht vom Lesen des griechischen Urtextes in der Bibliothek bis zum Lesen der Psalmen am Ufer des Meeres.

■ **Anbetung:** Zeit, in der ich mich in demütiger Dankbarkeit bewusst auf das Zentrum – die Gegenwart Christi – konzentriere, sowohl in persönlichem Gebet als auch im gemeinsamen Abendmahl.

■ **Gemeinschaft:** Zeit, um verschiedene Beziehungen zu pflegen und hier eine Balance zwischen Menschen, die keinen Seelenfrieden haben, und fürsorglichen Menschen zu finden, von der Familie und Freunden bis zu Lehrern und Kleingruppen.

■ **Dienst:** Zeit, um die Liebe Gottes zu erleben und weiterzugeben, einen Beitrag zu leisten, die Gaben zu üben, die mir anvertraut wurden – etwas zu verändern.

Wenn ein Töpfer ein Gefäß formen will, dann nimmt er einen Klumpen Ton und richtet ihn genau in der Mitte der Töpferscheibe aus. Er arbeitet geduldig und sorgfältig, um diesen Tonklumpen auszurichten, bevor er anfängt, ihn zu formen. Der Töpfer weiß, dass sein Gefäß krumm und schief wird, wenn er es nicht ordentlich ausrichtet. Sogar bei einzigartigen, im Endstadium unregelmäßigen Gefäßen muss mit einer sehr genauen Ausrichtung begonnen werden.[14]

Genau das trifft auch auf jeden zu, der etwas in der Welt verändern will. Die Form von unserer zukünftigen Führung hängt von der Qualität unserer Ausrichtung ab.

Hesed – Die Freundlichkeit Gottes

Judas beginnt in Vers 1 damit, dass er die Aufmerksamkeit seiner Leser auf ihre Beziehung zu Gott richtet. In Vers 2 lenkt er jetzt unsere Aufmerksamkeit auf unsere Beziehung zu anderen Menschen – unser Führen. Nur wenn wir zentriert ausgerichtet sind – aus einer tiefen Beziehung zu Gott heraus – können wir Beziehungen aufbauen und versuchen, andere zu führen, die Art und Weise beeinflussen, wie sie denken, glauben und handeln. Henri Nouwen nennt dies die Einsamkeit des Herzens – ein Prozess, bei dem wir uns zuerst an Gott festmachen und dies unsere Beziehungen zu anderen mit Vollmacht erfüllt.[15]

Meiner Ansicht nach schließt Judas die Lücke zwischen einem Leben in Gottes Hand und dem Hinausgehen in die Welt, um Beziehungen zu schließen. Judas schreibt an eine Gemeinde, in der manche Menschen ihren eigenen Vorteil durch ihre Führung suchen und die Gemeinde durch Spaltung zerstören.[16] Und indem Judas diese falschen Lehrer als ein Beispiel für nicht effektive und gefährliche Führungskräfte nimmt, gibt er uns auch einige Hinweise für die Kennzeichen von dienenden Führungskräften. Was sind nun die Merkmale einer dienenden Führung, von christlichen Beziehungen? Judas listet in Vers 2 drei von ihnen auf.

Ich wünsche euch, dass Gottes reiche Barmherzigkeit, sein Friede und seine Liebe euch immer mehr erfüllen.

Genau das sind die Merkmale einer Führung von Menschen, deren Leben auf ihre Beziehung zu Gott ausgerichtet ist.

Judas 2 wird leicht überlesen, weil es sich genauso anhört wie „Hallo“ und „Lieber Freund“. Es ist ein Gruß, eine vordergründig formelhafte und ziemlich gewöhnliche Einleitung. „Barmherzigkeit und Friede“ war der jüdische Standardgruß in dieser Zeit. Er bezog sich auf die Bündnisfreundlichkeit Gottes (*hesed*) und den Schalom, oder Gefühl des völligen Wohlergehens, das aus der Erfahrung dieser Bundestreue entsprang. Judas fügt in diesen Gruß noch das Wort

„Liebe“ mit ein und bringt so christliche Töne in die Beziehung der Führungskraft. Gottes Bündnisfreundlichkeit, die zu Frieden und Wohlergehen führt, zeigt sich am deutlichsten sichtbar in dem Kommen und dem Opfertod Jesu.

Doch wenn wir diesen Vers bloß als einen Gruß an gute Freunde verstehen, werden wir ihm nicht viel Aufmerksamkeit schenken. Aber er ist mehr als ein Gruß. Es ist ein Gebet, dass Gott den Lesern im Überfluss seine Barmherzigkeit, seinen Frieden und seine Liebe gewährt, damit es aus ihrem Leben in das Leben von anderen überfließen kann. Diese drei Bestandteile stellen meiner Meinung nach die drei entscheidenden Aspekte einer dienenden Führung dar.

Führung dienend auszuüben beinhaltet Liebe, Friede und Barmherzigkeit. Wenn wir christliche Führungskräfte sein wollen, dann müssen wir lieben, Frieden stiften und unsere Versprechungen halten. Ich streife diese Kennzeichen einer christlichen Führungskraft nur kurz. Sie verdienen es aber, genau betrachtet und auf unser Leben angewendet zu werden. Wenn wir jetzt von unserer Beziehung zu Gott zu den Prinzipien für Führung gehen, müssen wir diese drei entscheidenden Bestandteile des Gebets von Judas annehmen, damit wir sie immer im Hinterkopf behalten.

Liebe – wir müssen andere Menschen lieben. Führungskräfte müssen die Menschen lieben, für die sie verantwortlich sind und so ein Beispiel für die beständige Liebe sein, die Gott uns in Christus schenkt. Führen ist eine Liebesbeziehung. Es ist ein sich Einbringen in das Leben von anderen. Sie hat das Ziel, dass sie wachsen, ihren Beitrag leisten und Gott nachfolgen. Nur Menschen, die sich um andere Menschen kümmern, können heute effektive Führungskräfte sein.

Frieden – Wir müssen Friedensstifter sein. In einer Welt des Streits müssen Führungskräfte beruhigen. In einer zerbrochenen Welt bieten sie Heilung an. In einer Welt der Einsamkeit sorgen

Führungskräfte für Beziehungen. Sie kümmern sich um Versöhnung und die Heilung von Beziehungen. Sie sorgen für eine Umgebung ohne Streit, in der die Menschen frei sind, die ihnen gegebenen Gaben auszuüben und zu wachsen. Führung ist eine Beziehung des Schalom, eine Beziehung, die sich aktiv für das völlige Wohlergehen derer einsetzt, die geführt werden.

Barmherzigkeit – Wir müssen unsere Versprechungen halten. Judas benutzt in seinem Eingangsgruß den Ausdruck „Barmherzigkeit“. Dieser Bestandteil von christlichen Beziehungen, des dienenden Führens, ist vielleicht der wichtigste. Wenn wir das Wort „Barmherzigkeit“ hören, denken wir meist an Begriffe wie „Mitleid“, „Mitgefühl“ und manchmal „gönnerhaft“ und „unverdient“, was eine Spur unseres eigenen Stolzes enthält. Das hebräische Wort *hesed,* welches mit „Barmherzigkeit“ übersetzt wird, bedeutet viel mehr als das.

Hesed, Gottes Bundesliebe oder Bundestreue, drückt die Verpflichtung aus, die Gott in seiner Beziehung zu seinem Bundesvolk eingegangen ist – die Verpflichtung, unser Gott zu sein, in der Zukunft da zu sein und immer für uns zu sein. Das alleine wäre schon genug, die Bedeutung dieses Wortes zu erhöhen, wenn wir klären wollen, wie wir an Führungsfragen herangehen. Aber es enthält sogar noch mehr. *Hesed* ist Gottes Versprechen, sogar dann unser Gott zu sein, wenn wir dabei versagen, unseren Pflichten in diesem Bund nachzukommen. Sogar wenn wir versagen, steht Gott noch zu seiner Verpflichtung uns gegenüber. Er erfüllt seinen Teil in der Beziehung, indem er auch den unsrigen übernimmt. Hier kommt nun die „Barmherzigkeit“ zum Tragen. Wir versagen immer. Wir können unseren

Teil der Bündnisverpflichtungen nicht erfüllen. Wir können nicht die Anforderungen erfüllen, Gottes Volk, seine Kinder und seine Diener zu sein. Wir versuchen es und versagen. Aber Gott hat sich zu dieser Beziehung verpflichtet; er hat sich uns gegenüber in Jesus Christus verpflichtet, und wegen seiner Barmherzigkeit – seiner Bundestreue – können wir immer noch in Christus eine Beziehung zu Gott haben.

Dies ist nun das Beispiel, das wir haben, um dienende Führungskräfte zu sein, die voller Barmherzigkeit sind – zu ihren Verpflichtungen stehen. Es ist das Versprechen, auch in der Zukunft für eine andere Person da zu sein. Es ist unsere jetzige Verpflichtung, zukünftig für eine andere Person da zu sein, mit dem Wissen, dass diese Person und auch wir uns zwischen dem Jetzt und dem Dann verändern werden. Wir verpflichten uns füreinander und erkennen die Möglichkeit – vielleicht sogar Wahrscheinlichkeit –, dass der andere nicht nach unseren Erwartungen leben wird. Das heißt, dem anderen den Raum zur Veränderung zu geben und sich gegenüber der unveränderten Person zu verpflichten.

Dies ist ein wichtiges Thema für Judas. Am Ende seines Briefes ruft Judas seine Leser auf, diese Art von Verpflichtung einzugehen, ihre Beziehungen zu denjenigen beizubehalten, die von den falschen Lehrern beeinflusst wurden – ja sogar zu den falschen Lehrern selbst. Sie sollen für sie da sein, sie annehmen und persönlich für sie sorgen. Trotzdem müssen sie sich auch geduldig gegen die falsche Lehre und die gefährliche Führung stellen, für die diese Leute stehen.

Führung bedeutet für Christen, sich zu verpflichten, zukünftig für einen anderen als Freund da zu sein, als jemand, der sich um ihn kümmert, unabhängig von den Umständen, die es zwischen dem Jetzt und dem Dann geben mag und unabhängig der Wege, die unsere verschiedenen Positionen uns führen werden.

Führungskräfte können nur Menschen sein, die andere Menschen lieben, Frieden stiften und Versprechungen halten. Das sind keine besonderen Merkmale. In der derzeitigen Leadership-Literatur finden sich diese Merkmale auch außerhalb des christlichen Dunstkreises. Aber weil Judas diese Eigenschaften des christlichen Dienstes in unsere Beziehung zu Gott gründet, trennt er die dienende von der gewöhnlichen Führung – die Beziehungen zu denen, die wir beeinflussen möchten, sind von Liebe, Frieden und *hesed* gekennzeichnet und spiegeln die Erfahrung wider, die wir selbst in unserer Beziehung mit Gott gemacht haben. Dienende Führung baut auf einer Beziehung zu Gott auf, die unsere Persönlichkeit so formt, dass Menschen in uns eine Charakterpersönlichkeit sehen, die ihre Versprechen hält und von der sie sich beeinflussen lassen.

Ist jeder Christ eine Führungskraft? Ja, in dem Maß, wie wir versuchen, andere zu beeinflussen und etwas in dem Leben der Menschen um uns herum zu verändern. Sind wir dienende Führungskräfte? Ja, wenn wir selbst uns ganz auf Gott ausrichten und aus unserer Beziehung zu Gott heraus führen. Denn durch sie wissen wir, dass wir *berufen* sind, dass *Gott der Vater uns liebt* und *Jesus Christus uns sicher ans Ziel bringen* wird. Zu einer dienenden Führungskraft gehört aber auch der Versuch, die Welt zu verändern. Hierzu müssen wir uns selbst mit Menschen um uns herum in Beziehungen einbringen, die von *Barmherzigkeit, Friede und Liebe* gekennzeichnet sind.

Ist jeder Christ eine Führungskraft?
Ja, in dem Maß, wie wir versuchen,
andere zu beeinflussen und etwas in dem Leben der
Menschen um uns herum zu verändern.
Sind wir dienende Führungskräfte?
Ja, wenn wir selbst uns ganz auf Gott ausrichten und
aus unserer Beziehung zu Gott heraus führen.

Prinzipien einer dienenden Führung

Vielleicht sind Ihnen die kraftvollen Worte von Hesekiel an die israelitischen Führer in Hesekiel 34 schon einmal begegnet. Wenn sie Ihnen nicht sofort geläufig sind, empfehle ich Ihnen, sie regelmäßig zu lesen. Hesekiel erinnert uns alle daran, dass wir für die Ausübung unserer Führung vor Gott Rechenschaft ablegen müssen. Hierzu prangert er Führungskräfte, die ihre Macht und ihre Position ausnutzten und durch Gottes Herde dick und fett wurden, anstatt sie zu behüten, vernichtend und scharf an. Es ist eine starke Botschaft und zeigt eine Art der Verantwortung vor Gott, die jeder, der sich in einer Führungsaufgabe engagiert, im Blick behalten sollte.

Das ist nun genau das Bild, das Judas im Kopf hat, als er über einige Möchtegernführer in seiner Gemeinde schreibt. Sechshundert Jahre nach Hesekiel hat sich nichts verändert. Judas, der Bruder unseres Herrn, prangert die selbst ernannten Führungskräfte für den gleichen Machtmissbrauch an, den Gott durch Hesekiel angesprochen hatte. Judas benutzt die Sprache von Hesekiel, wie er sich an diese Gemeinschaft von Gläubigen wendet, und sie vor der Führung dieser falschen Lehrer in ihren Reihen warnt, die ihre Macht zur Schau stellen und versuchen, sich selbst als Führungskräfte dieser christlichen Gemeinde herauszustellen.

In seiner kraftvollen Kritik ihrer Führung benutzt Judas fünf anschauliche Bilder für diese Nichtführer. Uns gibt er damit, so denke ich, fünf Prinzipien für eine effektive dienende Führung.

Prinzip Nr. 1: Bei Führung geht es um Einfluss und Dienst

Judas erstes Bild handelt von „Hirten, die sich selbst weiden". Diese Führungskräfte benutzen ihre Macht zu ihrem eigenen Nutzen. Wie wir bei Hesekiel und anderswo sehen können, ist der Hirte ein gebräuchliches Bild für Führung in der Bibel, das die Fürsorge und den Einsatz zeigt, den eine Führungskraft bringen muss, damit die Geführten gefördert werden und wachsen. Judas aber beschuldigt die falschen Führungskräfte in der Gemeinde, an die er schreibt, für genau den gleichen Fehler, den Hesekiel anprangert. Sie benutzen ihre Macht nicht zur Förderung der Gemeinde. Sie wollen stattdessen die Menschen für sich einnehmen, sich selbst auf ein Podest heben und sich über die Werte und Regeln in der Gemeinde hinwegsetzen. Sie werden fett von der Herde.

Dienende Führung aber zielt auf die Gemeinschaft ab. Sie benutzt ihre Macht für das Wachstum derjenigen, die geleitet werden und für das Gelingen des gemeinsamen Auftrages der Gemeinde.

In seiner weitesten Definition ist Führung eine einflussreiche Beziehung. Es ist eine Beziehung zwischen zwei Menschen, bei der ein Mensch versucht, die Ziele, Werte und die Haltung oder das Benehmen des anderen zu beeinflussen. Diese Definition verdeutlicht, dass jeder führt. Jeder versucht zu irgendeiner Zeit solch einen Einfluss auszuüben und führt demnach – zumindest, wenn jemand beeinflusst wird!

Oft aber wird einer Person durch eine Gruppe, eine Gemeinschaft oder eine Organisation die Führung übertragen. Diese Person hat nun die Verpflichtung, ein Hirte zu sein. Diese Art von Führung bringt die Erwartung mit sich, dass der Einfluss zwei Richtungen hat:

die Erfüllung eines Auftrags oder Ziels, das Führende und Geführte teilen, und die Fürsorge und Förderung der Gemeinschaft oder Organisation.

Subjektiv ist Führung eine einflussreiche Beziehung. Organisatorisch ist es eine einflussreiche Beziehung mit einem Ziel: die Gemeinschaft erhalten und den gemeinsamen Auftrag erfüllen. Wenn in unseren Organisationen und Gemeinden wirklich geführt wird, dann wird der Auftrag erfüllt und die Menschen wachsen in die Gemeinschaft hinein.

Prinzip Nr. 2: Beim Führen geht es um Visionen und Hoffnung

Das zweite Bild im Judas-Brief ist genauso kraftvoll. Nicht dienende Führungskräfte sind „wie Wolken, die der Wind vor sich her treibt, ohne dass sie den ersehnten Regen bringen". Stellen Sie sich einen Landwirt in einer heißen Wüstengegend vor, der in diesem harten Klima zu überleben versucht. Er blickt zum Himmel und sieht Wolken auf sich zu treiben. Verheißungsvolle Regenwolken türmen sich am Horizont auf. Er sieht schon das Getreide wachsen und das Essen auf dem Tisch. Die Wolken aber ziehen vom Wind getrieben vorbei und erfüllen seine Hoffnung nicht. Das Erträumte vergeht.

Ein anderes kraftvolles Bild. Judas beschuldigt die falschen Lehrer, den Menschen eine Zukunft zu versprechen, dies aber nicht zu erfüllen. Sie folgen ihren eigenen Begierden und verfolgen eigene geistliche Ziele, um so Macht über die Wünsche der Menschen zu erlangen, die sie führen möchten.

Bei Führung geht es um Visionen. Es geht um das Morgen, um Hoffnung, um einen Auftrag. Führungskräfte vermitteln eine bestechende Vision für das Morgen. Sie nehmen die Gedanken der Geführten gefangen und bestimmen so ihr Verhalten und ihre Taten in der Gegenwart. Führung gibt dem Leben Bedeutung und Wert. Führung konzentriert in einer Gemeinschaft die Träume und Entscheidungen der Menschen auf eine gemeinsame Vorstellung von dem Auftrag, die sie zusammenschweißt, und dann arbeitet sie mit den Menschen, damit sie sehen, wie dieser Auftrag erfüllt wird. Führung ist eine einflussreiche Beziehung, die die Menschen auf eine gemeinsame Vision ausrichtet. Sie bestimmt deren jetziges Leben in einer solchen Art und Weise, dass die Vision erfüllt wird.

Dienende Führungskräfte vermitteln Hoffnung, sie vermitteln eine Vision und sie erfüllen ihre Versprechen. Dienende Führung bevollmächtigt Menschen. Sie verändert etwas.

Prinzip Nr. 3: Bei Führung geht es um Charakter und Vertrauen

Das dritte Bild handelt von verdorrten Bäumen, „auf denen man zur Erntezeit die Früchte vergeblich sucht. Sie sind tot, vollkommen tot“. Bäume ohne Wurzeln tragen keine Früchte. Dieses Bild konzentriert sich auch wieder auf die erwarteten Ergebnisse. Die Führung der falschen Lehrer brachte kein Wachstum. Es gab keine Frucht, kein Produkt, das für die Führung stand, die hier ausgeübt wurde. Judas überrascht dies nicht, denn die Führung dieser „Nichtführer“ ist nicht in der Liebe Gottes für sein Volk gegründet. Sie sind auf zweifache Weise nutzlos: Sie sind nicht in einer Beziehung zu Gott gegründet, die sie bevollmächtigen würde, und bringen deshalb der Gemeinde keinerlei Wachstum.

Wie Judas in seinen einleitenden Versen zeigt, bestimmt der Charakter die Führung. Die jüngere Forschung hat einen direkten Zusammenhang zwischen Führung und Glaubwürdigkeit festgestellt. Führung ist eine Vertrauensbeziehung. Wir hören auf Menschen, denen wir vertrauen. Wir akzeptieren den Einfluss einer Person, deren Charakter wir respektieren. Führung gründet sich auf den Glauben, die Überzeugungen, die Entscheidungen und die Werte der Führungskraft. Führung, die Früchte trägt, gründet sich im Charakter der Führungskraft. Es ist unmöglich, aus Unsicherheit heraus beständig Menschen zu führen. Nur sichere Menschen können führen – Männer und Frauen, die wissen, wer sie sind, und die aus der Sicherheit dieses Wissens heraus authentisch leben. Ein Mensch, der sicher in dem Wissen lebt, dass Gott ihn liebt, ist ein Mensch, dessen Einfluss gefragt ist und dessen Führung Frucht trägt.

Nur sichere Menschen können führen – Männer und Frauen, die wissen, wer sie sind, und die aus der Sicherheit dieses Wissens heraus authentisch leben.

Was ist das Ergebnis effektiver Führung? Warren Bennis, Professor für Führung an der Universität von Südkalifornien, sagt Folgendes: Die drei Dinge, die Menschen von Führungskräften erwarten, sind Richtung, Vertrauen und Hoffnung. Führung weist Menschen in die richtige Richtung, zeigt ihnen, wie das, was sie tun, zu der gemeinsamen Vision der Gemeinschaft beiträgt. Führung glaubt an Menschen und pflegt die Vertrauensbeziehungen zwischen Mitgliedern der Gemeinschaft. Sie weist Menschen auf Gott hin und begründet ihre Identität, ihre Würde und ihre Sicherheit in ihrer Beziehung zu Gott durch Christus. Und Führung vermittelt Hoffnung. Sie vermittelt eine Vision, die die Augen der Geführten von dem Weg, auf dem sie gehen, weg auf Gottes ewige Perspektive richtet und sie daran erinnert, warum sie leben dürfen – um sich an der Beziehung zu Gott zu freuen!

Prinzip Nr. 4: Bei Führung geht es um Beziehungen und um Macht

Das vierte Bild in Judas Darstellung dieser Führungskräfte beschreibt sie als „wilde Meereswogen, die ihren Schmutz und Unrat ans Ufer werfen". Judas richtet unseren Blick auf die Kraft der Meereswogen und vermittelt uns ein Gefühl unbändiger Macht, Macht ohne Ziel, die eine Spur der Verwüstung hinterlässt. Die selbst ernannten Führungskräfte in dieser Gemeinde nutzten ihre Macht, um viel Furore zu machen, aber sie gingen nicht in eine bestimmte Richtung. Sie arbeiteten nicht für den Auftrag oder die Einheit der Gemeinde oder die Entwicklung der Menschen, sondern sie spalteten die Gemeinde und waren streitsüchtig. Sie stellten einen Lebensstil zur Schau, der die Herrschaft von Christus verneinte.

Führung ist eine Beziehung der Macht. Sie ist die Ausübung von Macht. Macht ist das Potenzial für Einfluss. Der Charakter oder die Fähigkeiten, die andere in Ihnen durch Ihre Führung erkennen, veranlasst sie, Ihren Einfluss zu akzeptieren. Das kann die Autorität Ihrer Stellung sein. Es kann auch die geistliche Haltung Ihres Charakters sein. Das können auch die Vorteile sein, die Sie bieten (oder der Schaden, den Sie jemandem zufügen können). Es können das Wissen oder die Fertigkeiten sein, die Sie besitzen. Macht ist das Herz des Führens, aber Macht gibt es nur, wenn jemand bei Ihnen einen Grund sieht, Ihren Einfluss zu akzeptieren. Sobald Sie nun Macht ausüben, haben Sie die Möglichkeit, zu führen. Aber Macht braucht ein Ziel. Ziellose Macht hinterlässt eine Spur der Verwüstung und Zerstörung. Tornados haben Macht und Kraft, aber schauen Sie sich an, was sie tun. Macht muss auf ein Ziel hin gebündelt werden. Die Macht in Gemeinschaften, durch die Führung möglich wird, muss auf den Auftrag gerichtet sein, der diese Gemeinschaft zusammenschweißt. Führung muss verantwortungsvoll und pflichtbewusst sein. Führung ist eine zielgerichtete einflussreiche Beziehung. Dienende Führung weist die Menschen von der Führungskraft weg auf den Auftrag der Gemeinschaft und steuert die einzelnen Beiträge auf diesen Auftrag hin.

Prinzip Nr. 5: Bei Führung geht es um Abhängigkeit und Verantwortung

Das fünfte Bild bietet eine weitere zeitige Korrektur falscher Führung. Es bezeichnet manche Führungskräfte als Sterne, „die aus der Bahn geraten sind, und werden in der ewigen Finsternis versinken“. Diese Führungskräfte sind wie ein Fixstern, der hell aufstrahlt, um dann im Dunkel des Alls wieder zu verschwinden. Sie erreichen viel in kurzer Zeit, aber ihnen fehlt der lange Atem für die gesamte Spielzeit. Solch eine Führung mag schnelle Ergebnisse vorführen können, aber sie fördert nicht die langfristige Gesundheit der Gemeinde. Es gibt viel Aktivität, aber keine Beziehungen.

Bei Führung geht es immer um Menschen.

Bei Führung geht es um Menschen. Es geht um Beziehungen. Führung ist eine zielgerichtete einflussreiche Beziehung; die Erfüllung des gemeinsamen Auftrags und die Förderung der Gemeinschaft. Führungskräfte sind von den Menschen abhängig. Sie sind keine charismatischen Kometen, die alleine ihre Bahn am Himmel ziehen. Führung ist eine Beziehung mit Abhängigkeit. Führungskräfte brauchen Menschen, die sie führen können. Sie sind von der Gemeinschaft abhängig, denn letzten Endes haben die Geführten die Führung in der Hand. Es gibt Führung nur, wenn sich jemand entschließt, zu folgen – den Einfluss zu akzeptieren. Max DePree, Autor des Bestellers *Leadership is an Art,* sagt, dass eine der Aufgaben einer Führungskraft das Danken ist[17] – eine Anerkennung der gegenseitigen Abhängigkeit voneinander. In letzter Konsequenz entscheidet immer derjenige, der geleitet wird, ob es überhaupt Führung gibt. Es spielt keine Rolle, wie viel Charisma oder Macht Sie glauben zu besitzen oder wie großartig Ihrer Ansicht nach Ihre Vision ist. Was zählt ist: Entschließt sich jemand, Ihren Einfluss zu akzeptieren und seine oder ihre Vision, Werte, Haltung und Benehmen zu ändern.[18] Führung ist eine zielgerichtete einflussreiche Beziehung, die von denen anerkannt wird, die sich entschließen, zu folgen.

Und was nun?

Was heißt das für Sie? Wie werden Sie mit Ihrer Macht umgehen? Werden Sie andere fördern oder Ihre Macht zu Ihrem eigenen Vorteil nutzen – um Anerkennung zu erlangen und Ihre Position und Ihren Status zu festigen?

Manchmal denken Sie vielleicht, dass Sie wenig Macht haben oder Sie glauben, nicht viel zu führen. Bedenken Sie aber: Wenn Führung eine einflussreiche und machtvolle Beziehung ist, dann liegt Ihr Potenzial in dem, was andere in Ihnen sehen. Die Kraft, die Gaben und die Fähigkeiten, die andere in Ihnen sehen, gibt Ihnen die Möglichkeit zu führen – ihre Überzeugungen, ihre Werte und ihr Verhalten zu beeinflussen. Wissen ist Macht; Information ist Macht; persönliche Integrität und Vertrauen auf die eigene Vision wird als Macht akzeptiert. Die Sicherheit, die Ihnen Ihre eigene Beziehung zu Gott gibt, verleiht Ihnen eine geistliche Kraft, die das Leben der Menschen um Sie herum beeinflussen kann.

Möchten Sie eine dienende Führungskraft sein? Möchten Sie etwas in dem Leben der Menschen in Ihrer Umgebung verändern? Ob Sie nun in einer formalen Führungsposition sind oder sich einfach in Beziehungen einbringen – Sie haben bereits die Möglichkeit, zu führen. Durch Ihr Wissen von der Bibel, Ihre reife Beziehung zu Gott in Jesus Christus und Ihre damit verbundene christliche Weltsicht können Sie etwas in der Welt verändern. Es liegt nun an Ihnen, was Sie aus dieser Möglichkeit machen. Möchten Sie Ihre Ausbildung, Ihre Fähigkeiten und Ihr geistliches Wissen zu Ihrem eigenen Vorteil nutzen und sich selbst weiden – oder benutzen Sie Ihre Macht für das Wachstum und die Förderung von anderen Menschen? Möchten Sie andere aufbauen? Möchten Sie fürsorglich sein, ermutigen und motivieren? Erkennen Sie an, dass Sie Verantwortung vor Gott tragen? Wollen Sie eine Vision vermitteln und Ihr Versprechen halten? Möchten Sie unsere Welt verändern?

Gott hat Ihnen Gaben und Fähigkeiten gegeben. Sie vermehren Ihr Wissen und Ihr Können. Das verleiht Ihnen die Macht, andere zu beeinflussen und das Leben der Menschen in Ihrer Umgebung zu verändern. Sie sind ein Hirte. Und die Propheten sind bereit, das Urteil zu verkünden. Wie werden Sie die Macht nutzen, die Gott Ihnen anvertraut hat? Das ist eine ernüchternde Frage.

Wenn das alles wäre, dann ständen wir vor dem großen Problem, was es heißt, eine dienende Führungskraft zu sein. Wir hätten auch angesichts der Tatsache, dass wir Gott Rechenschaft schuldig sind, ständig Angst. Aber Judas bleibt nicht hier stehen. Er erinnert uns an die beständigen Kraftquellen, die einer dienenden Führungskraft zur Verfügung stehen, die etwas verändern will.

Kraft für dienende Führungskräfte

Ihr aber, meine Lieben, erinnert euch der Worte, die zuvor gesagt sind von den Aposteln unseres Herrn Jesus Christus, als sie euch sagten, dass zu der letzten Zeit Spötter sein werden, die nach ihren eigenen gottlosen Begierden leben. Diese sind es, die Spaltungen hervorrufen, niedrig Gesinnte, die den Geist nicht haben. Ihr aber, meine Lieben, erbaut euch auf euren allerheiligsten Glauben, und betet im heiligen Geist, und erhaltet euch in der Liebe Gottes, und wartet auf die Barmherzigkeit unseres Herrn Jesus Christus zum ewigen Leben. Und erbarmt euch derer, die zweifeln; andere reißt aus dem Feuer und rettet sie; anderer erbarmt euch in Furcht und hasst auch das Gewand, das befleckt ist vom Fleisch. Dem aber, der euch vor dem Straucheln behüten kann und euch untadelig stellen kann vor das Angesicht seiner Herrlichkeit mit Freuden, dem alleinigen Gott, unserm Heiland, sei durch Jesus Christus, unsern Herrn, Ehre und Majestät und Gewalt und Macht vor aller Zeit, jetzt und in alle Ewigkeit! Amen. Judas 17-25

Woher bekommen wir diese Kraft, leitende Diener zu sein, Hirten zu sein, die die Herde fördern und nähren? Judas schließt seinen Brief, indem er an vier Kraftquellen erinnert, die der dienenden Führungskraft heute zur Verfügung stehen:

Der Inhalt des Wortes Gottes. Dienende Führungskräfte sind dazu angehalten, sich nicht im Glauben irremachen zu lassen. Das bedeutet, im Wort Gottes gegründet zu sein – in der Wahrheit, die uns die Propheten und die Apostel überliefert haben, die Schriften des Alten und des Neuen Testaments. Wissen ist Macht und wir haben das Wort Gottes, damit wir Gott kennen. Ausgerüstet mit diesem Wissen haben wir dieser Welt etwas zu sagen.

Die Gemeinschaft des Geistes. Die dienende Führungskraft soll „in der Kraft des Heiligen Geistes“ beten. Mit anderen Worten: Er oder sie soll durch den Geist Gottes in der Gegenwart und Kraft Gottes durch Jesus Christus leben. Durch das vom Geist Geist Christi veranlasste und bevollmächtigte Gebet haben wir direkten Zugang zu Gott – der Quelle aller Herrlichkeit, Kraft und Autorität. Im Gebet erlangen wir Weisheit von Gott – die Fähigkeit, die Dinge aus Gottes Sicht zu sehen. Im Gebet legen wir uns selbst in Gottes Hand, und aus der Identität und Sicherheit, in Gottes Hand zu sein, ziehen wir die Kraft, mit anderen einflussreiche Beziehungen aufzubauen.

Weisheit ist die Fähigkeit, Dinge aus Gottes Sicht zu sehen.

Ein Bund in Christus. Judas erinnert uns an unsere Bundesbeziehung zu Gott in Christus, wenn er uns ermahnt: „Bleibt fest in der Liebe Gottes, und wartet geduldig auf den Tag, an dem euch unser Herr Jesus Christus in seiner Barmherzigkeit zum ewigen Leben führen wird." Unser Teil ist es, fest in der Liebe Gottes zu bleiben, was – wie Jesus uns gelehrt hat – heißt, seinen Geboten zu gehorchen (Joh 15,10). Eine dienende Führungskraft ist gehorsam und versucht ein Leben zu führen, das unserem Gott würdig ist. Wenn die Sache damit zu Ende wäre, wäre dies eine armselige Kraftquelle. Aber Judas fährt damit fort, dass er uns auch an Gottes Teil in dieser Bundesbeziehung erinnert. Gott erwartet Gehorsam und bietet Barmherzigkeit – Barmherzigkeit, die zum ewigen Leben führt. Denken Sie daran: Barmherzigkeit ist die Bundesverpflichtung Gottes, unseren Teil der Vereinbarung auch dann zu erfüllen, wenn wir versagen. Eine dienende Führungskraft ist jemand, der auf Gottes Barmherzigkeit vertraut. Es ist ein Mensch, der weiß, dass Gott uns in Christus die Hand gereicht und genau diesen Gehorsam geleistet hat, den wir selbst nie leisten können. Diese Bundesverpflichtung Gottes gibt uns das Vertrauen, dass wir dienende Führungskräfte sein können. Anderenfalls wäre dieses Ziel unerreichbar.

Eine Berufung zur Pflichterfüllung. Die dienende Führungskraft, die Gottes Bundestreue erfahren hat – seine gnädige Vergebung –, ist selbst auch dazu aufgerufen, *barmherzig zu sein* und ihren Verpflichtungen in allen Führungsbeziehungen nachzukommen. Dienende Führung ist die Verpflichtung, zukünftig als Freund für einen anderen da zu sein. Wir müssen jemand sein, der sich um den anderen kümmert. Der Bestand dieser Verpflichtung muss unabhängig sein von den Dingen, die zukünftig geschehen. Es ist die Verpflichtung, die Beziehung aufrechtzuerhalten, selbst wenn die andere Person einen Weg geht, den wir nicht mitgehen können.

Judas ruft die christlichen Führungskräfte dazu auf, sich für die einzusetzen, die nicht wissen, in welche Richtung ihr Leben laufen soll. Sie sollen mit denen, die sich entschlossen haben, falschen Führungskräften zu folgen, eine liebevolle Beziehung aufrechterhalten. Aber sogar dann, wenn sie nicht reagieren, ruft er die dienenden Führungskräfte auf, sich weiter für diese Beziehung zu engagieren – sogar dann, wenn sie gegen die Überzeugungen und das Benehmen des Freundes sind. Dienende Führungskräfte sind dazu berufen, sich in Beziehungen mit anderen zu engagieren – fürsorglich zu engagieren, sodass sie sich das Recht verdienen, gehört zu werden, das Recht, zu beeinflussen. Führungskräfte, die für andere sorgen, können in dieser Welt etwas verändern.

Vier Kraftquellen für dienende Führungskräfte – Kraft, um andere zu beeinflussen und diese Welt nach Gottes Willen zu verändern. Wir sind Diener, die Gott überall dort, wo er uns hingestellt hat, zur Führung beruft – Hirten, denen die Fähigkeit gegeben wurde, zu weiden. Die Propheten sind bereit, das Urteil zu fällen. Was werden Sie mit Ihrer Macht tun?

Judas weiß, dass wir alleine nicht sehr viel tun können. Aber mit Gott können wir einflussreiche Führungskräfte sein. Wir weisen die Menschen auf den Gott hin, der uns selbst trägt, wenn wir versuchen, als Christen Führungskräfte zu sein. Auch Judas drückt dies aus, wenn er seinen Brief mit diesem wohl bekannten Segen beendet:

Dem aber, der euch vor dem Straucheln behüten kann und euch untadelig stellen kann vor das Angesicht seiner Herrlichkeit mit Freuden, dem alleinigen Gott, unserm Heiland, sei durch Jesus Christus, unsern Herrn, Ehre und Majestät und Gewalt und Macht vor aller Zeit, jetzt und in alle Ewigkeit! Amen. Judas 24-25

2 Die dienende Führungskraft

Judas liefert uns einen Ansatz, wie wir uns dem Thema einer dienenden Führung nähern können – fünf biblische Prinzipien, die er während der Auseinandersetzungen in seiner eigenen christlichen Gemeinde entdeckt hat. Jedes Kapitel dieser Studie wird eines dieser Prinzipien untersuchen und auf die gegenwärtige Situation unserer Führung und unserer Organisationen übertragen.

Die angesprochenen Prinzipien und Probleme sind nicht auf die Gemeinde des Judas beschränkt. Sie sprechen den Kern jeder Führungsbeziehung in jeder Gemeinschaft von Menschen an, die versuchen, sich selbst auf einen Auftrag oder ein Ziel auszurichten. Die biblischen Erzählungen sind voller Geschichten über Männer, Frauen und Gemeinschaften, die versuchen, ein effektives Modell einer Führung durch Beziehungen zu entwickeln. Mein liebstes biblisches Drama hierfür ist die Geschichte der Gemeinde in Kolossä, wie sie in den Briefen von Paulus an die Kolosser und an Philemon deutlich wird. Dies ist eine Gemeinschaft, die voll im Leben steht, mit Männern und Frauen, die mit den Themen Führung, Beziehungen, Verschiedenheit und Konflikten kämpfen. Die Geschichte der Gemeinde in Kolossä ist *die* Geschichte einer menschlichen Organisation. Und jeder Spieler in diesem Drama hat uns etwas über das Führen durch Beziehungen und organisierte Gemeinschaften zu sagen. Wenn wir von der Situation in Bezug auf Führung bei Judas weg ins

21. Jahrhundert gehen, möchte ich gerne jedes Prinzip für Führung in die lebensnahe Erzählung des Kolosserbriefes versetzen. Die Führungskräfte, Diener und die dortige Gemeinde sind ein Beispiel für Führung durch Beziehungen, das genau zeigt, was es heißt, durch Dienen zu führen. In der Geschichte von Onesimus, Philemon, Tychikus und Paulus gibt es für alle von uns Platz.

Hirten: Diener, die dazu bestimmt sind, für die Schafe zu sorgen

Im ersten Kapitel habe ich das Thema für diese Studie angerissen. Wir haben Judas betrachtet, den Halbbruder von Jesus, wie er einige Möchtegernführungskräfte in seiner Gemeinde kritisiert. Sein kleiner Brief enthält zwei gegensätzliche Entwürfe einer christlichen Führungskraft. Auf der einen Seite Judas, der demütig von sich weg weist und sich selbst als Diener bezeichnet, anstatt auf seinen legitimen Status als Bruder des Herrn zu pochen. Auf der anderen Seite sehen wir die aktiven und präsenten Führungskräfte der Gemeinde, die ihre Positionen zu ihrem Vorteil nutzen und sich an der Herde fett essen. Hirten, die nur sich selbst weiden.

In diesen bissigen Worten – diesen Gegensätzen, die der Brief aufwirft – sehen wir ein biblisches Modell für Führung. Hirten sind für die Schafe da! Hirten sind von der Definition her Diener, die mit der Fürsorge der Schafe betraut wurden. Es ist eine verantwortungsvolle Position und ein Dienst, kein Rang und keine Machtposition. Die Schafe existieren nicht für den Hirten. Der Hirte wird für die Schafe eingestellt.

Gemeindehirte zu sein ist eine verantwortungsvolle Position und ein Dienst, kein Rang und keine Machtposition.

Onesimus: Eine dienende Führungskraft

Versetzen wir uns in die Geschichte der Gemeinde in Kolossä. Schlüpfen wir in die Schuhe von Onesimus. Wie würden Sie sich fühlen? Wir sind letztendlich von einer Arbeit geflüchtet, die uns aufgerieben und ausgebrannt hat. Vielleicht sind wir vor unguten Umständen geflüchtet, aber wir haben diesen Schritt getan! Wir sind gegangen, um zu uns selbst zu finden. Wir wollten herausfinden, was wir mit unserem Leben machen möchten. Und nun haben wir weit weg von Zuhause und weit weg von den Pflichten der Arbeit Zeit, um nachzudenken. Und einiges von diesem Nachdenken könnte unser Leben ändern!

In einer Beziehung zu neuen Freunden wird begonnen, die Puzzlestücke des Lebens zusammenzusetzen. Innerhalb einer neuen Gemeinschaft begegnet uns der auferstandene Herr Jesus Christus und wir denken nun von seinem Anspruch her über das Leben nach.

Ein Ort wie dieser, weit weg vom Druck und den Verpflichtungen des normalen Lebens, ist ein Geschenk Gottes, ein Privileg, das genossen und festgehalten werden muss. Es ist eine Möglichkeit, zu wachsen und sich zu ändern. In dieser Gemeinschaft, die einen unterstützt und mit diesen ermutigenden Freunden fühlt man sich wie ein neuer Mensch.

Aber nun müssen wir zurück. Zurück in die ursprüngliche Gemeinschaft, zurück in vielleicht unangenehme Situationen, zu alten Verpflichtungen und Verbindlichkeiten. Doch wir gehen als neuer oder zumindest erneuerter Mensch zurück. Welche Gefühle setzt das frei, diese neue, tragende Gemeinschaft zu verlassen, die uns weitergebracht hat und neue Horizonte eröffnete? Und jetzt muss man zurück an den Ort, mit dem sich so viele schlechte Erinnerungen verbinden.

Genau in dieser zwiespältigen Situation befand sich Onesimus. Sein altes Leben hatte er in Kolossä hinter sich gelassen, wo er ein Sklave im Personal von Philemon war, einer wohl bekannten Führungskraft der dortigen Gemeinde. Unerlaubt ist er fortgelaufen, hat eine Vertrauensbeziehung missbraucht und hat – vielleicht, um seinen Weggang zu finanzieren – seinen Herrn bestohlen, bevor er fortging.

Irgendwie endete seine Flucht bei Paulus, dem Apostel. Die Umstände ihrer ersten Begegnung kennen wir genauso wenig wie die Umstände, aus denen sich Onesimus schließlich bekehrte und Christus nachfolgte. Aber wir wissen, dass sich zwischen Onesimus und seinem neuen Freund eine intensive Beziehung entwickelte. Er blieb bei Paulus, lernte von ihm, sorgte für Paulus und Paulus für ihn. Zwischen den beiden entstand eine starke Bindung. Aber irgendwann in diesem Erziehungs- und Ausbildungsprozess kamen Paulus und Onesimus zu dem Entschluss, dass es Zeit für den Sklaven war, nach Kolossä zurückzukehren. Er musste zurück in seine Gemeinschaft und seine Stellung als Sklave des Philemon, um die zerbrochenen Beziehungen wiederherzustellen.

Paulus schreibt einen Brief an Philemon, um den Weg für Onesimus Rückkehr zu ebnen. Er stützt sich dabei sehr auf seine persönliche Beziehung zu Philemon und zu Onesimus. Er schreibt auch der Gemeinde in Kolossä einen Brief, um sie zu ermutigen. Diese Gemeinde wird schließlich die christliche Gemeinschaft sein, in der die Versöhnung zwischen einem ihrer Ältesten und seinem neubekehrten davongelaufenen Sklaven stattfinden muss.

Paulus überreicht dann die beiden Briefe Onesimus und einem weiteren Freund und Kollegen, Tychikus, und schickt ihn mit nach Kolossä. Paulus will deutlich machen, dass der christliche Glaube auf das Alltagsleben, die alltägliche Arbeit und normale Beziehungen angewendet werden kann. Es muss sichtbar werden, dass eine christliche Gemeinde mit Konflikten umgehen kann und es dort wirklich Versöhnung und einen echten Neubeginn gibt. Paulus möchte Philemon dadurch aufbauen. Onesimus und die Kolosser sollen aufeinander hören und voneinander lernen, wenn sie sehen, wie ihr gemeinsamer Glaube sie in ihren zerbrochenen Beziehungen und ihrem Schmerz leitet.

Drei Dinge beeindrucken mich bei der Rückkehr von Onesimus nach Kolossä: Er verlässt seine behütete Gemeinschaft, er hat einen Freund, der ihn ermutigt, und er kehrt zurück, um zu dienen.

Herausgehen aus der behüteten Gemeinschaft

Für Onesimus war es sicherlich schmerzlich, von Paulus fortzugehen und nach Kolossä zurückzukehren. Er verließ schließlich nicht nur den Mann, der ihn zu Christus geführt hatte, sondern auch einen Freund und eine ermutigende Gemeinschaft – ein Netzwerk von tragenden Beziehungen. Er verließ einen Ort, an dem er wachsen konnte, einen Platz, an dem er geliebt und wo sein Wert und sein Beitrag geschätzt wurde, einen Ort, wo man seine geistliche Wanderschaft verstand. Onesimus verließ die Sicherheit einer Gemeinschaft, die seine Erlebnisse geteilt und sein Wachstum gefördert hatte, um in eine andere Gemeinschaft zu gehen, die ihn wahrscheinlich feindselig empfangen würde. Er verließ die Bequemlichkeit und Sicherheit des Bekannten und riskierte eine unsichere Zukunft.

Aber Paulus und Onesimus stimmten darin überein, dass er die Bequemlichkeit dieser Gemeinschaft verlassen und zurückgehen müsse, wenn er persönlich wachsen und das Leben der Menschen in Kolossä verändern wollte. Bei Führung geht es darum, die behütete Gemeinschaft zu verlassen, ein Risiko einzugehen und sich für die Menschen in meiner Umgebung einzusetzen.

Bei Führung geht es darum, die behütete Gemeinschaft zu verlassen, ein Risiko einzugehen und sich für die Menschen in meiner Umgebung einzusetzen.

Die Tradition der frühen Kirche setzt oft den Onesimus aus unserer Geschichte mit dem späteren Bischof Onesimus von Ephesus gleich. Das kann nicht überprüft werden, aber wenn es stimmt, dann hat der davongelaufene Sklave aus Kolossä viel von seinen Lehrern gelernt und ist jemand geworden, der als Führungskraft und Lehrer in der Kirche betrachtet wurde. Von einem Sklaven Philemons, der von Paulus angeleitet wurde, könnte Onesimus der Bischof von Ephesus geworden sein und die Führungskräfte der Kirche angeleitet haben.

Freunde mitnehmen

Das Zweite, was ich bei der Geschichte von Onesimus sehe, ist die Wichtigkeit von ermutigenden Beziehungen. Paulus sandte Onesimus nicht alleine zurück nach Kolossä. Er schickte einen Freund mit – Tychikus.

Tychikus ist der am wenigsten bekannte Teilnehmer am Drama von Kolossä. Er ist ein Freund und Kollege von Paulus, der Onesimus bei seiner Bekehrung und seinem geistlichen Wachstum begleitet hatte. Er kannte Onesimus gut, und wir können annehmen, dass er ein wichtiger Freund für den konvertierten Sklaven geworden war.

Als Paulus Onesimus zurückschickte, stellte er ihn sicher unter den Segen Gottes. Aber er sandte auch einen Freund mit, der ihn bei seiner Rückkehr nach Hause unterstützen und ermutigen konnte. Tychikus ist da, um Onesimus zu ermutigen, wenn er Philemon gegenübertritt und ihm beizustehen, wenn Angst ihn schwankend macht. Er soll ihm den Weg zu Philemon und der dortigen Gemeinde ebnen, für ihn beten und ihm mit Rat beistehen, wenn es nötig ist.

Wieder hat diese Geschichte Parallelen zu unserer Situation heute. Ob wir nun neue Führungsaufgaben übernehmen oder unseren Dienst fortsetzen – wir brauchen alle Mentoren und Freunde, die uns führen und anregen, herausfordern und unser Leben und unsere Arbeit unterstützen. Jeder von uns braucht einen Tychikus, der uns ermutigt und an unsere Berufung und unser geistliches Wachstum erinnert. Wenn Sie keinen solchen Freund an Ihrem Platz haben, dann ermutige ich Sie, eine solche Beziehung aufzubauen. Darin müssen Sie füreinander die Verpflichtung eingehen, in Verbindung zu bleiben, sich gegenseitig zu ermutigen und füreinander zu sorgen. Sie müssen einander zuhören und liebevoll an unsere Verantwortung erinnern, wie wir es alle brauchen. Führung ist ein riskantes Geschäft. Es nimmt mehr von der dienenden Führungskraft, als es ihr gibt. Wir brauchen einander.

Wir brauchen alle Mentoren und Freunde, die uns führen und anregen, herausfordern und unser Leben und unsere Arbeit unterstützen.

Vor ein paar Jahren hat eine sehr kompetente Führungskraft die Position des Universitätspräsidenten an einer kanadischen theologischen Hochschule übernommen. Schon nach sechs Monaten gab es genug Probleme, um ihn verzweifeln zu lassen. In der Osterwoche eskalierte der Streit mit seiner Fakultät und den Angestellten. Weil er niemanden hatte, mit dem er reden und gemeinsam zu Gott flüchten konnte, verbarrikadierte er sich in seinem Büro und brachte sich um.

Das ist natürlich extrem und sehr tragisch. Die Tat ist sicherlich schwer zu verstehen, aber die Sache unterstreicht die Verwundbarkeit einer Führungskraft, die ihre Sicherheit und behütete Gemeinschaft verlässt und hinausgeht, um zu dienen. Wir brauchen einander, um gemeinsam vor Gott zu treten und müssen uns in ermutigenden Beziehungen füreinander einsetzen.

Jetzt ist, glaube ich, ein guter Zeitpunkt um innezuhalten und sich zu fragen: Wer ist mein Tychikus? Wer steht mir bei, wenn ich Verantwortung als Führungskraft wahrnehme?

Zurückgehen, um zu dienen

Die dritte Sache, die wir von Onesimus lernen können, ist wahrscheinlich auch die Wichtigste. Er geht zurück, um zu dienen. Weil wir so sehr mit den biblischen Geschichten vertraut sind, schauen wir oft nur auf das, was Gott in seiner Gnade gewirkt hat, und vergessen dabei die Gefühle oder Ängste der Person. Wir hören von dem Bischof Onesimus und denken, Gott hat Onesimus nach Kolossä zurückgeschickt, damit er ein Bischof wird. Das mag stimmen, aber Onesimus wusste zumindest am Anfang nichts davon! Paulus bittet Philemon nur, ihn als Bruder in Empfang und wieder als seinen Sklaven aufzunehmen. Onesimus kehrt zurück um zu dienen. Er geht nicht als freier Mann zurück. Er geht zurück als ein Diener von Philemon. Durch die bloße Rückkehr nach Kolossä erkannte er seine Stellung an und zeigte seine Bereitschaft, zu dienen. Vielleicht wurde Onesimus wirklich Bischof, aber er ging nicht zurück nach Kolossä, um Bischof zu werden und etwas Großes für Gott zu tun. Er ging zurück als Diener.

Hermann Hesse hat in seiner Novelle *Die Morgenlandfahrt* den Versuch beschrieben, den hohen Rat einer geheimen Ordnung im Osten zu finden. Die Hauptcharaktere des Buches versuchen, den Führer dieser Gesellschaft zu treffen, um dann in die grundlegenden Wahrheiten des Lebens eingeführt zu werden. Auf ihrer Reise werden sie von einem Diener geführt und begleitet, der ihnen zugeteilt wurde, um für sie zu sorgen – ihr Gepäck zu tragen und ihnen den Weg zu erleichtern. Am Ende ihrer Reise kommen sie schließlich in den großen Thronsaal dieses Landes, und wer kommt ihnen da in den goldenen Kleidern des Präsidenten dieses Bundes entgegen? Ihr Diener![19]

Onesimus kehrte nach einer Zeit der Unterweisung und des geistlichen Wachstums bei Paulus und seinen Freunden zurück. Er ließ die Bequemlichkeit hinter sich und kehrte mit einem Freund nach Kolossä zurück, um seine Stellung als Sklave von Philemon wieder aufzunehmen und seinem neuen Herrn, Jesus Christus, zu dienen. Das ist die Berufung der christlichen Führungskraft!

Wir sind dazu berufen, Diener Jesu Christi zu sein, die für jene Menschen sorgen, die uns anvertraut wurden. Wir sollen sie auch bei jeder Art von Führung und Dienst, zu der wir uns verpflichtet haben, auf Gott hinweisen. Führung ist eine dienende Beziehung – eine einflussreiche Beziehung. Aber Führung entsteht durch Dienst, nicht durch eine Stellung oder besonderen Status.

Führen: eine Beziehung, die beeinflusst

Was ist eigentlich leadership, Führung? Das Führungsmodell, mit dem ich arbeite, ist in den letzten zwanzig Jahren populär geworden. Wissenschaftler, Berater, Firmen und Wohltätigkeitsorganisationen haben einen Übergang bei den Führungsmodellen beobachtet, die sich in den vergangenen Jahren in der westlichen Welt entwickelt haben. Dieses „neue Paradigma", wie es oft genannt wird, erlangte mit der Veröffentlichung von *In Search of Excellence* 1982 allgemeine Anerkennung.[20] Tom Peters und Robert Waterman brachten als Erste die neuen Forschungsergebnisse in eine allgemein verständliche Fassung und zogen so die Aufmerksamkeit der Führungskräfte – besonders in Nordamerika – auf sich. Seitdem ihr Buch auf den Bestsellerlisten der Management-Magazine erschienen ist, hat ein ständiger Strom von Veröffentlichungen weiterhin ein Führungsmodell vorgestellt, das auf Beziehungen ausgerichtet, von einer Vision bestimmt und werteorientiert ist. Peter Drucker, Peter Block, Warren Bennis, Max DePree, Tom Peters, Steven Covey, James O'Toole, Charles Handy, Peter Senge und viele andere Namen sind den Lesern von Führungsliteratur nun bekannt.

Viele dieser Schreiber sind bekennende Christen und vertreten einen Ansatz des Leitens durch Beziehungen, weil er sich erkennbar auf biblische Prinzipien gründen lässt. Doch dieses Modell ist vor allem aufgetaucht, weil es funktioniert. Es behandelt Menschen würdevoll und verleiht Hoffnung und Sinn. Doch das Wichtigste für die meisten Firmen ist, dass es erwiesenermaßen effektiv ist, wenn man es auf seine Firma anwendet. Ich möchte nun ein pragmatisches Führungsmodell betrachten, das sich meiner Ansicht nach auf biblische Prinzipien gründet.

Wir müssen bedenken, dass wir von einem Führungsmodell sprechen – einem bewährten Modell –, aber nicht von einem, das notwendigerweise konsequent in vielen Firmen gelebt wird. Es zeigt die Prinzipien, an denen wir unsere Führung messen und auch unsere Unzulänglichkeiten erkennen können. Ich versuche, alles, wovon ich hier rede, auch am Regent College zu leben. Aber alle, die einmal dort waren wissen, dass wir genau die gleichen Kämpfe erleben wie jede andere menschliche Gemeinschaft auch. Aber mit Gottes Hilfe versuchen wir es weiter.

Ich möchte auch unterstreichen, dass ich aus meiner eigenen Erfahrung und meinen Forschungen heraus schreibe. Diese konzentrieren sich fast ganz auf Nordamerika. Seit meinem Umzug nach Kanada 1988 habe ich feine, aber doch klare Unterschiede in der Haltung gegenüber Führung zwischen den USA und Kanada festgestellt.

Ich gebe nicht vor, viel über die kulturellen Voraussetzungen und Strukturen zu wissen, die Führung in anderen Teilen der Welt beeinflussen. Wenn Sie also in einem anderen Kulturkreis arbeiten, dann bedenken Sie bitte, dass ich wie die meisten Autoren die Dinge aus einer bestimmten Perspektive betrachte. Sie müssen dann daran arbeiten, diese Ideen in den passenden Kontext für Ihre Kultur zu übersetzen. Ich möchte jedoch einige grundsätzliche Prinzipien für Führung untersuchen, die meiner Ansicht nach effektiv und auch biblisch sind.

Was ist also Führung? Worum geht es bei Führung? Was ist eine Führungskraft? In diesem und in dem nächsten Kapitel über die Vision werde ich mich vor allem auf die Führungskraft konzentrieren.

In den noch bleibenden drei Abschnitten werde ich versuchen, etwas praktischer zu werden und nach Strategien zu schauen, wie man als Führungskraft dienen kann.

Die Menschen definieren Führung schon seit langer Zeit. Die Zahl der fachlichen und humorvollen Definitionen ist ausgedehnt und verwirrt oft mehr, als dass sie für Klarheit sorgt. Gary Yukl definiert in seinem Buch *Leadership in Organizations* Führung als „einen Prozess der Beeinflussung, wobei von einer Führungskraft absichtlich Einfluss über diejenigen ausgeübt wird, die ihm folgen."[21] Paul Hersey und Kenneth Blanchard betrachten in ihrem klassischen Werk *Management of Organizational Behavior* Führung als einen wesentlich weiter gefassten Begriff als Management. Während das Management mit und durch Einzelpersonen und Gruppen arbeitet, um die Ziele des Unternehmens zu erreichen, „geschieht Führung überall, wo jemand versucht, das Verhalten einer Person oder einer Gruppe zu beeinflussen – unabhängig von dem Grund."[22]

> ***Während das Management mit und durch Einzelpersonen und Gruppen arbeitet, um die Ziele des Unternehmens zu erreichen, „geschieht Führung überall, wo jemand versucht, das Verhalten einer Person oder einer Gruppe zu beeinflussen – unabhängig von dem Grund".***

Führung ist zuerst und vor allen Dingen eine Beziehung zwischen zwei Menschen. Sogar in einer Gruppe oder einem Unternehmen, in dem wir eine Anzahl von Menschen führen und für sie die Verantwortung haben, führen wir immer noch in bestimmten Beziehungen. Führungskräfte und Geführte, oder wie John Gardner, der Autor von *On Leadership* es ausdrückt, Führungskraft und Wähler – sind zwei Menschen, die eine Beziehung miteinander eingehen.[23] Das ist die besondere Situation beim Führen.

Führen heißt beeinflussen

In der Definition, die ich gerade erwähnt habe, wird Führung als ein Prozess bezeichnet, in dem eine Person auf die andere einwirkt. Es ist eine Beziehung, die Auswirkungen hat. In ihr versucht die Führungskraft, das Verhalten, die Einstellung, die Vision und die Werte oder Überzeugungen eines anderen zu verändern. Es ist eine absichtliche Beziehung mit einem Ziel – eine Beziehung, die beeinflusst.

Gary Yukl nennt elf verschiedene Formen von Einfluss, die Führungskräfte heute ausüben.[24] Es ist nicht so wichtig, die verschiedenen Formen zu kennen. Wir müssen nur wissen, dass wir andere auf unterschiedliche Art und Weise führen. Führen ist mehr, als jemand anderem zu sagen, was er tun soll. Die Forschung hat Folgendes gezeigt: Führungskräfte, die vor allem auf die unten beschriebenen ersten drei Arten führen, sind ganz erfolgreich, solange sie körperlich anwesend sind. Wenn sie aber abwesend sind, verlieren sie ihre Fähigkeit, den Geführten zu beeinflussen und zu führen.

Yukls Beschreibungen der Einflussarten sind folgende:

Eine direkte Bitte: Diese Führungskraft weist etwas an und bittet den Geführten, eine bestimmte Sache zu tun. Der Geführte erkennt die Autorität oder das „Recht" des Leiters an, diese Bitte auszusprechen und handelt dementsprechend.

Zum Beispiel: *Ein leitender Angestellter bittet seine Sekretärin, einen Brief zu tippen, und der Einfluss wird akzeptiert. Der Brief wird geschrieben, weil beide wissen, dass dies die Arbeit ist, für welche die Sekretärin eingestellt wurde und die Bitte legitim ist.*

Förderlicher Gehorsam: Der Geführte glaubt, dass die Handlung, die die Führungskraft erbittet, ein bestimmtes, von der Führungskraft versprochenes wünschenswertes Ergebnis bringen wird. Die Führungskraft gibt hier immer noch eine Anweisung, aber sie muss den Geführten zu seinem Handeln überzeugen und hat die Möglichkeit, die Ausführung des Wunsches zu belohnen.

Zum Beispiel: *Wenn meine Studenten sich in meiner Klasse eintragen, hat das für sie Vorteile für ihr Studium.*

- **Zwang:** Hier handelt der Geführte, um Repressalien zu vermeiden, die aus einer Weigerung resultieren würden. Die Führungskraft muss wieder den Geführten überzeugen, wie gewünscht zu handeln, und sie hat die Möglichkeit zur Bestrafung.

Zum Beispiel: *Wer sich nicht einträgt, wird keine Note in diesem Kurs bekommen.*

- **Rationales Vertrauen:** Der Geführte handelt, weil er oder sie Vertrauen in die Sachkenntnis oder Glaubwürdigkeit der Führungskraft hat. Er nimmt an, dass sie das Wissen oder die Kompetenz hat, damit man ihr folgen kann. Diese Art von Einfluss kann eine Anweisung, ein beratendes Gespräch oder einfach das Angebot von Rat sein.

Zum Beispiel: *Der Gemeindevorstand wird auf den Pastor hören, wenn es um Gottesdienstformen geht, weil er oder sie darin ausgebildet wurde, geistlich zu führen und Gottesdienste abzuhalten.*

- **Rationale Überzeugung:** Der Geführte ist davon überzeugt, dass die Handlung, die die Führungskraft wünscht, der beste Weg für ihn selbst ist, sein Vorhaben zu erreichen. In diesem Fall sind die Geführten davon überzeugt, dass die von der Führungskraft geforderten Handlungen richtig und passend sind und ihnen helfen werden, ihre persönlichen Ziele zu erreichen. Hier arbeitete die Führungskraft von Anweisungen hin zu einem beratenden Gespräch und versucht, den Geführten davon zu überzeugen, dass dieses Handeln gut ist.

Zum Beispiel: *Kevin war damit einverstanden, an einem Forschungsprojekt für die Verwaltung teilzunehmen, weil er es für seine Doktorarbeit nutzen konnte.*

Einfühlsame Bitte: Bei dieser Art von Einfluss gehorchen die Geführten, weil es ihnen ein gutes Gefühl gibt und ihre Werte unterstützt. Die Führungskraft appelliert an ihre Werte. Dieses Modell wird regelmäßig in der Predigt benutzt. Wie der Apostel Paulus appelliert der Pastor an die Gottesdienstbesucher, gemäß ihrer Berufung zu leben und versucht sie dahingehend zu beeinflussen, ihr Christsein mehr auszuleben. Es ist wieder kein Führen durch Anweisungen, sondern mehr Ratschläge erteilen und lehren.

Zum Beispiel: *Der Pastor bittet ein Gemeindemitglied, als einen Dienst an der Gemeinde ein anderes Gemeindeglied im Krankenhaus zu besuchen.*

Unterweisung: Hier spricht Yukl von Situationen, in denen der Geführte Werte oder Überzeugungen verinnerlicht, die das Handeln wie natürliches Benehmen erscheinen lassen. Diese Art von Einfluss kommt fast ohne jede Anweisung aus. Es braucht noch nicht einmal eine direkte Verbindung zu geben zwischen den Anstrengungen der Führungskraft, Werte und Überzeugungen zu vermitteln, und der Reaktion der Geführten, die aufgrund dieser Werte handeln. Und doch ist es eine der wirkungsvollsten Formen von Einfluss, die wir als christliche Führungskräfte benutzen.

Zum Beispiel: *In vieler Weise – obwohl wir vielleicht das Etikett nicht mögen – machen wir dies im Kindergottesdienst, der Sonntagsschule, bei der Konfirmation, beim Predigen und beim theologischen Lehren. Wir versuchen eine Reihe von Werten und Überzeugungen zu vermitteln, die ein christliches Verhalten hervorrufen, das dann ganz natürlich im Leben eines Menschen vorkommt.*

Auswählen von Informationen: Auch ein unbequemer Ausdruck, aber doch eine häufig ausgeübte Art von Einfluss. Hier erhält der Geführte nur die Informationen, die ihn dazu bringen, die gewünschte Handlung auszuführen. Der Rest wird von der Führungskraft vorenthalten. Wenn Informationen nur teilweise geliefert werden, können sie eine erwünschte Tat hervorrufen. Wenn wir Menschen nur eine Sache zur Auswahl geben, werden sie sich wahrscheinlich für das entscheiden, was wir empfohlen haben.

Zum Beispiel: *Wenn man Ihnen sagt, das Türschloss im Büro funktioniert nicht, und jemand wäre in die Gemeinde gekommen und hätte den Geldbeutel genommen, wird das eine bestimmte Reaktion bei Ihnen hervorrufen. Wenn man Ihnen sagt, der Geldbeutel wäre von einem der Kindergottesdienstkinder in der Gemeinde genommen worden, weil sie nicht genug beaufsichtigt werden, wird es eine andere Reaktion hervorrufen – selbst wenn beides stimmt. Das nennt Yukl das Auswählen von Informationen. Und wir benutzen diese Art weitaus öfter, als wir wahrscheinlich zugeben möchten.*

- **Das Lenken von Situationen**: Hier verändert die Führungskraft die Situation des Geführten, um eine bestimmte Handlung vorteilhafter erscheinen zu lassen.

Zum Beispiel: *Die Aufstellung der Schreibtische in einem Büro wird Gespräche erleichtern oder erschweren. Es ist für die Erhöhung des Opfers förderlicher, den Klingelbeutel Sonntagmorgens durch die Reihen gehen zu lassen, als die Menschen beim Hinausgehen etwas in den Kasten werfen zu lassen.*

- **Persönliche Identifikation**: Dieser Typ der Beeinflussung ähnelt dem des rationalen Vertrauens. Hier ahmt der Geführte die Handlungen oder das Benehmen von jemandem nach, der respektiert und bewundert wird. Bei dieser Beziehung handelt es sich um Unterweisung und Rat, wenn das Vorbild anerkannt wird. Aber bedenken Sie, dass diese Art von Einfluss alle Zeit weitergeht, ob wir das wissen oder nicht. Die Menschen beobachten Führungskräfte und lernen dadurch. Unser Handeln und Benehmen lehren genauso viel über unsere Überzeugungen und Werte wie unsere Worte. Menschen, die Führungskräfte bewundern, werden ihr Benehmen nachahmen und von ihnen beeinflusst werden, ohne dass es die Führungskraft notwendigerweise weiß.

Die Forschung hat gezeigt, dass diese Art von Beeinflussung, dieses Schließen von persönlichen Beziehungen, das oft *Macht durch Empfehlung* genannt wird, die effektivste Art zu führen ist, wenn die Führungskraft nicht den Geführten im Blick hat. Es ist eine Führung, die andauert. Ich sage den Lehrern am Regent College oft, dass sie genauso viel durch das lehren, was sie zwischen dem Unterricht tun, wie durch das, was sie im Unterricht lehren. Menschen beobachten andere Menschen, die sie mögen und werden durch ihr Verhalten beeinflusst. Führungskräfte sind Beispiele.

Zum Beispiel: *Als ich mir eines Tages an der Kaffeebar im Regent eine Tasse Kaffee kaufte, hörte ich zufällig, wie ein Student in der Schlange hinter mir sagte: „Sieh mal, der Herr Präsident zahlt für seinen Kaffee." Ich weiß nicht, was für eine Vorstellung von Führungskräften sie hatten, dass sie dies verwunderte. Aber hier wurde mir wieder deutlich gezeigt, dass die Menschen beobachten... sie beobachten sogar solch kleine Dinge wie Ihre Kaffeepause und ob Sie eine Sonderbehandlung erwarten, weil Sie eine Führungskraft sind.*

- **Identifikation mit der Entscheidung**: Dieser Punkt ist auch wichtig für eine auf Beziehungen ausgerichtete Führung. Wenn die Menschen in den Planungs- und Entscheidungsprozess mit einbezogen sind und sich als Teil eines Teams fühlen, dann machen sie die Entscheidung zu ihrer eigenen. Teilnahme am Management, die Bildung von Teams und die Menschen an Entscheidungen teilhaben lassen, die ihr Leben und ihre Arbeit beeinflussen werden, schafft eine Identifikation mit dem Ergebnis. Dadurch wird es leichter, die nötigen Arbeiten anzuordnen. Mit diesem Stil der Einflussnahme sind wir vollkommen weg von der Führung durch Anweisungen und sind im Bereich des Teilhabenlassens und der Delegierung.

Zum Beispiel: *In einer Sitzung wird ein Projekt so lange diskutiert, bis es zu einer einmütigen Entscheidung kommt. Dann wird gefragt, wer jetzt welche anstehenden Aufgaben übernimmt.*

Warum halten wir uns nun damit auf, verschiedene Arten von Einfluss zu definieren? Lassen Sie mich noch einmal sagen, dass es nicht so wichtig ist, diese elf Typen zu kennen. Wichtig ist, zu erkennen, dass Führen weitaus mehr ist als das Erteilen von Anweisungen. Wir beeinflussen durch eine Beziehung. Wir beeinflussen durch unsere Entscheidungen und Handlungen. *Führung ist eine Beziehung, die beeinflusst.*

Führung wird durch die Geführten ausgeübt

Diese schlichte Wahrheit wird oft übersehen. Ich bin regelmäßig überrascht über Führungskräfte, die glauben, sie sind durch ihre Stellung Führungskraft oder weil sie es sein wollen. David Hubbard, ein ehemaliger Universitätspräsident sowie ein Freund und Mentor von mir erzählt gerne eine Geschichte über seinen kleinen Enkel Jeffrey. Als David und Ruth einmal mit Jeffrey im Park einen Kinderspielplatz besuchten, schlenderten sie langsam los, während Jeffrey noch spielte. Als Jeffrey sah, wie sie weggingen, kam er schnell mit seinen kleinen krummen Beinchen angerannt und rief: „Wartet auf mich, ich führe hier!"

Dadurch, dass man den Titel der Führungskraft hat, führt man noch lange nicht. Wir können jede Art der Einflussnahme ausüben, die wir gerade besprochen haben – wenn sich nicht jemand *entschließt*, diesen Einfluss zu akzeptieren, können wir nicht führen. Es ist sehr wichtig, dass diejenigen von uns, die führen, immer daran denken, dass die Geführten die Wahl haben und unsere Führung immer von ihrer Entscheidung abhängt, zu folgen.

Der Stil der Führung muss der Reife der Geführten angepasst werden

Führungskräfte sind von Geführten abhängig, die sich entschließen, ihren Einfluss zu akzeptieren. Diese Abhängigkeit der Führungskraft von denen, die folgen, macht die Beziehung in der Führung so wichtig. Führungskräfte müssen ihre Versuche, zu beeinflussen und ihren Führungsstil den Geführten anpassen, die sie beeinflussen wollen. Paul Hersey und Kenneth Blanchard haben ein Modell der Führung entwickelt, das sie als eine ständig sich entwickelnde Beziehung mit vier verschiedenen Verhaltensweisen der Führungskraft ansieht, die direkt von dem jeweiligen Geführten abhängen. In ihrem Standardwerk *Management of Organizational Behavior* beschreiben sie dieses Modell, das oft Vorausschauende oder Situationsbedingte Führung genannt wird.[25]

Das Modell hat zwei Achsen, die zwei Entwicklungen ausdrücken. Die eine bezieht sich auf die Menge an zielgerichteter Anweisungen der Führungskraft. Die andere zeigt die Unterstützung durch die Beziehung, die die Führungskraft bietet. Die zielgerichteten Anweisungen reichen von genauen Anordnungen für jemanden, was er tun soll, bis zu völliger Delegierung an eine eigentlich entscheidende Person. Die Unterstützung durch die Beziehung reicht von jemanden begleiten, seine Hand halten und ihn ermutigen, bis zu in den Hintergrund treten und die Geführten ermutigen, es allein zu tun. Wenn diese Entwicklungsstufen auf eine horizontale und vertikale Achse eingetragen werden, dann erkennen Sie durch dieses Modell vier Quadrate oder Arten von Führung. Diese nennen Hersey und Blanchard anordnen, gewinnen, teilhaben lassen und delegieren.

Ein *anordnender* Stil enthält viele zielgerichtete Anweisungen mit wenig Ermutigung durch eine Beziehung. Der *gewinnende* Stil ist noch ziemlich auf Anweisungen beschränkt, aber er enthält mehr Unterstützung durch eine Beziehung. Der *teilhaben lassende* Stil enthält viel weniger Anweisungen, aber einen hohen Anteil einer Unterstützung durch die Beziehung. Und der *delegierende Stil* schließlich hat wenig Anweisungen und geringe Unterstützung durch eine Beziehung. Er vertraut dem Geführten, mit der Aufgabe klarzukommen.

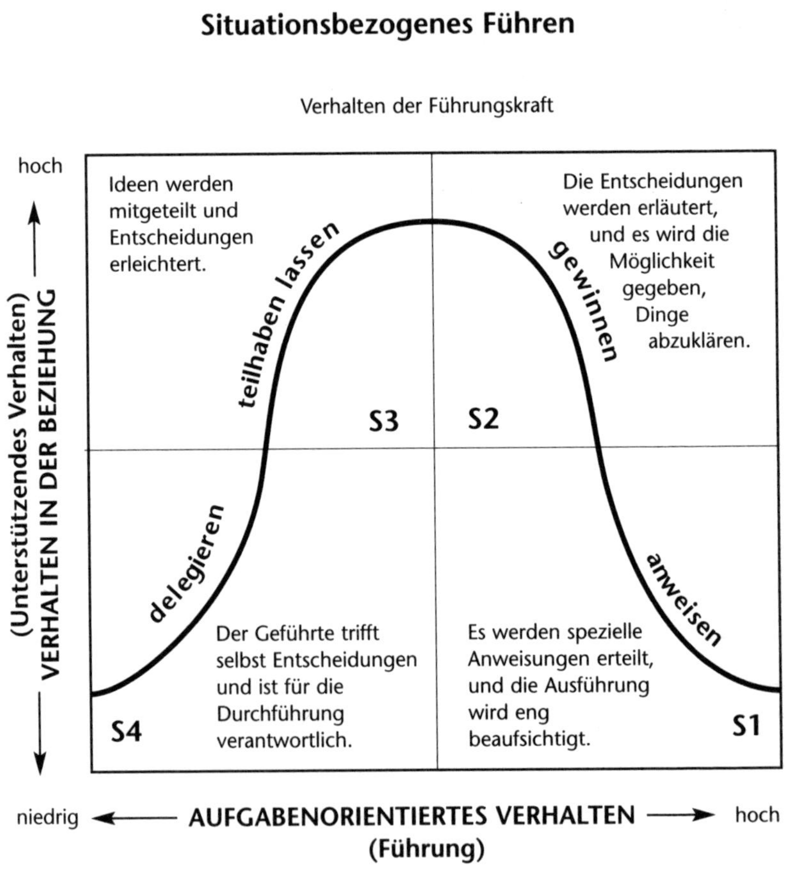

Bereitschaft des Geführten

hoch	Mittel		niedrig
R4	**R3**	**R2**	**R1**
Unfähig und nicht willens oder unsicher.	Unfähig, aber willig oder mit Selbstvertrauen.	Fähig, aber unwillig oder unsicher.	Fähig und willens oder mit Selbstvertrauen.

vom Geführten bestimmt (R4, R3) — von der Führungskraft bestimmt (R2, R1)

Der wichtigste Bestandteil an diesem Modell sind jedoch nicht die vier Arten von Führung selbst, sondern die direkte Beziehung zwischen dem Stil der Führung und der Reife der Geführten. Hersey und Blanchard nennen vier Stufen der Reife bei den Geführten. Auf dem niedrigsten Stand weiß der Geführte weder, wie er die Aufgabe erfüllen soll, noch traut er sich zu, sie zu erledigen. Für diese Aufgabe will er keine Verantwortung übernehmen. Wenn sie wenig Wissen haben und sich wenig zutrauen, dann ist der effektivste Führungsstil nach dem Modell die Anordnung: das direkte Erklären, was getan werden muss mit wenig Unterstützung durch eine Beziehung, die nur den Unwillen der Geführten verstärken würde, Verantwortung zu übernehmen.

Auf der nächsten Reifestufe wissen die Geführten immer noch nicht, wie sie die Aufgabe erfüllen sollen, aber sie sind bereit zu lernen und möchten Verantwortung für die Arbeit übernehmen. Hersey und Blanchard plädieren für einen gewinnenden oder beratenden Führungsstil, wenn die Geführten wenig Kompetenz haben aber sich viel zutrauen. Hier leitet die Führungskraft weiter an und erklärt den Geführten, was sie wissen müssen, um die Arbeit zu verrichten, aber sie geht auch eine Beziehung mit ihnen ein, um ihre Bereitschaft zu verstärken, Verantwortung zu tragen.

Auf der dritten Reifestufe wissen die Geführten im Wesentlichen, wie sie die Arbeit tun sollen, aber sie trauen sich nicht zu, sie alleine zu verrichten. Bei vorausschauender Führung empfiehlt sich nun ein teilhaben lassender Stil. Dieser kommt mehr ohne Anweisung aus, geht aber eine enge Beziehung ein, um zu ermutigen und an die Person zu glauben. So wird letztlich das Selbstvertrauen gestärkt.

Die höchste Stufe der Reife setzt nun voraus, dass der Geführte nicht nur weiß, wie er die Arbeit verrichten kann, sondern auch bereit ist, Verantwortung dafür zu übernehmen, dass sie getan wird. Der beste Führungsstil ist nach Hersey und Blanchard nun das Delegieren. Man braucht keine Anweisungen mehr zu geben, weil die Leute wissen, was sie tun müssen, und ein sich Einbringen in enge Beziehungen würde nur eine Abhängigkeit von der Führungskraft schaffen. Wir müssen zurücktreten und ihnen zutrauen, dass sie die Arbeit selbst ausführen können. Die Führungskraft tritt in den Hintergrund, bleibt aber erreichbar, wenn der Geführte Hilfe sucht.

Dies ist nur ein Modell – eine Darstellung von zwei miteinander konkurrierenden Pflichten bei der Führung: die Erfüllung der Aufgabe oder des Auftrags und die Fürsorge für die Geführten und deren Entwicklung. Es ist keine präzise Formel, um die Vielschichtigkeit von menschlichen Beziehungen zu lösen! Vorausschauende Theorien oder situationsbezogenes Führen kann hilfreich sein, um die Pflichten des Leiters klarzustellen oder sie kann als Entschuldigung für schlechte Führung genutzt werden.[26] Das Wichtige an diesem Modell ist, dass es grafisch einige Schlüsselprinzipien für Führung darlegt:

Führungskräfte müssen ihren Führungsstil der Reife der Geführten anpassen. Die Art, wie Sie führen, hängt nicht von Ihnen ab. Er wird von der Reife der Person bestimmt, die Sie beeinflussen möchten. Wenn Führung nur dann ausgeübt werden kann, wenn sich der Geführte zum Folgen entschließt, dann müssen Führungskräfte den Stand des Wissens und das Zutrauen in die eigenen Fähigkeiten von denen wissen, die sie beeinflussen wollen.

Geführte können auf der Skala für Reife vor und zurück wandern. Die Menschen bleiben nicht in einem Reifestadium stehen. Ein Problem zu Hause oder auf dem Weg zur Arbeit kann das Zutrauen einer Person in die eigenen Fähigkeiten senken. Ein Wechsel in der Art und Weise, Dinge zu tun, kann ihren Wissensstand verringern. Ein ziemlich simples Beispiel hierfür ist die Einführung von Computern im Büro. Plötzlich hatten erfahrene Sekretärinnen, die effizient in Quadrat vier (siehe S. 64) ohne große Beaufsichtigung arbeiteten, einen Wissensmangel und verloren in vielen Fällen auch ihr Selbstvertrauen. Die Führungskraft muss diese Veränderungen erkennen und darf nicht von ihnen überrascht werden. Wenn sich die Situation verändert, ändert sich auch das Reifestadium. Die Führungskraft muss dann einen geeigneten bezugsbezogenen Führungsstil finden. Die Sekretärinnen brauchten eine ausführliche Einführung in die Nutzung von Computern, bevor ihr Wissen und Selbstvertrauen wieder das höchste Niveau erreichen konnte.

Das Ziel des Führens ist es, die Menschen kontinuierlich zur Reife zu führen. Unser Ziel des Führens ist es, das Wissen und Selbstvertrauen von all unseren Leuten zu steigern, sodass wir Leitungsaufgaben an sie abgeben können. Ein klassisches Grundziel von Führung. Wir möchten Menschen fördern. Wir möchten uns für sie einsetzen, um sie alle – wenn das möglich ist – auf den höchsten Reifestand zu heben, damit sie in ihrem speziellen Bereich als Führungskraft dienen können. Der Erfolg Ihrer Führung kann durch das Wachstum der von Ihnen Geführten gemessen werden. Eben nicht daran, wie *viele* Menschen Sie führen, sondern daran, wie sehr jede einzelne Person unter Ihrer Leitung gefördert wird. In christlichen Kreisen nennen wir diesen Prozess Jüngerschaftsschulung.

Das Wichtige an dem vorausschauenden Modell der Führung ist die Ermahnung, dass die Führungskraft sich anpassen können muss. Sie müssen in der Lage sein, Ihren Führungsstil zu ändern, um dem Stand der von Ihnen Geführten gerecht zu werden und sie zu fördern. Führungskräfte, die sich nicht anpassen können, neigen dazu, die Geführten auf einen statischen Stand der Reife festzuschreiben.

Sie müssen in der Lage sein, Ihren Führungsstil zu ändern, um dem Stand der von Ihnen Geführten gerecht zu werden und sie zu fördern.

Jack Balswick und ich haben dieses Modell von unserem Verständnis von biblischer Führung her zu dem – wie wir es nennen – ergänzenden Modell für Eigenständigkeit des dienenden Führens verändert.[27] Wir veränderten die Entwicklung der Aufgaben und änderten die Bezeichnungen in Predigen, Lehren, teilhaben lassen und delegieren (siehe Tafel S. 70).

Außerdem haben wir noch zwei wichtige Teile zu dem situationsbezogenen Modell hinzugefügt. Zunächst wollten wir die – wie wir sie nennen – Befähigungskurve unterstreichen. Sie reguliert die Beziehung der Führungskraft zu dem, der folgt, und führt von Abhängigkeit zu Eigenständigkeit. Das heißt, die Entscheidungen wechseln von der Führungskraft zu dem Geführten, denn in vieler Weise ist die Fähigkeit zu entscheiden auch die Fähigkeit zu führen. Beim *Predigt*stil entscheidet die Führungskraft und sagt dem Geführten durch eine Verkündigung oder Anweisung, was er tun soll. Der *Lehr*stil bringt die Beziehung mit ins Spiel. Es gibt gemeinsame Gespräche und die Führungskraft entscheidet erst, wenn sie die

Meinung der Geführten angehört hat. Im *teilhaben lassenden* Teil treffen die Führungskraft und der Geführte die Entscheidung gemeinsam. Und beim *delegierenden* Stil wird die Entscheidung an den Geführten übertragen.

Als Zweites wollten Jack und ich die Anpassungsfähigkeit betonen. Wie Hersey und Blanchard betont haben, muss Führung anpassungsfähig sein. Führungskräfte müssen in der Lage sein, vom Bestimmen zum Delegieren in ihrem Verhalten zu wechseln. Für manche ist das selbstverständlich, für andere aber nur schwer zu erlernen. Manche Führungskräfte arbeiten einfach mit einem Stil und einem Stadium der Reife beim Geführten am besten. Wenn solch eine Führung auch effektiv sein mag, so fördert sie die Menschen doch nicht. Wir möchten uns aber auf das biblische Konzept von Gemeinschaft und begabten Mitgliedern beziehen. Deshalb ist es unserer Ansicht nach besser, ein ergänzendes Führungsteam zu haben, anstatt zu erwarten, dass eine Führungskraft gut mit allen vier Stilen arbeitet.

Ein vielfältig zusammengesetztes Führungsteam aus Geistlichen und Laien, Bezahlten und Ehrenamtlichen ist am besten. Dadurch kann sichergestellt werden, dass jemand mit den nötigen Fähigkeiten da ist, um Menschen anzuleiten, wenn sie in den vier Stadien der Reife gefördert werden. Das reduziert die Last für die einzelne Führungskraft. In einer Gemeinde muss ein hervorragend predigender Pastor vielleicht die Mitglieder an gute, mitarbeitende Lehrer weitergeben, die sie wiederum darauf vorbereiten, von anderen Lehrern angeleitet zu werden. Diese sollen sie an den Punkt bringen, wo sie einen Teil des Dienstes unter Aufsicht eines organisatorischen Leiters übernehmen können. Sowohl Jack als auch ich glauben, dass Führungsteams oft effektiver sind als einzelne Führungskräfte. Ich möchte auf diesen Gedanken der Teambildung später in diesem Kapitel zurückkommen. Aber bevor wir über Teams reden, lassen Sie mich noch ein paar weitere Prinzipien der Führung darlegen.

Ein ergänzendes Modell für dienendes Führen

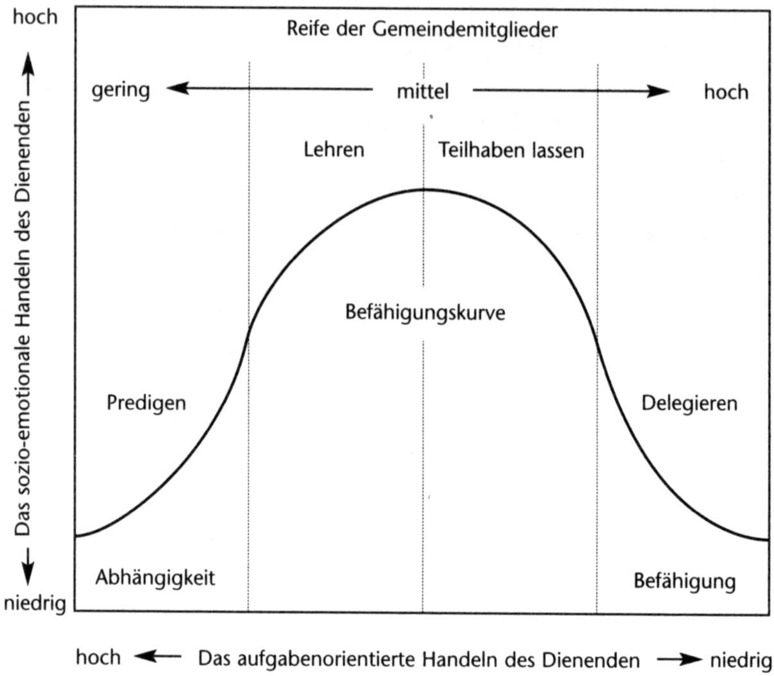

Führung ist eine Beziehung, die etwas verändert

James McGregor Burns hat in seinem mit dem Pulitzerpreis ausgezeichneten Buch *Leadership* geschrieben, dass es in jeder Führungsbeziehung ein gegenseitiges Geben und Nehmen gibt.[28] Er nennt diesen Austausch *wechselwirksame Führung*. Er sieht, wie Führungskraft und Geführter sich austauschen. Beide ziehen Nutzen aus dieser Art des Einflusses. Der Geführte erkennt, dass es zu seinem Vorteil ist, die gewünschte Handlung durchzuführen – und die Führungskraft hat die Bitte ausgesprochen, um das zu erreichen, wofür er oder sie verantwortlich ist. Burns sieht dieses gegenseitige Geben und Nehmen in jeder Führungsbeziehung. Aber er möchte mehr sagen. Er sagt, dass gute Führung *verwandelnde Führung* ist, und Führungskraft und Geführte beide bei diesem Prozess wachsen. Die Beziehung hebt beide zu größerer Reife oder Moral. Für Burns ist Führungsbeziehung mehr als das Erreichen eines Ziels. Die Vision, Werte und Überzeugungen des Geführten sollen umgewandelt und erweitert werden. In diesem Prozess werden seiner Ansicht nach auch die Vision, Werte und Überzeugungen der Führungskraft bereichert. Verändernde Führung verändert das Leben derjenigen, die damit zu tun haben, und das über die erledigte Aufgabe hinaus. Sie lässt den Blick von der vor uns liegenden Aufgabe zum Horizont schweifen und eine Vision schauen, was wir zusammen erreichen können.

Führung befähigt

Der Managementberater Peter Block hat mit dem, was er *Befähigung* nennt, Burns Vorstellung noch einen Schritt weiter gedacht. In seinem Bestseller *The Empowered Manager* plädiert Block für eine Führung, die Menschen von der Abhängigkeit zur Befähigung bringt.[29] Führungskräfte sollen Fähigkeit und Eigenständigkeit fördern und zu ihr ermutigen. Für Block bedeutet dies, sich in seinem Verantwortungsbereich für eine herausragende Vision zu entscheiden und alle anderen ebenfalls dazu zu ermutigen. Block möchte wie auch Burns, dass Führungskräfte die verborgenen Fähigkeiten in anderen erkennen, mehr als das zu sein, was sie heute sind. Sie sollen eine Beziehung mit ihnen eingehen, die ihnen Raum gibt, all das zu werden, was Gott in sie hineingelegt hat. Aus christlicher Sicht können wir noch hinzufügen: eine Beziehung, die ihnen Raum gibt, die Gaben, die Gott ihnen gegeben hat, zu nutzen und zu entwickeln.

Max DePree, der pensionierte Vorstandsvorsitzende der Herman Miller GmbH erzählte einmal eine wunderbare Geschichte über einen Fabrikaufseher, der andere ermutigt und befähigt hat:

Ein junger Mann, der eine der Maschinen in einem Betrieb von Herman Miller bediente, hatte auf dem Weg zum Haus seiner Freundin einen Autounfall. Seine Verletzungen, darunter ein Schädelbasisbruch, waren ausgesprochen schwer. Seine Arbeit konnte er nicht wieder aufnehmen und lebte nach seinem langen Krankenhausaufenthalt bei seinen Eltern. Mehrere Monate nach dem Unfall ging sein Vorgesetzter in der Innenstadt von Grand Rapids spazieren und sah den jungen Mann, wie er an der Seite seiner Mutter an einem Spaziergänger vorbeihumpelte. Der Vorgesetzte grüßte ihn und fragte den jungen Mann, warum er nicht arbeiten würde.

Die Mutter des jungen Mannes war sehr überrascht und machte darauf aufmerksam, dass ihr Sohn nie wieder arbeiten würde. Er sei dauerhaft behindert und würde wegen des emotionalen Traumas auch nicht mehr sprechen. Der Vorgesetzte fand heraus, dass der junge Mann bei seinen Eltern lebte, die beide pensioniert waren.

Der Vorgesetzte erklärte dann dem jungen Mann und seiner Mutter, dass Herman Miller eine Stelle für ihn offen gehalten hätte und erwarten würde, dass er am nächsten Montagmorgen auf der Arbeit sei! Und wenn seine Mutter denken würde, er könne die Arbeit nicht tun, dann würde der Vorgesetzte erwarten, dass seine Mutter oder der Vater die Stelle für ihn besetzen würden. Und er sagte, er würde nächsten Montagmorgen bei ihnen zu Hause sein, um einen von ihnen für die Arbeit abzuholen!

Am Montag war er dort und der junge Mann ging zur Arbeit. Die nächsten Wochen kamen entweder er oder sein Vater oder seine Mutter jeden Tag, besetzten die Stelle und erhielten den Gehaltsscheck.

Es gab jedoch immer noch das Problem, dass er nicht sprach. Der Vorgesetzte ging zu zwei Frauen, die in derselben Abteilung arbeiteten wie der junge Mann und erläuterte ihnen die Situation. Sie erklärten sich dazu bereit, ihm jeden Tag eine Zwischenmahlzeit mitzubringen und mit ihm gemeinsam Pause zu machen. Dabei wollten sie mit ihm ins Gespräch kommen. Langsam begann er sich ihnen und dann anderen in dem Betrieb zu öffnen.

Dieser Prozess setzte sich über eine Periode von mehreren Monaten fort, bis der junge Mann in der Lage war, an seine ursprüngliche Arbeitsstelle zurückzukehren.

Mehrere Monate später hupte ein Auto vor dem Haus des Vorgesetzten. Überrascht ging er hinaus und sah den jungen Mann. Er fuhr ein neues, speziell auf seine Behinderung ausgelegtes Auto, das er sich in den letzten Monaten zusammengespart hatte. Voller Zufriedenheit bedankte er sich für seine Arbeit, die ihm Einkommen, Auto und vor allem Lebensfreude vermittelt hatte.[30]

Das ist Führung, die andere befähigt – eine Person benutzt seine oder ihre Stellung in der Wirtschaft, um eine andere Person zu fördern und ihr zu dienen. Eine Person sieht in einer anderen das Potenzial, mehr als das zu sein, was heute sichtbar ist, und bringt ihn oder sie dazu, dieses Potenzial zu entwickeln.[31] *Das ist dienende Führung.*

Das Szenario: Eine hoffnungsvolle Vision

Wir haben Führung als eine Beziehung bezeichnet, die beeinflusst – eine verwandelnde Beziehung, bei der sich die Führungskraft für das Wachstum und die Entwicklung der Geführten einsetzt und sie dazu befähigt, das zu sein, wozu Gott sie begabt hat. Lassen Sie uns nun die praktische Anwendung dieses befähigenden Modells des dienenden Führens betrachten: Mentor sein, Anleiten und Teams bilden.

Mentor sein

Es wird heute viel über Mentor sein und Anleiten geredet. Im Grunde geht es darum, Menschen auf der Schiene der Reife und Entwicklung voranzubringen – sich persönlich für die Geführten einzusetzen, um sie auf der Schiene zur Führung zu führen. Bei Mentor sein und Anleiten geht es darum, Menschen zu befähigen.

Technisch gesprochen bezeichnet der Begriff Mentor eine beabsichtigte, ausschließliche, intensive und willentliche Beziehung zwischen der Führungskraft und dem Geführten. Mentor sein ist eine erlebte Beziehung, in der eine Person eine andere fördert, indem er ihn oder sie an seinen Fähigkeiten teilhaben lässt. Normalerweise kommen Führungskraft und Geführter überein, eine beabsichtigte Beziehung einzugehen. In ihr hat die Führungskraft die Erlaubnis des Geführten, ihn oder sie auf einem Weg der persönlichen Entwicklung oder beruflichen Karriere entlangzuführen. Diese Führung geschieht durch eine aufeinander einwirkende Lernbeziehung, die von der Führungskraft oder dem Geführten angeregt werden kann.

Ich muss noch einmal die Wichtigkeit des aufeinander einwirkenden Charakters dieser Beziehung unterstreichen. Dadurch wird die Mentorschaft zu einer solch wirkungsvollen Art des Lehrens. Die

Forschung hat gezeigt, dass Wissen durch verschiedene Medien und Formen vermittelt werden kann. Aber wirkliches Lernen geschieht nur in aufeinander einwirkenden Beziehungen. Die Mentorschaft ist solch eine aufeinander einwirkende Lernbeziehung. Sie bietet eine wichtige Verbindung in einer immer mehr auseinander brechenden Welt.

Wenn die Mentorschaft auch technisch gesprochen eine beabsichtigte wechselseitige Beziehung ist, so gibt es in gewissem Sinn auch Mentorschaft oder Lernen durch Beziehungen in Verbindungen, die nur von einer Seite beabsichtigt sind. Wenn der Geführte Werten oder Verhaltensweisen eines Idols oder Rollenmodells nacheifert, dann ist dies *passive Mentorschaft* (Yukl nennt dies Beeinflussung durch persönliche Identifikation). Der Geführte mag lernen, aber die Führungskraft braucht sich dieser Tatsache überhaupt nicht bewusst sein.

Zu *gelegentlicher Mentorschaft* kommt es in der Verbindung zu Lehrern, Beratern, Tutoren und Sponsoren. Hier ist der Lernprozess normalerweise von der Seite der Führungskraft her beabsichtigt, aber er wird nicht immer von dem Geführten akzeptiert.

Absichtliche Mentorschaft finden wir in den Beziehungen zwischen Eltern und Kindern, geistlichen Leitern und denen, die von ihnen geführt werden und zwischen Trainern und Spielern.

Im Zusammenhang mit Führung rede ich, wenn ich Mentorschaft meine, von einer *aufeinander einwirkenden Lernbeziehung. Sie wird sowohl von der Führungskraft als auch dem Geführten anerkannt und definiert. Sie hat den Zweck, die Reife der Führungskraft in Bezug auf Führung zu fördern.* Solch eine Beziehung setzt normalerweise eine gewisse Sympathie voraus. Die Führungskraft sieht in dem Geführten ein Potenzial, das es sich zu entwickeln lohnt, und der Geführte erkennt, dass er oder sie unter der Anleitung des Mentors wachsen kann und ist bereit, sich hier einzubringen.

Ich halte solche Beziehungen von Mentoren für sehr wertvoll. Ich bin mein ganzes Leben lang durch viele Mentoren gefördert worden. Zuerst war dort Glenn Barker, der Studienleiter am Fuller Seminar in Kalifornien, der mit mir 12 Jahre lang bis zu seinem Tod eine bewusste Mentorschaft einging. Dies war eine sehr intensive Mentorbeziehung, in der er sich bewusst dafür einsetzte, mich in eine Führungsrolle hineinwachsen zu lassen und sich mit seinem Können mir gegenüber sehr öffnete. Er hat mein Leben wahrscheinlich mehr beeinflusst als jede andere Einzelperson.

In den letzten 17 Jahren hatte ich eine Art Mentorbeziehung mit Max DePree. DePree ist jemand, dessen konsequentes Zusammenbringen von Führung und Glauben ich immer bewundert habe. Er hat einen von Werten geformten Charakter, dem ich gerne nacheifern möchte. Unsere Beziehung wird vor allem vom Geführten bestimmt. Ich bin einer der wenigen, die das Privileg haben, dass Max sich in eine solche Beziehung einbringt und verbringe jedes Jahr zwei- oder dreimal einen halben Tag mit ihm. Diese Treffen gehen normalerweise auf meine Initiative zurück. (Aber wenn Max nach Vancouver kommt, ruft er mich an und ergreift die Initiative.) Ich stelle das Thema bei jedem Treffen und profitiere von seiner Weisheit – von dem, was er in letzter Zeit gelernt hat und wie er über meine gegenwärtigen Erfolge und Kämpfe denkt. Seine tiefen Einsichten lassen mich immer mit einer anderen Sicht für meine Anstrengungen als Führungskraft hinausgehen. Es überrascht mich immer, dass Max diese Treffen als Zeiten bezeichnet, in denen auch er lernt und wächst.

In geringerem Maße hatte ich eine ähnliche Beziehung zu David Hubbard. Für mich sind diese Beziehungen unendlich wertvoll und ich kann mir nicht vorstellen, Führungskraft zu sein, ohne diese weisen Mentoren zu fragen.

Wie ich mit den Jahren älter und hoffentlich ein wenig weiser wurde, bin ich selbst Beziehungen eingegangen, in denen ich der Mentor bin. Wenn derjenige nicht im Verwaltungsstab bei Regent ist, haben die Beziehungen normalerweise die vom Geführten bestimmte Form, wie ich es auch bei Max DePree handhabe. Randy, ein Gemeindepastor, wünscht ein oder zweimal im Jahr ein Treffen. Wir treffen uns nun seit sechs Jahren. Leslie, eine Erzieherin und Familienberaterin, hat sich bereits über einen Zeitraum von zehn Jahren regelmäßig mit mir getroffen. Zuerst trafen wir uns monatlich. Und auch jetzt, Jahre später, reden wir meist mehrmals pro Jahr miteinander. Doug, der in Alaska seinen Dienst versieht, fliegt einmal oder zweimal pro Jahr zu mir, um seinen Lernerfolg zu überprüfen. Als er am Regent College studierte, trafen wir uns monatlich. Nun versuchen wir bei seinen Besuchen in Vancouver zusammen zu arbeiten. Brent ist Verwaltungsangestellter bei Regent. Wir verstehen unsere Beziehung sowohl von der Organisation her definiert als auch als Mentorschaft.

In dieser Zeit des gemeinsamen Nachdenkens – eigentlich zu jeder Zeit – darf Brent mich zu allem fragen, was ich am Regent College mache. In allen diesen Beziehungen bin ich sowohl Lernender als auch Mentor. Als Leslie ihre Doktorarbeit schrieb und Brent seinen Magister der Betriebswirtschaft machte, konnte ich durch ihr Lernen auch lernen. Wenn Sie etwas von sich selbst mitteilen, lehrt Sie dieser Prozess normalerweise auch etwas über Sie selbst. Das ist eine gute Lernerfahrung.

Und was ist mit Ihnen? Sehen Sie beabsichtigte Beziehungen zu einem Mentoren, wenn Sie auf Ihr Leben zurückblicken? Haben Sie eine solche Beziehung in Ihrer gegenwärtigen Situation? Engagieren Sie sich momentan bewusst als Mentor?

Die Mentorschaft ist eine kraftvolle Form der Führung. Es ist eine sehr effektive Art und Weise, zu beeinflussen und beeinflusst zu werden, zu lehren und zu lernen. Wenn Sie solch eine Beziehung mit einem Mentor jetzt nicht haben, dann empfehle ich Ihnen sehr, sich einen oder zwei Mentoren zu suchen, von und mit denen Sie lernen können, und mit ihnen eine verlässliche Beziehung einzugehen, die Sie in Ihrem Wachstum als dienende Führungskraft fördert.

Anleiten

Anleiten ist eine weniger strukturierte Form als Mentor sein. In gewisser Weise ist es mehr ein Managementstil als eine persönliche und beabsichtigte Beziehung. Es ist die Art, an jede Ihrer Führungsbeziehungen mit einem dienenden Herzen und mit der Gesinnung eines Fußballtrainers heranzugehen. Beim Anleiten lässt die Führungskraft den Geführten an der Führung teilhaben, anstatt ihm nur Anweisungen zu geben. Hier ist sie Diener und Freund und nicht Herrscher oder Chef. Trainer gehen mit ihren Leuten mit und lehren sie genauso viel durch ihre Taten wie durch ihre Worte. Anleiten beseitigt die hierarchischen Beziehungen in Organisationen und die Führungskraft mischt sich hierbei unter das Volk. Anleiten bringt Menschen auf der Schiene der Reife voran, indem man mit ihnen geht.

In ihrem Buch *A Passion for Excellence* haben Tom Peters und Nancy Austin eine lange Liste von Eigenschaften aufgestellt, die ihrer Ansicht nach einen guten anleitenden Leiter beschreiben.[32]

- ☞ Er fordert mich heraus, mein Bestes zu geben
- ☞ Er geht mit gutem Beispiel voran
- ☞ Er sagt nie weiter, was ich ihm anvertraut habe
- ☞ Er begründet seine Anweisungen und sein Vorgehen
- ☞ Er hilft mir, meine Gedanken zu ordnen, bevor ich sie anderen präsentiere
- ☞ Er denkt sachlich über die Dinge nach
- ☞ Er lässt mich meine eigenen Entscheidungen treffen
- ☞ Er kümmert sich um mich und das, was ich tue
- ☞ Er sucht nicht das Rampenlicht
- ☞ Er lässt nicht zu, dass ich aufgebe
- ☞ Er leitet und führt mich persönlich, wenn ich etwas Neues lerne
- ☞ Er ist einfühlsam und verständnisvoll
- ☞ Er ist hart, aber fair

- ☞ Er bleibt auf das Ergebnis ausgerichtet
- ☞ Er lässt mich die meisten meiner Probleme selbst lösen, unterstützt mich aber dabei
- ☞ Er zeigt mir, wo ich gerade stehe
- ☞ Er ist ein sehr guter Zuhörer
- ☞ Er legt mir keine Worte in den Mund
- ☞ Mit ihm ist leicht zu reden
- ☞ Er hält die Versprechungen, die er macht
- ☞ Er richtet mich auf das vor mir liegende Ziel aus
- ☞ Er arbeitet hart oder härter als jeder andere
- ☞ Er ist demütig
- ☞ Er ist stolz auf die Führungskraft, die er dazu gemacht hat
- ☞ Er glaubt an mich, wo es nötig ist
- ☞ Er praktiziert „Management durch Umhergehen"
- ☞ Er sagt nie: „Das habe ich dir gleich gesagt!"
- ☞ Er korrigiert meine Leistung unter vier Augen
- ☞ Er protzt nie mit seiner Autorität
- ☞ Er ist immer aufrichtig
- ☞ Er gibt mindestens eine zweite Chance
- ☞ Er hat immer eine offene Tür
- ☞ Er benutzt eine Sprache, die leicht zu verstehen ist
- ☞ Er lässt Vergangenes Vergangenheit sein
- ☞ Er erzieht zur Loyalität
- ☞ Er hört sich meine Vorstellungen wirklich an und handelt danach
- ☞ Er lässt mich meine Grenzen selbst setzen
- ☞ Er feiert Erfolge
- ☞ Er ist offen und ehrlich
- ☞ Er verbirgt schlechte Nachrichten nicht
- ☞ Er gibt mir genug Zeit, mich auf das Gespräch vorzubereiten
- ☞ Er ist begeisternd
- ☞ Er geht bis zum Ende mit
- ☞ Er hat Geduld mit mir
- ☞ Er schenkt mir während unserer Gespräche volle Aufmerksamkeit und lässt sich nicht ablenken

- Er möchte, dass ich meine Fähigkeiten entwickle
- Er hat Sinn für Humor
- Er behandelt Meinungsverschiedenheiten vertraulich
- Er beruhigt mich
- Er gibt mir Selbstvertrauen
- Er erklärt mir „die ganze Geschichte“
- Er sagt „wir“ statt „ich“
- Er verleiht harter Arbeit Sinn
- Er kann mit Ärger umgehen, ohne wütend zu werden
- Er ist couragiert
- Er besteht darauf, dass ich übe
- Er hat einen stabilisierenden Einfluss in einer Krise
- Er bezieht jeden mit ein
- Er möchte, dass ich Erfolg habe
- Er ist optimistisch
- Er arbeitet gut unter Druck oder unter sich schnell ändernden Bedingungen
- Er steht bei seinen Kollegen im Ruf, kompetent zu sein
- Er versteht viel von seiner Arbeit
- Er ist widerstandsfähig und sanftmütig zugleich
- Er glaubt, dass wir es schaffen können
- Er setzt erreichbare Ziele
- Er vermittelt eine Philosophie und Werte
- Er ist scharfsinnig – man braucht ihm nicht alle Einzelheiten zu erklären
- Er erkennt Dringlichkeit
- Er lässt seinen Teammitgliedern ihre Individualität
- Er denkt und handelt auf einer höheren Ebene als erwartet
- Er möchte, dass das Unternehmen das Beste in der Wirtschaft wird
- Er ist bereit, auch intuitiv zu handeln und hält Gefühle für wahr
- Er befähigt uns
- Er ist da, wenn wir ihn brauchen
- Er liebt seine Arbeit
- Er verbringt gerne Zeit mit uns

Beim Anleiten lässt eine Führungskraft die Geführten an der Führung teilhaben. Die Führungskraft sieht sich als Teammitglied, das für die Erfüllung des Auftrages arbeitet und für die Gemeinschaft da ist. Eine Führungskraft ist für die Menschen da, nicht die Menschen für die Führungskraft.

Die Bildung eines Teams

Eng verbunden mit dem Gedanken, dass die Führungskraft ein Trainer oder Diener ist, ist auch die Idee der Geführten als einem Team. In vielerlei Weise sind dies zwei Perspektiven derselben Beziehung. Gute Trainer bilden starke Mannschaften. Wie sieht die Führungsbeziehung aus der Perspektive des Teams aus?

Vor mehreren Jahren war Larry Czonka Außenverteidiger bei den Miami Dolphins, einer Profimannschaft im American Football. Mehrfach wurde er zum besten Verteidiger des Jahres gewählt. In dieser Zeit gründete man die World Football League und bot den besten Spielern großartige Verträge an, um sie in die neue Liga zu locken. Czonka erklärte Don Shula, dem Haupttrainer bei Miami, er überlege, das Angebot anzunehmen. Shula meinte zu Czonka, das wäre ein schlechter Gedanke. Als Larry Czonka jedoch in jenem Jahr wieder zum besten Außenverteidiger des Jahres gewählt wurde, teilte er Shula mit, er würde die Miami Dolphins verlassen, um in der World Football League zu spielen. Er sagte: „Ich bin der Beste des Jahres, der Beste, den es gibt, und ich bin das Geld wert."

Shula erwiderte: „Nein Larry, du bist nur der Beste, wenn du mich als Trainer, Bob Griese als Quarterback und das Team der Miami Dolphins als Block für dich hast!"

Czonka wagte den Sprung in die neue Liga und verschwand fast völlig aus der professionellen Football-Szene. Er war gut, aber er spielte nur effektiv, weil er Mitglied in einem großen Team war.[33]

John Gardner, der frühere Minister für Erziehung, Gesundheit und Soziales in den Vereinigten Staaten und Autor vieler Bücher über Führung, Erneuerung und Vollkommenheitsstreben, schreibt, dass die besten Führungskräfte heute ein Team um sich haben, das sie bestmöglich ergänzt.[34]

Derzeit konzentriert sich Führungs- und Managementliteratur immer mehr auf eine Führung als Teambildung: Anleiten, teilhaben lassen am Management, Arbeitsgruppen und Sonderarbeitsgruppen. Eine effektive Führungskraft muss in der Lage sein, ein Team von Menschen zu bilden und zu motivieren, die für die Ergebnisse ihrer Abteilung die Verantwortung übernehmen und an den Entscheidungen teilhaben, die ihre Arbeit beeinflussen.

Ich favorisiere schon seit Jahren die Teambildung im Management. Ich habe versucht, mit „Handwerkern" und mit Arbeitern mit einem großen Wissen Teams zu bilden. Ich glaube stark an Führung in Teams, seit ich aus Erfahrung weiß, dass ein Team mehr Hände hat als ich. Es hat auch mehr Weisheit, weil es die Dinge aus einer Reihe von Perspektiven betrachtet.

■ ***Ich glaube stark an Führung in Teams,***
seit ich aus Erfahrung weiß,
dass ein Team mehr Hände hat als ich.

Nach Jahren der Arbeit mit Teams wurde ich einst gebeten, einen Workshop über die Bildung von Teams zu führen. Um mich darauf vorzubereiten, bat ich alle Mitglieder des Teams, das ich damals leitete, und alle früheren Mitarbeiter unserer Organisation, die noch in der Nähe waren, mit mir zu Mittag zu essen. Ich würde ihnen ein Mittagessen spendieren, wenn sie mir sagen, was ein effektives Team ausmacht. Ich bat sie, die Eigenschaften eines guten Teams aufzulisten. Ich machte mir nur Notizen.

Seit diesem Treffen versuche ich, die Forschung über Führung in Teams zu beobachten und habe entdeckt, dass die dreizehn Punkte, die von meinem Team aufgelistet wurden, auch von der Literatur über

Teambildung unterstützt werden. Dies sind die Punkte, die Menschen für wichtig für ihre Arbeit in einem Team erachten:

1. Das sich zu Eigen machen von Auftrag und Strategie
Dies war ein sehr wichtiger Punkt. Sie sehen das Büro als ihre Abteilung an. Sie machten sich die Ziele der Abteilung und die Art, wie wir Dinge angingen, zu Eigen. Es war ihr Betrieb, nicht bloß der meine.

2. Gemeinsame Visionen und Träume
Ich denke laut über alles nach, was wir tun. Sie wissen, wohin wir gehen und warum. Diese Transparenz ist wichtig. Sie gibt den Teammitgliedern die Möglichkeit, lange bevor eine Entscheidung über die Durchführung getroffen wird, an der Idee und den Träumen teilzuhaben. Die Träume und Pläne gehören uns, nicht mir.

3. Informationsfluss
Keine Geheimnisse und keine Überraschungen. Information stimmt freundlich. Je mehr das Team weiß, desto mehr kann es helfen. Ich habe immer fast jede Information mit meiner Belegschaft geteilt, es sei denn, sie wäre schädlich für ihre Beziehung zu einer anderen Person. Offene Kommunikation und das Mitteilen von Informationen schafft Vertrauen. Führungskräfte fürchten sich oft davor, sensible Informationen oder Informationen über mögliche Pläne mitzuteilen, gegen die jemand arbeiten könnte.

In dreißig Jahren Management hat nur einmal ein Mitarbeiter mein Vertrauen missbraucht und die Information unpassend benutzt. Als dies vorkam, habe ich mich einfach mit dieser Person zusammengesetzt und sie gefragt, ob das bedeuten würde, ich könne ihr nicht länger Informationen mitteilen. Die Person hat sich sofort entschuldigt und geschworen, dies würde nie wieder vorkommen, und es kam auch nie wieder vor.

Ich denke, dass es jedoch in mancher Position ein wenig problematisch sein kann, Informationen weiterzugeben. Manchmal, wenn ich laut nachdenke, hören die Leute „Da geht es lang“ und beginnen, entsprechend zu handeln. Ich muss immer eine Einleitung zu dem Gespräch geben: „Wir denken jetzt nur nach und tragen unsere Ideen zusammen; vielleicht ist dies überhaupt nicht der Weg, den wir gehen sollen.“ Gelegentlich kann meine Offenheit bei Themen und Gedanken schwierig werden. Dann bilden Teammitglieder, die mit mir nicht übereinstimmen, gegen meine Pläne eine Opposition, obwohl die Idee noch in der Testphase ist. Aber ich glaube, dass sich dieses Risiko lohnt. Es schafft der Führungskraft vielleicht ein wenig mehr Kopfzerbrechen, aber es vermittelt Vertrauen und verdient Vertrauen. Es gibt am Regent College vielleicht manche, die die Richtung nicht mögen, in die ich führe, aber jeder weiß, wohin ich will.

4. Entspannte Beziehungen

Dies ist vielleicht mehr eine Sache des persönlichen Stils als ein Element im Management als Team, aber es scheint auch auf Peters und Austins Liste aufzutauchen. Ich möchte Freude an meiner Arbeit haben und ich ermutige meine Teams, auch mit Freude zu arbeiten. Ich versuche mich und alle anderen nicht zu ernst zu nehmen, da alles, was ich erreiche, direkt von ihren Beiträgen abhängt. Ich ermutige dazu, miteinander zu reden und entspannte Beziehungen zu pflegen – und doch professionell zu bleiben. Ich möchte, dass die Leute sich auf den Montag freuen und nicht auf den Freitag! Ich möchte, dass die Menschen am Montag zur Arbeit kommen und sich darauf freuen, ihre Freunde zu treffen und sich über die wichtigen Fragen ihres Lebens auszutauschen. Ich glaube, dass ein Team von Menschen, die gerne zusammen sind, produktiver ist und Freude an der Arbeit hat.

5. Zugängliche Führung

Das Team möchte, dass die Führungskraft offen, erreichbar und zugänglich ist. Daran muss oft gearbeitet werden. Führungskräfte gelten durch ihre Position als distanziert, beschäftigt und unzugänglich. Eine offene Tür kann hier helfen. Ich erinnere mein Team auch ständig daran, dass sie zu jeder Zeit zu mir kommen können. Ich bin dafür da, ihnen zu helfen, ihre Arbeit zu tun. Ich muss erreichbar sein. Ich versuche immer zu vermitteln, dass ich erreichbar bin, um über die Arbeit oder Fragen im Leben zu reden.

6. Vertrauensvolle Beziehungen

Die Seite der Beziehungen im Team ist sehr wichtig. In jedem Büro, in dem ich gearbeitet habe, und in jedem Team, dessen Teil ich war, haben wir viel über das Leben geredet – ohne Beziehung zur vorliegenden Arbeit oder dem Auftrag des Unternehmens. Manche Jahre schien es, als würden wir nur frisch Verheiratete einstellen, und ich fühlte mich einen großen Teil der Zeit wie ein Eheberater. Wenn die Menschen Ihnen zutrauen, sie zu führen – und sei es nur in dem begrenzten Bereich der Arbeit –, dann vertrauen sie Ihnen einen Teil ihres Lebens an. Die Arbeitsbeziehung wird gestärkt, wenn mit den Mitarbeitern eine vertrauensvolle Beziehung als Mensch aufgebaut wird.

Hewlett Packard nennt dies Management durch Umhergehen. Ich habe Max DePree beobachtet, wie er durch die Fabrik bei Herman Miller umherlief und Mitarbeiter namentlich ansprach, mit ihnen über ihre Familie und Aktivitäten außerhalb der Firma redete – offensichtlich ein Freund, der sich um die Leute kümmert. Ich treffe mich gerne regelmäßig mit Mitgliedern meines gegenwärtigen Teams um einfach zu hören, wie es ihnen geht. In meiner früheren Zeit im Management hat mich der Direktor oft in einem Sessel sitzend und mit einem meiner Mitarbeiter redend angetroffen. Manchmal dachte er wahrscheinlich, dass ich herumlungerte. Aber ich habe mich entschlossen, weiter Beziehungen aufzubauen und so die Motivation für diese wichtige Arbeit hoch zu halten, da ich so viele Dinge an sie delegiert hatte (was auch der Grund dafür war, dass ich dort saß und plauderte).

Eine Warnung hier. Die Notwendigkeit, starke Beziehungen aufzubauen und zu pflegen darf nicht die Arbeit behindern. Ein Teil einer vertrauensvollen Beziehung zu dem Team ist die Möglichkeit, dass sie Ihnen sagen, sie hätten jetzt nicht die Zeit zu reden, weil sie gerade die Aufgabe, an denen sie arbeiten, zu Ende bringen müssen. Auch anleitende Führungskräfte müssen sensibel mit der Zeit ihrer Leute umgehen. Eine starke vertrauensvolle Beziehung wird hier jedoch die richtige Balance finden.

Vertrauen ist ein wichtiger Bestandteil für die Einheit eines Teams. Das Team muss der Führungskraft vertrauen und es muss wissen, dass die Führungskraft ihnen vertraut. Und sie müssen einander vertrauen. James Kouzes und Barry Posner schreiben in ihrem ausgezeichneten Buch *Credibility*, dass Vertrauen die Grundlage für Führung ist.[35] Wir reden oft über Vertrauen, das sich verdient werden muss. Aber Vertrauen wird auch geschenkt, und es ist ein zerbrechliches Geschenk, für das man gut sorgen muss.

7. Angreifbarkeit

Führungskräfte müssen angreifbar sein. Sie müssen gegenüber anderen offen genug sein, um aus ihren Fehlern zu lernen. Es ist hart, vor der Mannschaft zu versagen. Aber es schafft Vertrauen und Gemeinschaft, wenn jemand die Größe hat, dies zuzugeben. Ich musste mich schon viele Male entschuldigen. Meine Teammitglieder kannten immer meine Schwächen und Ängste wie auch meine Stärken und Träume. Sie wissen bereits, dass Führungskräfte nicht vollkommen sind, sie warten nur darauf, dass wir dies begreifen!

Dies wurde mir sehr deutlich bei der Sache mit dem Wasserkühler, einem Geschehnis, über das ich später einen kurzen Artikel für *Leadership* schrieb.[36] Vor mehreren Jahren wurden zwei Programme, für die ich verantwortlich war, zu einer Abteilung zusammengelegt. Wir führten die Mitarbeiterstäbe zusammen und verteilten die Verantwortlichkeiten neu. Der Chef des Programms für den geistlichen Dienst wechselte in das Institut für Führung. Es war ein hochkompetentes Team, aber es gab auch ein Problem. Das frühere

Team des Chefs für den geistlichen Dienst hatte seinen eigenen Wasserkühler im Büro gehabt, während das Team im Institut einen auf der anderen Seite des Flurs benutzte.

Bereits zu einem frühen Zeitpunkt in dem Prozess der Zusammenlegung kamen Mitglieder des Teams für den geistlichen Dienst mit der Bitte auf mich zu, einen Wasserkühler mit Kühlschrank in unserem Büro aufzustellen. Ich merkte an, dass ich dies nicht für nötig hielte, weil wir zu einem Gerät im Flur gegenüber Zugang hätten und der Platz bei uns knapp wäre. Weil ich aber eine Führungskraft sein wollte, die ihre Belegschaft wirklich beteiligt, gab ich diese Entscheidung an die Gesamtmitglieder des neuen Teams weiter – ich sagte ihnen, sie sollten die notwendigen Nachforschungen tätigen und eine Entscheidung treffen.

Eine Woche später kamen sie mit der Empfehlung zu mir, ein bestimmtes Wasserkühlermodell zu kaufen und gaben mir die vorbereiteten Papiere zur Unterschrift. Ich drückte noch einmal meine Vorbehalte gegenüber dieser Absicht aus, unterzeichnete aber die Vorlage.

Einige Tage später ging ich in das große Empfangsbüro unserer zusammengelegten Abteilung und sah einen neuen Wasserkühler, der frech in der Ecke vor sich hin blubberte. Mir gefiel das nicht. Aus meiner Sicht verwandelte es den repräsentativen Empfangsbereich in einen Aufenthaltsraum für Mitarbeiter. Ich erklärte den Mitarbeitern, dass sie meiner Ansicht nach eine schlechte Entscheidung getroffen hatten. Ich sagte noch einmal, dass wir diesen Wasserkühler wirklich nicht bräuchten und dass er nicht in das „professionelle Ambiente" des Büros passe.

Wie es oft geschieht in vergleichbaren Fällen wechselte genau in diesem Augenblick die Führungsrolle in unserem Büro zu einem anderen Mitglied des Teams. Eine Mitarbeiterin, die bereits mehrere Jahre mit mir zusammengearbeitet hatte – und die noch nicht einmal die Entscheidung für den Wasserkühler unterstützte – nahm mich beiseite und sprach mein Verhalten an. Sie warf mir vor, nicht so zu handeln, wie ich selbst lehren und glauben würde. Sie fragte mich, ob ich die Entscheidungskompetenz wirklich delegiert hätte oder ob ich eine Art „Vater“ spielen würde, der erwartet, dass die „Kinder“ seine Entscheidung treffen, und wenn sie es nicht tun, würde ich schmollen. (Dies sind meine Worte, sie war viel liebevoller und besonnener!)

Sie hatte Recht! Ich hatte die Entscheidungskompetenz nicht völlig abgegeben. Ich hatte die Entscheidung nur so lange delegiert, wie alles nach meinen Wünschen lief. Das ist nicht delegieren, sondern schlechtes Führen. Als ich die Entscheidung über den Wasserkühler weitergab, gab ich auch mein Recht, das Ergebnis zu bestimmen weiter, und legte es in die Hände meiner Mitarbeiter. Es war ihre Entscheidung. Mein jetziges Benehmen zeigte aber, dass ich das Recht zu entscheiden nicht wirklich weitergegeben hatte.

Glücklicherweise sorgte sich jemand genug um mich, um mich anzusprechen und mich anhand meiner eigenen Führungsprinzipien zur Rechenschaft zu ziehen. Ich entschuldigte mich bei dem gesamten Team und erkannte an, dass es ihre Entscheidung war und ich dazu nichts zu sagen hätte. Ich versprach ihnen, ihre Entscheidung jetzt vollkommen mit zu tragen.

Für einige aus dem Team war es das erste Mal, dass sie erlebt hatten, dass sich eine Führungskraft entschuldigt. Aber ich hatte etwas Falsches getan und musste das auch so sagen. Diese Erfahrung stärkte das neu gebildete Team sehr. Und ich glaube, der Wasserkühler sprudelt und gluckert noch an diesem Tag als ein Denkmal für wirkliches Delegieren und angreifbare Führung.

8. Delegieren

Echtes Delegieren, nicht wie bei dem Wasserkühler, baut Menschen auf. Es gibt ihnen Selbstvertrauen, denn es sagt: „Ich vertraue dir.“

Delegieren ist der Prozess, das Recht der Entscheidung von der Führungskraft auf den Geführten zu übertragen. Es ist die Übergabe von Macht und Autorität mit der entsprechenden Verantwortung an den Geführten – die Erlaubnis für ihn oder sie, mit dieser Entscheidung als Führungskraft zu dienen. Max DePree sieht in seinem Bestseller *Leadership Jazz* delegieren als einen wohlwollenden Akt der Miteinbeziehung. Er lässt Menschen wachsen, greift Verschiedenheit auf, bildet Vertrauen und macht es erforderlich, ein Stück seines Ichs in den Tod zu geben.[37] Delegieren entwickelt Identifikation und Verantwortungsbewusstsein. Ich sage oft, dass meine Arbeit darin besteht, herumzusitzen, Kaffee zu trinken und mit Menschen zu sprechen. Das ist nicht völlig falsch! Wenn ich meine Arbeit richtig mache, brauche ich bloß an den kritischen Punkten erreichbar sein. Dann muss ich aufrichten und unterstützen, Gespräche führen oder die Richtung weisen, wenn die Person, welche die delegierte Aufgabe akzeptiert hat, mit mir sprechen möchte. Wenn Teammitglieder Verantwortung übernehmen, werden sie selbst zu Führungskräften und wir werden zur Zuflucht, die sie aufsuchen, wenn sie die an sie delegierten Aufgaben erfüllen.

9. Identifikation mit den Ergebnissen und nicht den Aufgaben

Den Teammitgliedern gehören die organisatorischen Ergebnisse – die Resultate –, nicht bloß ihre eigene Arbeitsplatzbeschreibung. Wenn Teammitglieder eine Arbeit sehen, die erledigt werden muss, um das Ziel ihres Teams zu erreichen, dann tun sie es. Hierbei ist es egal, ob es nun zu ihrer Arbeit gehört oder nicht. Ein gutes Team ist genauso stolz auf die Ergebnisse der ganzen Abteilung, wie auf die persönlichen Beiträge. Es sucht nach Wegen, einander zu unterstützen und Löcher zu stopfen. Es wird alles Notwendige tun, um die angestrebten Ergebnisse zu erzielen. Ein gutes Team behält immer das Gesamtbild im Blick und misst seinen Erfolg an den Ergebnissen.

Ich werde darauf noch zurückkommen, wenn ich Vision und Planung betrachte. Führung in sich ändernden Zeiten erfordert von uns immer mehr, uns auf die Ergebnisse und nicht auf die Aufgaben und Strategien zu konzentrieren. Viel leichter ist es jedoch, sich auf die

Art, wie wir Dinge tun, die Aufgaben oder Strategien, zu versteifen, als ob die Strategie der Auftrag wäre. Ich meine, dass Organisationen sich wie effektive Teams auf eine Vision von den Ergebnissen konzentrieren und bereit sein müssen, ihre Strategien zu ändern, wenn das nötig ist, um den Auftrag zu erfüllen.

> ■ ***Führung in sich ändernden Zeiten erfordert immer mehr, sich auf die Ergebnisse und nicht auf die Aufgaben und Strategien zu konzentrieren.***

10. Gleichheit im Wert

Jedes Mitglied im Team ist gleich wichtig. Jede Person hat einen Bereich, für den sie verantwortlich ist. Sie müssen wissen, dass sie etwas wert sind. Auch wenn Teammitglieder aus verschiedenen Gründen unterschiedlich bezahlt werden, so erwartet doch jede Person im Team als gleich wichtig für die gesamte Mannschaft behandelt zu werden – das schließt die Führungskraft mit ein.

11. Jeder kann Fehler machen – ein Mal

Diesen Punkt sehen wir auch in Peters und Austins Liste. Fehler kommen vor, egal wie sehr wir versuchen, sie zu vermeiden. Gute Führungskräfte lassen das Team nicht ständig Angst vor Fehlern haben. Sie können sie nicht alle vermeiden. Das Prinzip lautet, den gleichen Fehler nicht zweimal zu machen! Lernen Sie aus Fehlern. Wenn Menschen keine Fehler machen, dann probieren sie nichts Neues aus. Wenn sie den gleichen Fehler mehrfach machen, dann lernen sie keine neuen Dinge! Ein gutes Team weiß, dass es das Risiko auf sich nehmen darf, etwas auszuprobieren, Fehler zu machen und daraus zu lernen.

12. Identifikation ist wichtiger als geleistete Arbeitsstunden

Noch einmal: Ein Team konzentriert sich auf die Ergebnisse. Wenn man sich die Ziele oder Ergebnisse zu Eigen macht, wird man sie erreichen. Wenn die geleisteten Stunden das Wesentliche sind, bekommen Sie vielleicht nicht die erwünschten Ergebnisse. Obwohl viele Mitglieder eines Teams dies als ein wichtiges Prinzip ansehen, so ist es tatsächlich doch schon in den anderen Punkten enthalten. Wir konzentrieren uns auf die Aneignung der Ergebnisse, nicht der Aufgaben oder Stunden. Je mehr flexible Arbeitszeiten und die Möglichkeiten der Telekommunikation die Art ändern, wie wir arbeiten, desto mehr wird es wichtig, sich auf die Ergebnisse der Bemühungen des Teams zu konzentrieren.

13. Verpflichtung zur Teamarbeit

Das Hineinpassen in ein Team ist eine wichtige Qualifikation für eine Stelle. Die Teamfähigkeit wird neben Fähigkeiten und Erfahrung ein wichtiges Kriterium beim Prozess der Einstellung. Ich habe oft neuen Angestellten gesagt, dass ihre Bewertung genauso auf ihrer Fähigkeit basiert, in ein Team zu passen und im Team zu arbeiten, wie auf ihrer persönlichen Kompetenz. Alle Mitglieder des Teams müssen wissen, dass sie dazugehören. Sie müssen sich wertgeschätzt fühlen und glauben, dass sie einen wichtigen Beitrag zum Erfolg des Teams leisten.

Dies waren die Punkte, die meine Teams als grundlegend für ihren Erfolg aufführten. Wie ich bereits oben erwähnt habe, werden sehr ähnliche Punkte von großen Teilen der gegenwärtigen Forschung über Teambildung und Arbeitsgruppen unterstrichen. Für diejenigen, die in einer örtlichen Kirchengemeinde arbeiten, hat Harold Westing das wertvolle *Multiple Church-Staff Handbook* geschrieben, in dem er die Prinzipien für ein Team auf die örtliche Gemeinde anwendet. Seine Grundthese lautet, Sie können nicht fordern, dass die Gemeinde als eine biblische Gemeinschaft – ein Team – funktioniert, wenn die Gemeindeleitung dies nicht beispielhaft vorlebt.[38]

Dienende Führungskräfte und Trainer gedeihen in Teams. Und Teams brauchen dienende Führungskräfte. 1976 stellte man ein USamerikanisches Bergsteigerteam zusammen, um den Nanda Devi im indischen Teil des Himalaja zu besteigen. Einer der Organisatoren dieser Expedition war Willie Unsoeld, der bereits den Mount Everest bezwungen hatte. Er plante den Aufstieg für den 21. Geburtstag seiner Tochter Nanda Devi, die das Team auf den Gipfel dieses rund 7817 m hohen Berges begleiten wollte, nach dem sie benannt worden war. Das Team bestand aus sehr erfahrenen Bergsteigern, die aufgrund von Freundschaften und weiten verwandtschaftlichen Beziehungen ausgewählt worden waren. Weil sie alle miteinander befreundet und erfahrene und „begabte" Bergsteiger waren, wurde niemand als Leiter der Expedition bestimmt. Die älteren Teilnehmer teilten sich die Führung und achteten sorgfältig darauf, sich die Verantwortung in Anerkennung der gegenseitigen Gaben und Fähigkeiten zu überlassen.

War die Expedition erfolgreich? Ja, wenn man die Erfüllung ihres Ziels als Maßstab nimmt. Am 1. September 1976 erreichten drei Bergsteiger den Gipfel des Nanda Devi. Aber zu welchem Preis! Als der Aufstieg schwieriger wurde, sank nicht nur die Stimmung, es mussten eigentlich eindeutige Entscheidungen getroffen werden, um Kräfte und Reserven zu sparen. Aber niemandem war die Verantwortung übertragen worden. Keiner achtete darauf, dass getroffene Entscheidungen auch durchgeführt wurden. Die geteilte Führung scheiterte an Meinungsverschiedenheiten und Pattsituationen. Unangenehme Entscheidungen wurden hinausgezögert.

Tragisch war der Fall von Nanda Devi Unsoeld – der jungen Frau, für die der Aufstieg organisiert worden war. Als sie im Berg höhenkrank wurde, gab es niemanden, der ihr sagte, sie müsse den Aufstieg abbrechen, absteigen und sich erholen. Es wurde keine Entscheidung getroffen – weder von einem Einzelnen noch von der Gruppe. Jeder war freundlich zu Nanda Devi, aber sie starb auf dem Berg – als Opfer einer führerlosen Truppe begabter Menschen.

Die Expedition endete mit gegenseitigen Schuldzuweisungen. Die Leute zeigten mit dem Finger aufeinander, die Schuld wurde jeweils beim anderen gesehen. Manche bemerkten nachträglich: „Ich hätte vortreten und auf eine Entscheidung drängen sollen."

Jeder sorgte nur für sich selbst. Keiner sorgte für die Gruppe. Keiner half dabei, die notwendigen Entscheidungen zu treffen, um das Ziel der Gruppe zu erreichen und für ihre Mitglieder zu sorgen.

Ich bezweifle, dass einer der Bergsteiger dieses Teams jemals wieder an einer Expedition teilnahm, ohne das klar war, wer die Verantwortung für das Wohl der Gruppe hatte und auch die Autorität, die in der Gruppe getroffenen Entscheidungen durchzusetzen. Ein begabtes Team ist nicht genug. Es ist auch eine begabte Führungskraft nötig, die dem Team *dient* und darauf achtet, dass der Auftrag erfüllt und für die Menschen gesorgt wird, und auch Entscheidungen getroffen werden.[39]

Schlussfolgerung: „Wirst du heute diesem Volk einen Dienst tun..."

Am Ende dieses Kapitels kehren wir wieder zu einem biblischen Beispiel zurück. In 1. Könige 11 und 12 lesen wir, wie Rehabeam nach dem Tod von Salomo zum König von Israel gekrönt wird. Das Volk litt unter der harten Herrschaft Salomos in seinen letzten Jahren und sandte Jerobeam, um ihren Fall dem neuen König vorzutragen. Rehabeam sagte zu Jerobeam, er würde sich das Gesuch überlegen und in drei Tagen entscheiden. In dieser Zeit fragte er die Ältesten um Rat, die seinem Vater Salomo gedient hatten. Die Ältesten rieten ihm: „Wirst du heute diesem Volk einen Dienst tun und ihnen zu Willen sein und sie erhören und ihnen gute Worte geben, so werden sie dir untertan sein dein Leben lang."

Aber das war nicht die Antwort, die Rehabeam hören wollte, deshalb fragte er die jüngeren Leute, die mit ihm aufgewachsen waren. Sie rieten ihm, sich stärker als sein Vater zu zeigen und seine Macht zu benutzen, um das Volk zu kontrollieren und zu beherrschen. Rehabeam folgte dem Ratschlag seiner jungen Ratgeber. Er entschied sich zu herrschen anstatt zu dienen. Und es kostete ihn sein Reich. Innerhalb von Wochen verlor er 11/12 seines Königreichs an Jerobeam. Rehabeams Entscheidung, eine starke Führungskraft zu sein, dezimierte seinen Machtbereich.

Emilie Griffin schrieb in ihrem Buch *The Reflective Executive*, dass Führungskräfte etwas sehr Zerbrechliches in Händen halten – die Hoffnungen, Träume, Ideen und Beiträge ihre Leute. Sie müssen zart und mit Respekt festgehalten und dürfen nicht in kraftvollen Fäusten zerquetscht werden.[40]

Wirst du heute diesem Volk einen Dienst tun …
so werden sie dir untertan sein dein Leben lang.

3 Vision und Hoffnung

Wolken: die Vision mitteilen

„Wolken ohne Wasser, vom Wind umhergetrieben." Wir kehren wieder zu Judas Führungskritik zurück. In seinem kraftvollen Bild von den Wolken, die einem ausgedörrten Land Regen und Erfrischung versprechen, aber schließlich nur Wind bringen, sehen wir noch einmal zwei gegensätzliche Bilder für christliche Führungskräfte.

Das Bild, das Judas von diesen Nichtführern malt, sieht sie Hoffnung wecken, ohne überhaupt etwas bieten zu können. Sie versprechen intensive Führung, sorgen aber nur für sich selbst. Ist es nicht hart, sie auf ihrer Kanzel, ihrem Podest, zu sehen, wie sie leidenschaftlich und energisch gestikulieren – aber ohne Inhalte zu vermitteln? Sie bieten keine langfristige Vision und keine Hoffnung. Sie haben kein Konzept für die Zukunft, das die Gemeinschaft zusammenhalten würde. Im Gegenteil: Sie spalten und polarisieren die Menschen. Diese Führungskräfte weisen nicht auf die in Christus gegenwärtige Kraft Gottes, sondern nur auf ihre eigene Glaubenspraxis und persönliche Religiosität.

Auf der anderen Seite sehen wir Judas, den Diener, der von sich selbst weg auf Gott in Christus zeigt. Er dient seinen Leuten, indem er sie aufmuntert und ihnen eine fantastische Vision vermittelt, um ihnen Zuversicht zu geben. Hören Sie noch einmal auf seine mit Hoffnung erfüllten Segensworte:

Dem aber, der euch vor dem Straucheln behüten kann und euch untadelig stellen kann vor das Angesicht seiner Herrlichkeit mit Freuden, dem alleinigen Gott, unserm Heiland, sei durch Jesus Christus, unsern Herrn, Ehre und Majestät und Gewalt und Macht vor aller Zeit, jetzt und in alle Ewigkeit! Amen. Judas 24-25

Das ist wahrhaftig eine Vision, die das Herz erhebt! Judas sieht die Zukunft – und die gehört Gott!

Echte Führung vermittelt eine Vision, die Kraft gibt.

Lassen Sie uns nun noch einmal das Drama von Kolossä betrachten und schauen, was eine Vision verändert. Versetzen Sie sich dieses Mal in die Lage von Philemon.

Philemon: die Vision anwenden

Wie würden Sie sich fühlen? Sie sind eine angesehene Führungskraft in Ihrer Gemeinde. Eine Person, die anerkannt wird ob der Fürsorge und Liebe, die Sie anderen in Ihrer Gemeinschaft schenken. Sie haben aktiven Anteil und unterstützen die Entwicklung der Gemeinschaft in Ihrer Kirchengemeinde. Die Menschen werden durch Ihre Führung und Ihre tiefe persönliche Beziehung zu Christus in ihrem Glauben gestärkt.

Aber da gab es vor kurzem einige Probleme. Einer Ihrer Angestellten hat Sie betrogen. Ein Mensch, dem Sie vertraut haben, hat Sie bestohlen und die Stadt verlassen.

Was schmerzt mehr – der Verlust eines guten Arbeiters, der Diebstahl Ihres Eigentums, oder der Betrug durch jemanden, dem Sie vertraut haben? Dieses Ereignis hat zwar Ihre Vision und Ihre Führung in der Gemeinde nicht beeinträchtigt, aber persönlich sind Sie verletzt. Vielleicht sind Sie immer noch ein wenig zornig, vielleicht sogar noch sehr zornig! Schließlich wurden Sie betrogen. Nun verstehen Sie ein wenig, wie Jesus sich fühlte, als Judas sich gegen ihn stellte.

Judas war Mitglied des inneren Mitarbeiterkreises Jesu, ein Jünger des Herrn. Eine Person, die von Jesus als Reaktion auf sein Gebet zu Gott um zwölf Jünger ausgewählt wurde. Jesus vertraute Judas. Jesus liebte Judas. Und Judas verriet Jesus. Er zerbrach diese Vertrauensbeziehung und stellte sich gegen den einen, der ihn liebte. Sie fühlen etwas von dem Schmerz, den Jesus gefühlt haben muss, als die Person, die er erwählt hatte, die Person, der er vertraute, sich gegen ihn stellte. Wohin gehen Sie mit Ihren Gefühlen und Emotionen?

Dann blicken Sie eines morgens auf und sehen zwei Männer auf sich zukommen. Einer von ihnen ist der Dieb. Wie fühlen Sie sich? Was für Gedanken gehen Ihnen durch den Kopf? Rache? Vergeltung? Gerechtigkeit? Sie ballen die Fäuste. Ihr Magen zieht sich zusammen. Ihr Herzschlag beschleunigt sich. Nun können Sie sich endlich um diese Angelegenheit kümmern, die schon lange an Ihnen nagt – dieser Schmerz und Zorn, den Sie mit sich herumtragen.

Aber wer ist dieser andere Typ da? Ist das nicht jemand, den Sie bei Paulus gesehen haben? Ich glaube, sein Name war Tychikus. Was macht er denn hier? Vielleicht hat er von diesem Dreckskerl gehört und hat ihn zurück geschleppt, damit die Gerechtigkeit ihren Lauf nehmen kann. Und doch scheint hier irgendetwas nicht zu stimmen, wie Tychikus sie begrüßt und Grüße von Paulus übermittelt. Ihr fortgelaufener Diener blickt sie mit einem seltsamen Ausdruck in den Augen an – eine Mischung aus Liebe und Trauer, aber keinerlei Furcht. Warum nicht? Sie können für das, was er Ihnen antat, seinen Kopf fordern.

Und dann überreicht Tychikus Ihnen den Brief – einen persönlichen Brief von Paulus, der in Ephesus im Gefängnis ist.

Paulus, ein Gefangener Christi Jesu, und Timotheus, der Bruder, an Philemon, den Lieben, unsern Mitarbeiter, und an Aphia, die Schwester, und Archippus, unsern Mitstreiter, und an die Gemeinde in deinem Hause: Gnade sei mit euch und Friede von Gott, unserm Vater, und dem Herrn Jesus Christus! Ich danke meinem Gott allezeit, wenn ich deiner gedenke in meinen Gebeten – denn ich höre von der Liebe und dem Glauben, die du hast an den Herrn Jesus und gegenüber allen Heiligen –, dass der Glaube, den wir miteinander haben, in dir kräftig werde in Erkenntnis all des Guten, das wir haben, in Christus. Denn ich hatte große Freude und Trost durch deine Liebe, weil die Herzen der Heiligen erquickt sind durch dich, lieber Bruder. Darum, obwohl ich in Christus volle Freiheit habe, dir zu gebieten, was sich gebührt, will ich um der Liebe willen doch nur bitten, so wie ich bin: Paulus, ein alter Mann, nun aber auch ein Gefangener Christi Jesu. So bitte ich dich für meinen Sohn Onesimus, den ich gezeugt habe in der Gefangenschaft, der dir früher unnütz war, jetzt aber dir und mir sehr nützlich ist. Den sende ich dir wieder zurück und damit mein eigenes Herz. Ich wollte ihn gern bei mir behalten, damit er mir an deiner statt diene in der Gefangenschaft, um des Evangeliums willen. Aber ohne deinen Willen wollte ich nichts tun, damit das Gute dir nicht abgenötigt wäre, sondern freiwillig geschehe. Denn vielleicht war er darum eine Zeit lang von dir getrennt, damit du ihn auf ewig wieder hättest, nun nicht mehr als einen Sklaven, sondern als einen, der mehr ist als ein Sklave: ein geliebter Bruder, besonders für mich, wie viel mehr aber für dich, sowohl im leiblichen Leben wie auch in dem Herrn. Wenn du mich nun für deinen Freund hältst, so nimm ihn auf wie mich selbst. Wenn er aber dir Schaden angetan hat oder etwas schuldig ist, das rechne mir an. Ich, Paulus, schreibe es mit eigener Hand: Ich will's bezahlen; ich schweige davon, dass du dich selbst mir schuldig bist. Ja, lieber Bruder, gönne mir, dass ich mich an dir erfreue in dem Herrn; erquicke mein Herz in Christus. Im Vertrauen auf deinen Gehorsam schreibe ich dir; denn ich weiß, du wirst mehr tun, als ich sage. Zugleich bereite mir die Herberge; denn ich hoffe, dass ich durch eure Gebete euch geschenkt werde. Es grüßt dich Epaphras, mein

Mitgefangener in Christus Jesus, Markus, Aristarch, Demas, Lukas, meine Mitarbeiter. Die Gnade des Herrn Jesus Christus sei mit eurem Geist!

Der Brief des Paulus an Philemon

Fein und liebevoll, aber deutlich übermittelt Paulus eine Botschaft. Die Dinge bei deinem davongelaufenen Sklaven Onesimus haben sich geändert. Er ist nun ein Bruder in Christus. Alles, was du in der Gemeinde gelehrt und gepredigt, deinen Freunden auf der Arbeit mitgeteilt hast, wird nun plötzlich auf die Probe gestellt. Das Teilnehmen an der gemeinsamen *koinonia* ist nun nicht länger eine hochfliegende persönliche Vision. Sie ist nicht länger ein theoretisches theologisches Konzept eurer Gemeinschaft in Christus. Sie ist jetzt eine Forderung an deinen Glauben. Was du als Verpflichtung deines Glaubens und Ausdruck deiner Vision gelehrt hast, musst du nun in der Beziehung zu einer Person zeigen, die dein Vertrauen missbraucht hat.

Es ist, als ob Paulus sagt: „Schön, Philemon, nun wollen wir sehen, ob du wirklich an das glaubst, wovon du dauernd redest. *Deine Vision muss Auswirkungen auf dein Leben haben.* Nun ist die Zeit da, um zu sehen, ob das funktioniert. Setze Onesimus wieder ein, nicht bloß als deinen Diener, sondern auch als Bruder im Herrn. Das ist die Chance für dich, das vorzuleben, woran du glaubst!"

Mit einem meisterhaften Federstrich hat Paulus von Philemon die Durchführung seiner Vision und steilen Lebensentwürfe gefordert. Die christliche Liebe, für die er so sehr bekannt ist, misst sich jetzt ganz und gar an der Art, wie er mit Onesimus umgeht. Paulus erwartet, dass das Evangelium das Leben verändert. Er vertraut darauf, dass Philemon das Gefühl der Kränkung, seinen persönlichen Verlust und den Schmerz über den Betrug abstreifen und Onesimus als veränderte Person und christlichen Bruder willkommen heißen kann. Er soll ihn auch wieder in seine Stellung einsetzen und Vertrauen riskieren.

Philemon kannte seinen Glauben. Er hatte eine klare Sicht von dem, was es bedeutet, für Christus zu leben. Er wusste, was es heißt,

Glied am Leib Christi zu sein. Er stand im Ruf, gütig und fromm zu sein. Aber Paulus wollte mehr. Paulus hatte eine theologische Vision für die eschatologische Gemeinschaft in Christus, die alles bestimmte, was er tat. Er wollte, dass die Vision von Philemon sein ganzes Sein in einer Art und Weise durchdringt, die sein ganzes Leben verändert. Eine Vision, die etwas verändert. Es ist eine Sache, eine Vision für die christliche Gemeinschaft zu haben und eine andere, Jesus in den Augen der Person zu sehen, die Sie betrogen und persönlich verletzt hat. Für Paulus führt das eine zum anderen. Eine biblische Vision führt nach Paulus zu einem veränderten Alltagsleben. Alles, was Philemon über seinen Glauben lehrte, steht nun bei der Art, wie er mit Onesimus umgeht, auf dem Spiel.

Das Gleiche gilt auch für uns. Die Vision sieht das Morgen so deutlich, dass dies das Heute bestimmt. Unsere Vorstellung von Gott, wie er in Christus in unseren Gemeinschaften und Organisationen am Werk ist, wird jeden Tag durch die Art geprüft werden, wie wir leben, arbeiten, erziehen, mit Freunden umgehen oder Fremden begegnen. Eine kraftspendende Vision von Gemeinschaft bedeutet, Gott im Kontext einer in Christus vereinigten Gemeinschaft zu begegnen.

Eine Vision sieht das Morgen so deutlich, dass dies das Heute bestimmt.

Paulus zeigt uns in seinem sorgfältig formulierten Brief an Philemon drei Dinge über seine Vision von Gemeinschaft. Diese müssen wir bedenken, wenn wir eine dienende Führungskraft sein wollen.

Die christliche Gemeinschaft umfasst jede Art von Menschen

Für Philemon war dies eine aufrüttelnde Offenbarung. Einen Menschen, der vorher sein Sklave war, muss er nun als christlichen Bruder innerhalb der Gemeinde ansehen. Was bedeutet das? Wie soll ein Gemeindeleiter aus der gehobenen Mittelklasse mit einem ungebildeten, davongelaufenen Sklaven umgehen? Aber das ist ein grundlegender Bestandteil der christlichen Gemeinschaft. Wir sind eine unterschiedliche Gemeinschaft von einzigartig begabten Menschen. Gemeinsam bilden wir den Leib Christi und weisen Menschen zu Gott.

Diese Verschiedenheit nimmt in unterschiedlichen Gemeinschaften eine Reihe von Formen an. Am Regent College haben wir Studenten, eine Fakultät und Mitarbeiter aus 32 verschiedenen Ländern und Kulturen, 75 unterschiedlichen kirchlichen oder gemeindlichen Hintergründen, einer Reihe von Begabungen, einer großen Bandbreite in Alter und Lebenserfahrung und verschiedenen sozialen und wirtschaftlichen Möglichkeiten. Das ist Verschiedenheit.

Max DePree nennt dies in seinem Buch *Leadership is an Art* die „einschließliche Perspektive" der Führung. Wenn wir wirklich glauben, „dass jeder Mensch etwas zur Gruppe beitragen kann, dann müssen wir notgedrungen so viele Menschen wie möglich einschließen."[41] Führungskräfte *beziehen mit ein.* Sie schauen nach Wegen, die Verschiedenheit zu fördern und Raum für Menschen zu schaffen, um ihre einzigartigen Beiträge zum Ganzen zu entwickeln.

Führungskräfte schauen nach Wegen, die Verschiedenheit zu fördern und Raum für Menschen zu schaffen, um ihre einzigartigen Beiträge zum Ganzen zu entwickeln.

Ich glaube, dass Verschiedenheit ein grundlegender Bestandteil christlicher Gemeinden ist. Aber Verschiedenheit bedeutet Unterschiede; und Unterschiede bieten Stoff für Konflikte. Und das bringt mich zu dem zweiten Punkt, den ich in der Vision von Paulus finde. Dies ist ein weiterer Grund, warum ich die Geschichte der Kolosser so bewundernswert finde.

Die christliche Gemeinschaft kann mit Konflikten umgehen

Führungskräfte akzeptieren Konflikte und räumen sie aus.

In der Gemeinde muss ein Konflikt beigelegt werden. Paulus hat bestimmte Erwartungen an die Gemeinde in Kolossä und Philemon in Bezug auf den Konflikt, den er mit Onesimus hat. Seine Sicht von Gemeinschaft schließt Konflikte nicht aus. Er spricht es direkt im Zusammenhang mit einer fürsorglichen Beziehung an. Ich finde in der Tat, dass der Brief einen sehr guten Ansatz zur Konfliktbewältigung bietet. Ein wenig mehr auf Konflikte innerhalb der Gemeinde will ich eingehen, wenn wir die Werte betrachten.

Die christliche Gemeinschaft hat Vorrang vor persönlichen Bedürfnissen

Die Erwartung, dass dies geschehen wird, ist das dritte Element, das ich in der Vision von Paulus für Gemeinschaft sehe. Zu Beginn dieses Kapitels haben wir uns mit den Gefühlen von Philemon beschäftigt. Er hat mit Onesimus eine Rechnung offen, ein persönliches Bedürfnis, das er stillen möchte. Doch Paulus lenkt seinen Blick auf seine Vision für die Gemeinschaft. Paulus erinnert ihn an seinen Ruf. Philemon bringt sich selbst in dem Netzwerk von Beziehungen ein, das seine Gemeinde bildet. Er ermutigt ihre Mitglieder. Sein Glaube, seine Liebe und seine großzügige Unterstützung der Gemeinde in Kolossä sind bekannt. Nun schickt Paulus Onesimus als Glied dieser Gemeinde zurück – und erwartet, dass die Vision Philemons von Gemeinschaft Vorrang hat vor seinem Schmerz und seinem Bedürfnis nach persönlicher Genugtuung.

Unternehmen sind Gemeinschaften, die Verschiedenheit mit einschließen. Sie sind voller Einzelpersonen mit ihren eigenen Geschichten. Das Regent College ist eine Gemeinschaft mit über 500 persönlichen Geschichten. Zu Beginn meines Dienstes am Regent hörte ich einen Professor erklären, was Regent von anderen Schulen unterscheidet. Das war seiner Rede nach die Bereitschaft der Mitglieder der Fakultät, ihre großen persönlichen Anliegen dem gemeinsamen Anliegen des Colleges unterzuordnen. Ich bete, dass dies am Regent immer so sein wird. Es sollte in jeder Organisation so sein, die eine Vision von christlicher Gemeinschaft vertritt.

Max DePree würde noch weiter gehen und das gleiche Prinzip auf Herman Miller anwenden. Er schreibt:

In einem Team wie bei Herman Miller gibt es persönliche Verschiedenheit und auch gesellschaftliche Unterschiede. Wenn wir an *gesellschaftliche* Unterschiede denken, denken wir an die Gaben, Fähigkeiten und den Einsatz, den wir alle als Einzelpersonen zu den Bemühungen der Gruppe beisteuern. Wenn sie gut gebündelt und eingebunden wird, kann unsere Verschiedenheit unsere größte Stärke sein. Aber es gibt immer die Versuchung, diese Gaben zum persönlichen Vorteil zu nutzen, anstatt sie dem Interesse der Gruppe unterzuordnen.[42]

Führung, so würde DePree es ausdrücken, vermittelt eine Vision für die Organisation oder Gemeinschaft, die alles mit einschließt. Sie schafft Raum für individuelle Gaben und Fähigkeiten und so die

Möglichkeit, dass diese individuellen Beiträge zum Wohl der Gruppe und dem gemeinsamen Auftrag eingebunden werden.

Paulus hat solch eine Vision. Seine Vision für die christliche Gemeinde in Kolossä umfasst Verschiedenheit, kann mit Konflikten umgehen und tritt an die Stelle von persönlichen Anliegen. Er erwartet, dass die Vision die unmittelbaren alltäglichen Beziehungen im Leben verändert. Zu dieser Vision ruft er Philemon auf. Und es ist die Vision, an der er alle unsere Pläne für die Zukunft messen würde.

Führungskräfte haben eine Vision, die etwas verändert; eine stärkende Vision, die Hoffnung für morgen gibt und das Leben heute bestimmt.

Die Verantwortung der Führungskraft

In seinem Buch *Leadership is an Art* sagt Max DePree, dass die zwei grundlegenden Pflichten einer Führungskraft seien, die Richtung zu weisen oder die gegenwärtige Lage zu beschreiben und danke zu sagen.[43] Nach DePree vermitteln Führungskräfte die Vision, das heißt, sie zeigen die Richtung und beschreiben die gegenwärtige Lage. Damit beeinflussen sie sowohl die Führungsbeziehung als auch die Beiträge der Geführten zum Unternehmen. Er sagt jedoch gleich, dass die von der Führungskraft vermittelte Vision nur durch die Beiträge der Geführten erreicht werden kann. Folglich ist die zweite Pflicht der Führungskraft für ihn das Danken. Damit erkennen wir an, dass wir von den Geführten abhängig sind. Wir müssen ihnen dankbar sein, denn sie setzen sich persönlich für meine Vision ein.

Wann immer man mich fragt, worin meine Arbeit besteht, führe ich gerne die grundlegenden Pflichten nach DePree aus und antworte mit vier Dingen, die – wie ich glaube – meine Rolle als Führungskraft am Regent College definieren. Ich bin dafür verantwortlich, eine Vision zu vermitteln, Werte zu stärken, die Leute zu ermutigen und danke zu sagen. Das Erste und Letzte ist ganz offensichtlich von DePree übernommen. Die anderen beiden stimmen auch mit dem, was er in all seinen drei Büchern über Führung geschrieben hat, überein.

In diesem Kapitel konzentriere ich mich auf die Vermittlung einer Vision – dem Vermitteln einer *ermutigenden Vision*, die die Art bestimmt, wie wir unser gemeinsames Leben in der Firma um den Auftrag herum organisieren. Im nächsten Kapitel greife ich dann die zweite Pflicht auf und spreche über die entscheidende Rolle der Führungskraft bei der Schaffung und Stärkung von *ermutigenden Werten*. Diese bestimmen – wenn sie in unserer Unternehmenskultur verankert sind – die Art, wie wir das Leben in unserer Gemeinschaft gestalten. In Kapitel 5 werde ich auf *ermutigende Beziehungen* eingehen, mit denen wir die Beiträge unserer Leute in Bezug auf den Auftrag in unsere Situation übersetzen, und – wie DePree sagen würde – „uns vollkommen von ihren Gaben bestimmen lassen."[44] In Kapitel 6 möchte ich mit einer Übersicht über die *ermutigende Verantwortlichkeit* schließen, welche auch die abhängige Verantwortlichkeit der Führungskraft von den Geführten umfasst – von den Männern und Frauen, die mit der Führungskraft eine begeisternde Vision teilen, die ihre Beziehungen zueinander bestimmt.

Planung: hoffnungsvolle Visionen

Planung ist der Prozess im Management, bei dem in Zeiten des Wechsels hoffnungsvolle Visionen erstellt werden. Planung ist der Prozess, eine strategische Vision oder ein Bild der Zukunft zu vermitteln. Andere sollen dazu bewegt werden, sich mit dieser Zukunft zu identifizieren und zu verstehen, warum ihr Beitrag so wichtig ist.

Ein entscheidender Bestandteil unserer Rolle als Führungskraft ist es, unsere Unternehmen strategisch über das nachdenken zu lassen, wer wir sind und was wir vor Gott erreichen wollen. Dieses strategische Nachdenken oder Planen bestimmt das tägliche Leben und Arbeiten unserer Organisationen. Es bündelt die Energie unserer Leute. Es formt den Charakter und die Richtung unserer Organisation, sodass die Leute ermutigt werden, ihren Beitrag zu leisten und auch Wertschätzung dafür erhalten. Planung zeigt den Zweck, die Bedeutung und die Hoffnung beim Verfolgen einer gemeinsamen Vision.

Strategische Planung definieren

Wir müssen diese Diskussion mit einigen Erklärungen beginnen. In jeder Planung gibt es Ausdrücke wie *Zweck*, *Auftrag*, *Vorhaben*, *Ziele*, *Aktionen*, *Strategien*, *Budget*, *Kontrolle*. Die Wahrscheinlichkeit ist jedoch hoch, dass Sie zwei verschiedene Definitionen für diese Begriffe finden, wenn Sie zwei verschiedene Texte lesen. „Zweck“ und „Auftrag“ werden oft miteinander vertauscht. „Vorhaben“ und „Ziele“ sind auch oft synonym oder eines (irgendeines) wird als das weiter gefasste Ziel definiert und das andere als deutlich bestimmbarer Maßstab.

Strategische Planung tendiert dazu, der heutige Begriff für das zu werden, was man früher langfristige Planung nannte. Manche Autoren versuchen, zwischen strategischer und langfristiger Planung zu unterscheiden, aber ohne großen Erfolg. Allgemein gesagt konzentriert sich langfristige Planung auf die eingesetzte Zeitspanne – etwas, das in unserer sich ändernden Zeit immer schwerer zu kontrollieren ist –, während strategische Planung die Ergebnisse im Blick hat, um die es geht.

Ich definiere strategische Planung gerne als einen Prozess, der von der Führung eines Unternehmens in Gang gesetzt wird, um den

Zweck, den Auftrag, Werte oder Kultur und die Strategien des Unternehmens zu überblicken und zu überwachen. Lassen Sie uns nun die einzelnen Bestandteile dieser Definition betrachten.

Zweck ist die wichtigste Rolle einer Organisation, wie sie von der Gesellschaft definiert und von anderen Organisationen geteilt wird. Regent College und Fuller Seminary haben einen ähnlichen Zweck. Die Freikirche der Baptisten und die evangelische Kirche haben einen ähnlichen Zweck. Die Firma Apple Computers und IBM haben auch einen ähnlichen Zweck.

Auftrag bezieht sich andererseits auf die einzigartige Berufung oder den Unterschied zwischen den Organisationen. Er wird anhand ihrer Geographie, der Werte und Überzeugungen, der Möglichkeiten, der Größe, der Mitglieder etc. bestimmt. Es ist das, was sie von jeder anderen Organisation mit dem gleichen Zweck unterscheidet. Ihr Auftrag verleiht ihnen das Recht auf Existenz und darauf, Mittel zu nutzen. Er beantwortet die Frage: Was würde verloren gehen, wenn es uns nicht mehr gibt?

Bei *Werten und Kultur* verweise ich auf angegebene oder vorausgesetzte Überzeugungen, Festlegungen, den Ethos und die Qualitäten, die alles bestimmen, was eine Organisation tut. Das ist, wenn Sie so wollen, der Charakter einer Organisation, die Manifestation ihrer Seele, ihres Glaubens und ihrer Überzeugungen. Dies ist der Teil, der bei den meisten Planungen außen vor gelassen wird. Aber weil ich glaube, dass Werte genauso Bestandteil einer Vision sind wie der Auftrag, möchte ich im nächsten Kapitel wieder auf diese einzigartige Verantwortung der Führungskraft im Detail eingehen.

Strategien sind für mich die zusammengefassten Ziele. Das schließt die einzelnen Vorhaben und Taten mit ein, die zur Erfüllung des Auftrags der Organisation führen, und den Wert, den unsere gegenwärtigen und vorgenommenen Mittel, Möglichkeiten und Drohungen haben. Ich vermeide es hier, über spezifische Ziele, Vorhaben und Taten zu reden. Wir müssen auf das Paket schauen, das wir gemeinsam packen, um unseren Auftrag und unsere Werte durchzusetzen.

Jedes Jahr im September sind die Straßen in Vancouver gesperrt und der Klang dröhnender Motoren erfüllt die Stadt. Die Molson Indy lässt Weltklasseteams bei ihrem Autorennen durch die Straßen der Innenstadt gegeneinander antreten. Fahrer und Mannschaften sind an diesem langen Wochenende ständig in den Nachrichten und das Hauptgesprächsthema bei den Menschen. Jedes Team erarbeitet und bespricht seine Strategie, um den Tag des Rennens als Erster zu beenden. Sie reden über viel mehr als über Ziele und Vorhaben. Wenn diese Elemente so zusammengefasst werden, dass sie unsere Handlungen bestimmen, dann haben wir eine Strategie! Rennfahrer haben keine Liste von Teilzielen im Auge, die sie nach jeder Runde abhaken können. Sie leben und fahren vielmehr ihre Strategie. In unserer schnelllebigen Zeit führen wir wie Rennfahrer. Wir werden keine Strategie haben, um unseren Auftrag zu erfüllen, ehe wir nicht die verschiedenen Schritte zu einem Lebensstil für unsere Organisation in den nächsten Jahren zusammen gefasst haben.

In dieser Definition von strategischer Planung gibt es noch drei zusätzliche Hauptbestandteile:

Strategische Planung ist ein *Prozess*. Das Miteinbeziehen der Mitarbeiter ist genauso wichtig wie die Erstellung eines Plans. Der Plan zeigt, dass etwas geleistet wurde und ist auch das Kontrolldokument, an dem man den Fortschritt der Organisation messen kann. Der Prozess aber bezieht die Leute mit ein und schafft Identifikation. Er übersetzt die gemeinsame Vision in die Aufgaben und Handlungen der Mitglieder der Organisation. Diese große Stärke der Planung ist auch der Grund, warum sie so schwierig ist. Der Prozess bezieht Menschen mit ein – Menschen mit eigenen Vorstellungen, Träumen und Plänen. Planung mit einer Person ist sehr einfach. Sobald eine zweite Person hinzukommt, wird sie schwierig. Sie ist aber doch grundlegend wichtig, wenn Sie eine Identifikation mit Ihrer Vision und Strategie erreichen wollen. Je mehr Menschen in diesem Prozess der Planung hinzukommen, desto mehr Zeit wird er in Anspruch nehmen und desto schwieriger wird er sein. Aber er ist wichtig für die Identifikation und Motivation der Leute.

Ich sollte hier anmerken, dass ich über einen Prozess des miteinander Redens spreche, aber nicht über Demokratie. Bei der strategischen Planung brauchen wir die Teilhabe, um den Entscheidungsträgern Ratschläge zu geben und Identifikation zu fördern. Teilnehmer an diesem Planungsprozess haben jedoch nicht notwendigerweise das gleiche Stimmrecht, um das zukünftige Vorgehen zu bestimmen – das hängt von Ihrer jeweiligen Unternehmenskultur ab. Sie nehmen an den Entscheidungen teil, die eine Führung treffen muss, und leisten ihre Beiträge dazu. Der Prozess ist das Problem, aber auch das grundlegende Prinzip der Planung.

Schlussendlich ist es das *leitende Management*, das die strategische Planung in Gang setzt. Sie werden Argumente für eine Planung von oben nach unten oder aber von unten nach oben hören. Der Abteilungsleiter möchte nicht Zeit für Planung verschwenden, ehe der Direktor nicht seine Vision mitgeteilt hat, weil „das ja sowieso das ist, was wir tun werden“. Der Direktor möchte aber nicht damit beginnen, eine Vision zu formen, ehe er nicht die Vorstellungen seiner Untergebenen gehört hat. In jedem Fall muss die Führung mit einbezogen werden. Die Firmenleitung ist für die Entscheidungen verantwortlich, die das Unternehmen in die Zukunft führen – die Zuteilung der Mittel und Delegation der Aufgaben, damit die Arbeit getan wird. Wenn der Direktor oder Pastor den Planungsprozess nicht in die Hand nimmt, ist es für alle Zeitverschwendung!

Strategische Planung ist also ein Prozess, den die Führung in Gang setzt und der den Auftrag der Organisation innerhalb des grundsätzlichen Zweckes verdeutlicht. Er zeigt die Werte, welche die Art bestimmen, wie das Unternehmen oder die Kirche ihren Auftrag wahrnehmen wird. Er übersetzt auch den Auftrag und die Werte in visionäre Aussagen oder Szenarien für die Zukunft und entwickelt Strategien, um diese Szenarien Wirklichkeit werden zu lassen, einschließlich der Ziele, Vorhaben, Taten und dem Budget. Auftrag – Werte – Strategien: dies sind die wichtigsten Bestandteile der strategischen Planung. Das sind die lebenswichtigen Dinge, die Führungskräfte ihren Organisationen ständig in wechselhaften Zeiten geben müssen.

Planung in Zeiten des Wechsels

Bevor wir jetzt auf ein Planungsbeispiel und die Entwicklung von ermutigenden Visionen eingehen, lassen Sie uns noch kurz die rasanten Veränderungen um uns herum betrachten.

Ich lese gerne Charles Handy. Seine zwei Bücher *The Age of Unreason* und *The Age of Paradox* über Veränderungen in Unternehmen regen mich dazu an, die Dinge aus einer neuen Perspektive zu betrachten, über meine Grenzen hinauszublicken.[45] Handy meint, wir leben in einer Zeit völlig zusammenhangloser Veränderungen. Die Veränderungen kommen so schnell und aus so verschiedenen Richtungen, dass wir nicht mit Sicherheit die Zukunft planen können. Wenn wir nicht das Fundament des Glaubens haben, ist das einzig Konstante, was Handy uns für die Zukunft zugesteht, dass sich alles ändern wird.[46] In der Welt von morgen „heißt bleibend bauen auf Veränderung bauen."[47] Er behauptet wie auch Tom Peters in *Thriving on Chaos*, dass wir bei dem ganzen Wechsel, der auf Einzelpersonen und Organisationen einprasselt, in einer Situation planen müssen, die wir als Chaos empfinden. Es ist für Christen wichtiger als je zuvor, schreibt Russ Chandler in seinen Buch *Racing Toward 2001*, zu wissen, wer sie sind und mit wem sie in diese chaotische Zukunft gehen.[48]

Wege, die wir in jungen Jahren eingeschlagen haben, sind für viele von uns heute nicht mehr gültig – geschweige denn für unsere Kinder, unsere Studenten, Angestellten oder Gemeindeglieder. Das wird in der theologischen Ausbildung bereits deutlich. Die Studenten, die heute Theologie studieren möchten, sind anders als die, die vor zehn Jahren zu uns kamen. In einer Welt, die sich rasend schnell ändert, beginnen sie ihr Theologiestudium und fragen: Wer bin ich? Was soll ich mit meinem Leben anfangen?

Lassen Sie mich einige der Veränderungen umreißen, von denen Unternehmensplaner und Zukunftsforscher behaupten, dass sie uns im kommenden Jahrzehnt bestimmen werden. Die Kräfte des Wandels umfassen auch veränderte Werte, eine veränderte Technologie, veränderte Formen von Beziehungen, eine veränderte Haltung in der Ausbildung, der Arbeit und auch gegenüber dem Glauben. (Wobei ich eingestehen muss: Meine Informationen basieren auf westlicher, überwiegend nordamerikanischer Forschung und Literatur.)

1. Wertewechsel

Von all den Veränderungen, die um uns herum passieren, haben die sich verändernden Werte vielleicht den größten Einfluss auf unsere Führung. Die folgenden Veränderungen bei den Werten werden bereits erlebt und nehmen im nächsten Jahrzehnt noch zu:

- **Von der Masse an Besitztümern zur Qualität des Besitzes.** Die meisten Zukunftsforscher sehen „Qualität" als einen hohen Wert in der Zukunft, zum Teil durch das gewachsene globale Bewusstsein und zum Teil durch die Verwöhnung des Einzelnen.[49]

- **Vom Geld zur Zeit.** Zeit wird ein Spitzenwert in der Zukunft. Es wird der Posten sein, der von den Menschen am meisten gesucht wird.[50] Wir bezahlen bereits für Möglichkeiten, Zeit zu sparen – die Nutzung von Technologie und die Bezahlung anderer dafür, dass sie arbeitsintensive Tätigkeiten für uns übernehmen. Und das hängt eng mit einem anderen Wertewechsel zusammen.

- **Von der Erfüllung durch Arbeit zur Erfüllung durch Freizeit.** Zeit wird gebraucht für Lieblingsbeschäftigungen. Die Identität der Menschen wird immer weniger durch ihre Arbeit bestimmt werden und die Freizeit und ehrenamtliche Tätigkeiten werden die Lohnarbeit als Ausdruck von uns selbst ersetzen. Dieser Trend kann bereits beobachtet werden. Immer mehr Menschen arbeiten weniger Stunden und bauen ihre Arbeit um ihre Freizeit oder ihre ehrenamtlichen Tätigkeiten herum. Im Jahr 2000 waren in den USA bereits weniger als die Hälfte der Werktätigen in traditionellen „Vollzeitbeschäftigungen". Die Menschen kreieren sich ihr Lebenspaket oder die Mappe ihres Lebens aus Teilzeit- und Akkordarbeit oder Ehrenämtern.[51]

Zu meinen Freunden zählen drei Ehepaare. Eines ist in den 30-igern, eines in den 40-igern und eines in den 50-igern. Jedes von ihnen hatte bereits diesen „Mappenmodus" für ihre Verpflichtungen übernommen. Der Anwalt hatte seine Arbeitszeit auf vier Tage die Woche gekürzt, die er außerhalb des Hauses arbeitete, sodass er sich mehr in der Gemeinde engagieren konnte. Der Psychologe hatte gerade seinen Plan von vier auf drei Tage die Woche gekürzt, sodass er herumreisen und sich nach etwas Neuem umsehen konnte. Der Besitzer einer Kapitalgesellschaft hatte sein Unternehmen verkauft und dafür mehrere Geschäftshäuser erstanden. Er ist jetzt ihr Manager und Hausmeister und arbeitet ungefähr fünf Stunden pro Tag. Die Linie zwischen Freizeit und Arbeit verschwimmt.

Von alten zu neuen Traditionen. Oder, wie es ein Psychologe ausdrückt: von Sitte und Anpassung zu Überzeugungen. Bloß, dass etwas früher oder von meinen Eltern so getan wurde, oder von Kirchen, Schulen und Organisationen normalerweise in dieser Art und Weise gearbeitet wird, ist kein Grund, dass wir es genauso machen müssen. Die Menschen machen Dinge immer mehr deshalb, weil sie sich so entschieden haben und nicht, weil dies vorausgesetzt wurde. Wir werden immer mehr die Dinge tun, an die wir glauben, und nicht Dinge, die man von uns erwartet oder uns gebietet. Teilweise zeigt dies ein Misstrauen gegenüber den überlieferten Traditionen. Es könnte aber auch eine Reaktion auf die veränderte Wirklichkeit um uns herum sein.

Ein Ergebnis hiervon ist vielleicht eine größere Toleranz gegenüber Verschiedenheit, weil die Überzeugungen von jeder Person respektiert werden. Aber auch wenn das nach meiner Beobachtung zu einem durchführbaren Pluralismus in der nordamerikanischen Gesellschaft führt, so sehe ich doch auch eine immer größere Fragmentierung, wo die Verschiedenheit zur Feindschaft führt. Es wird schwierig sein, hier eine Balance zu finden.

Von Verpflichtungen zu Flexibilität. Genauso, wie wir uns daran anpassen müssen, dass Menschen heutzutage immer mehr aus Überzeugung und nicht nach Traditionen handeln, müssen wir zur Kenntnis nehmen, dass es die Tendenz gibt, langfristige Verpflichtungen zu vermeiden. Das ist einmal eine Reaktion auf die Vieldeutigkeit des ständigen Wechsels. Es ist aber auch das Bedürfnis, den eigenen Bestand an Zeit zu wahren. Die Menschen wollen Dinge offen halten und flexibel bleiben, mit Verpflichtungen und Verträgen von kurzer Dauer.

Eine interessante Folge, in der die Werte Zeit, Freizeit und weniger Verpflichtungen zusammengebunden werden, ist die Erwartung, dass jemand umso wahrscheinlicher Erfüllung findet und auch als Hilfe wertvoller wird, je mehr verschiedene Erlebnisse er hat. Konsequenterweise verwenden die Menschen deshalb weniger Zeit auf einzelne Tätigkeiten. Missionsgesellschaften verzeichnen von Jahr zu Jahr ein zunehmendes Interesse an Kurzzeiteinsätzen, ein abnehmendes beim lebenslangen „Vollzeitmissionar“. In einem vor kurzem erschienenen Artikel in *Fast Company* geht man so weit, den Personalchefs von Unternehmen vorzuschlagen, mehr auf die Erfahrungen zu achten, die die Bewerber gesammelt haben. Wo, mit wem und an was haben sie gearbeitet?[52]

Von Gruppenidentität zu Individualismus. In den Vereinigten Staaten wird ein zunehmendes Misstrauen gegenüber Organisationen und ein Pochen auf persönliche Rechte sichtbar. In Kanada scheint sich das Ganze mehr auf Misstrauen gegenüber Organisationen als auf die persönlichen Rechte zu konzentrieren. Aber was bedeutet das für die Organisationen, für die Kirchen und die Schulen? Esther Dyson, eine Beraterin in der Computerindustrie ist davon überzeugt, dass wir innerhalb von fünf Jahren erleben werden, wie sich das Machtgleichgewicht von den Organisationen, Eigentümern und Managern zu den einzelnen Mitarbeitern verlagern wird. Einzelne Personen werden Unternehmen prägen und sich nicht mehr von Unternehmen prägen lassen.[53]

Vom Vertrauen in Personen zu erwiesener Integrität. Dieser letzte Wertewechsel bringt uns zur Frage der Qualität zurück. In unserer Welt ändern sich die Dinge so schnell, dass niemand weiß, was oder wem er noch vertrauen soll. Deshalb werden Integrität und Charakter zu Schlüsselfragen. Vertrauen muss man sich jetzt verdienen und es wird als Kennzeichen von Charakter geschätzt.

2. Technologiewechsel

In vieler Weise beeinflussen Veränderungen in der Technologie alles andere. Stephen Covey beklagt bereits den Wechsel weg von Charakter und Werten hin zu Verfahren und Technologie.[54] Technologie wird benutzt, um Zeit zu sparen, und wir bezahlen alle gerne den Preis. Das Telefon, der Computer, das Faxgerät, E-Mail und Internet haben geographische Grenzen und die Schranken von Unternehmen neu definiert. Immer mehr Arbeit wird durch Telekommunikation, zu Hause oder auf dem Weg erledigt. Organisationen und Firmen müssen nun über ein *zu jeder Zeit an jedem Ort* nachdenken.[55]

Informationen sind jetzt sofort abrufbar. Fast jedes Magazin stellt heute seine Artikel als Mittel der Kommunikation und Verbindung ins Internet. Das Internet hat die Zwänge von Raum und Zeit aufgehoben. Die Überflutung mit Informationen und der richtige Umgang mit ihnen bringen bereits Probleme.

Die Ausbildung wird deutlich durch die Technologie beeinflusst werden. Bibliothekare hassen mich dafür, dass ich das sage, aber ich bin davon überzeugt, dass wir nur wenige Jahre davon entfernt sind, dass Computerdatenbanken die traditionellen Bibliotheken ersetzen werden. Wenn dies geschieht, wird der Ort, wo wir lehren, nicht mehr an spezifische Forschungszentren gebunden sein. Ich kaufe meine Bücher bereits bei Amazon.com, erhalte meine Nachrichten von CNN.com und bekomme, weil ich eine Reise nach Nepal plane, die tägliche Ausgabe der *Kathmandu Post* per E-Mail. Wenn ich eine Frage habe, benutze ich als Erstes das Internet. Informationen, Kurse und sogar Abschlüsse sind über das Internet zu haben. Was bedeutet das für die Ausbildung?

Die Technologie schafft sich auch eine Generation, die ihre Information durch die 8-Sekundenspots bekommt, die so wirkungsvoll von den Fernsehnachrichten verwendet werden – ein kurzer Spot, der die Botschaft des Sprechers enthält. Wir suchen nach geschriebenen oder visuellen Zusammenfassungen von gewaltigen Mengen an Informationen, die von einem vertrauenswürdigen Dolmetscher in kleine Häppchen geteilt sind. Ein Beispiel hierfür ist der Kiplinger Brief, ein Nachrichtenrundbrief für Geschäftsleute aus Washington D.C. Jede Woche umreißt er für Tausende, die gelernt haben, der Auswahl an Nachrichten von Austin Kiplinger zu vertrauen, die Welt in vier Seiten.

Ich habe den Redakteur einer großen christlichen Zeitung klagen hören, die jungen Pastoren oder Seminaristen würden sich keine Zeit mehr nehmen, um zu lesen. In Gottesdiensten lassen lange Predigten junge Familien unruhig werden. Zu viel Information. Wir möchten alles in kleine Stücke zerteilt haben, mit denen wir umgehen können. Lyle Schaller sagt als Berater für Kirchen, wir suchen nach einem vertrauenswürdigen Menschen, der entscheidet, welche Informationen wir hören müssen. Fernsehanstalten strengen sich sehr an, um einen Moderator aufzubauen, der eine Vertrauensbeziehung zu den Zuschauern entwickelt. Denn die meisten Menschen hören nämlich die Nachrichten lieber von jemandem, dessen Interpretation sie schätzen. Schaller glaubt, dass wir einer Zukunft entgegengehen, in der der Überbringer der Botschaft wichtiger wird als die Botschaft selbst.[56] All das wirft ernste Fragen über die Ausbildung und den Dienst in der Kirche auf. Wie werden die Menschen im nächsten Jahrzehnt lernen? Wie können wir dieses Lernen an unseren theologischen Fakultäten erleichtern? Wie passen wir unsere Lehrmethoden an die Lernmethoden der Welt an, der wir etwas mitteilen möchten? Was für Formen muss die Kirche wählen, damit Menschen Gottes Wort hören und an einer lebendigen christlichen Gemeinschaft teilhaben?

Die Menschen suchen nach einem vertrauenswürdigen Menschen, der entscheidet, welche Informationen wir hören müssen.

3. Veränderte Beziehungen

Planer sehen eine zunehmende Verschiebung von der traditionellen Familie zu Ein-Eltern-Familien, Patchworkfamilien, unverheiratet zusammenlebenden Erwachsenen und sogar Straßenbanden. Scheidung und Wiederverheiratung sind die Regel, was zu einem rapiden Anstieg der Zahl von Haushalten aus mehreren Generationen führt. Kinder verlassen immer später das elterliche Zuhause und viele kehren mit ihrer ganzen oder einem Teil ihrer Familie zurück. Trotzdem breitet sich Einsamkeit weiter aus, weil der Individualismus zunimmt und die Arbeit abnimmt. Damit werden traditionelle Möglichkeiten, Freundschaften zu schließen, verdrängt. Auch verlernen es individuell geprägte Menschen, Freundschaften aufzubauen. Verbinden Sie den Verlust der Fähigkeit, Beziehungen aufzubauen, mit dem Widerwillen, Verpflichtungen einzugehen, und wir sehen in den kommenden Jahren einer schweren Zeit in Bezug auf Beziehungen entgegen.

Das ist auch sofort eine große Herausforderung an das Führen, denn im Informationszeitalter – das nach Meinung von manchen Leuten schon wieder halb vorüber ist[57] – geht es um ein Netz von Wirtschaftsbeziehungen. Bei Verbindungen, dem Lebenssaft des Internet, geht es um Beziehungen. Beziehungen wieder bilden das Fundament unseres Zusammenlebens – aber wenn Einzelpersonen nur noch an sich selbst denken und die Fähigkeit verlieren, einander zu dienen, dann steht die persönliche Atmosphäre der Freundschaft auf dem Spiel.

Beziehungen verdrängen Freundschaften, wenn man Beziehungen als Teil des Wissensbestandes ansieht – als Bestandteil seines persönlichen Kapitals.[58] Freundschaften werden zurückgedrängt, wenn der andere nur noch als Geschäftspartner gesehen wird, anstatt als Freund. Christliche Führungskräfte sind sogar dann, wenn sie Gemeinschaft und Freundschaften fördern, Teil des miteinander verbundenen Netzes von organisatorisch bedingten Beziehungen.

Wie ich oben bereits geschrieben habe, ist Führung eine Beziehung. Es muss eine Beziehung sein, welche die funktionale Verbindung der Organisation und die fürsorgliche gegenseitige Abhängigkeit einer Gemeinschaft überbrückt. Führungskräfte haben vielleicht die wichtige Aufgabe, in den nächsten Jahren *Beziehungen* zu definieren.

4. Eine veränderte Haltung gegenüber der Ausbildung

In der Zukunft werden wir uns vermehrt auf das Lernen und nicht so sehr auf die Ausbildung konzentrieren. Das lebenslange Lernen wird das Konzept einer vollständigen Ausbildung ersetzen – wir werden nie genug wissen. Es wird größeres Interesse an ständigem Lernen bestehen, um mit den Veränderungen klarzukommen, als an einem Studium, um einen Abschluss zu erzielen. Abschlüsse verlieren vielleicht ihren hohen Wert, aber die Ausbildung wird entscheidend für die nötigen Entscheidungen sein, um sein Leben zu bewältigen. Ältere Menschen werden wieder an die Universität gehen, weil die Gesellschaft weniger die Jungen bevorzugt und sich mehr auf die Neuordnung der Umgebung konzentriert, um Komfort und Bequemlichkeit zu vergrößern. Peter Drucker schreibt in seinem Buch *Post-Capitalist Society*, dass der ausgebildete Mensch von Morgen ein Mittelding aus Intellektueller und Manager sein muss – ein Mensch, der in der Lage ist, das Wissen zum Wohl der Welt anzuwenden.[59]

5. Eine veränderte Haltung gegenüber der Arbeit

Wie wir bereits bemerkt haben, wird es einen Wechsel von der Arbeit als Identität zur Arbeit als Einkommen und Beitrag geben. Es wird einen endgültigen Wechsel von einspurigen Karrierewegen hin zu mehreren Laufbahnen geben. Die Begabungen werden vielschichtig und die Dauer an einem Arbeitsplatz kurz sein. Die meisten Menschen werden in ihrem Leben mehrere Laufbahnen durchlaufen. Es wird einen Wechsel von Vollzeitarbeit zu einer „Mappe" von Arbeiten geben. Handy meint, dass mehrere Teilzeitarbeiten, Vertragsarbeiten und ehrenamtliche Tätigkeiten zu einer Mappe von Verpflichtungen zusammengefügt werden.[60] Es werden mehr Menschen von Zuhause aus arbeiten, es wird mehr Telekommunikation geben, mit der Arbeitsumgebung in gewisser Entfernung vom eigentlichen Büro. Es wird auch mehr Frauen in der Leitung geben. Durch den neuen Führungsstil muss ein Netzwerk von Wissen und Arbeiten bewältigt und gefördert werden und hierfür hält man Frauen für geeigneter.[61] Es wird auch die gesteigerte Erwartung geben, dass die Arbeit so gestaltet wird, wie es für den Angestellten bequem ist. Niemand erwartet mehr, dass die Firma sich um das Leben ihrer Mitarbeiter kümmert. Wir müssen also für uns selbst sorgen, und die Firma muss in dieses Schema passen, wenn sie will, dass wir dort arbeiten. Ich sehe eine Zunahme an Artikeln über „Die Ich-GmbH" oder der Werktätige als freier Arbeiter. Wenn die Wirtschaftspropheten Recht behalten, wird dies der Trend für die Zukunft sein.

Jeremy Rifkin sieht eine zunehmende Arbeitslosigkeit voraus, weil die Menschen durch Maschinen ersetzt werden. Männer wie Frauen werden zu einer Reihe von neuen Kombinationen von Lohnarbeit und ehrenamtlichen Tätigkeiten gezwungen werden. Denn wir möchten sie weiter an den Vorteilen der Wirtschaft teilhaben lassen, ohne dass sie traditionelle Erwerbsarbeit leisten können. Wir müssen ihnen ebenso dabei helfen, in ihrem Beitrag Sinn zu finden.[62]

Es scheint klar, dass einige Menschen mit großem Wissen und Fähigkeiten sehr gefragt sein werden, wenn wir in diesem Jahrhundert vorwärts gehen. Sie werden freie Arbeiter sein, die in der Lage sind, hervorragende Verträge auszuhandeln. Es wird aber auch viele geben, die vom Strudel mitgerissen werden, wenn dieser Fluss der Veränderung vorbei rauscht. Die Arbeitswelt wird komplizierter werden, wenn die Menschen durch ihre Arbeit ihre Persönlichkeit ausdrücken, finanzielle Sicherheit suchen und mit dem Wechsel Schritt halten wollen.[63]

Hier sollte ich etwas über den geistlichen Dienst anmerken. Der Festredner auf der Abschlussveranstaltung eines angesehenen theologischen Seminars hat vor kurzem die in den Gemeindedienst gehenden Absolventen davor gewarnt, dass sie nicht länger einen in der Gesellschaft angesehenen Beruf innehaben. Die Kirche ist an den Rand gedrängt worden.[64] Weder die Kirche, noch der Pastor, noch das Seminar kann in der Welt von heute einen Status geltend machen. Das wird eine zunehmende Vieldeutigkeit der Rolle des Geistlichen in der Gemeinde und der Kirche in der Gesellschaft bringen.

6. Eine veränderte Haltung gegenüber dem Glauben

In der westlichen Welt wird es eine größere Toleranz gegenüber unterschiedlichen Religionen geben. Sogar unter den Christen wird es nach John Stott eine Herausforderung sein, in einer Welt, in der jeder Glaube und jede Religion gleich akzeptiert oder abgelehnt wird, die Einzigartigkeit Jesu Christi hochzuhalten.

Der regionale Schauplatz wird mehr Interesse bekommen als der Internationale. Die nordamerikanische Kirche könnte sich mehr in die Missionierung der Städte in Nordamerika verwickelt sehen, als in die traditionelle überseeische Auslandsmission. Die Unterstützung wird dorthin gehen, womit man sich vor Ort „identifizieren" und woran man teilnehmen kann. Wir sehen das bereits an Gemeinden, die auf eine „lokale" Form der theologischen Ausbildung drängen, die von Geldmitteln vor Ort unterstützt wird.

Doch selbst wenn der Zerfall der traditionellen religiösen Strukturen zunehmen wird, gibt es doch auch eine stark gestiegene Sinnsuche – eine Suche nach persönlicher Spiritualität und einer persönlichen geistlichen Erfahrung. Die Säkularisierung der Gesellschaft wird weiter dominieren, aber – wie Darrell Guder sagt – die Menschen werden „auf geistliche Art säkular" sein.[65] Sie werden nach einem Glauben suchen, der ihnen Hoffnung und Freude in einer Zeit der Veränderung und Unsicherheit gibt. Nicht den Inhalt der Botschaft, aber die Art der Vermittlung muss die Kirche reformieren, um in dieser sich ändernden Welt für Christus zu leben.

Die Zukunft wird eine Zeit des Wechsels sein. Für viele wird sie auch ein Trauma bringen, weil Veränderung auch Verlust bedeutet und Verlust betrauert werden muss. Aber die Zukunft bietet auch großartige Möglichkeiten. Als christliche Führungskraft kennen wir das wirklich Dauerhafte, nach dem die Menschen in einer Zeit von Chaos und Wechsel suchen – eine Beziehung zu Gott in Christus, die Hoffnung, Freude und Optimismus für die Zukunft bringen muss.

Die Frage ist: Werden wir in der Lage sein, unsere Vision zu überarbeiten und unsere Strategien zu verändern, wenn es nötig ist, um diese sich verändernde Zukunft ansprechen zu können?

Planen heißt, seine Vision leben

Die Vermittlung der Vision könnte die wichtigste Einzelaufgabe sein, die eine Führungskraft hat. Die Führungskraft hütet die Vision, den Auftrag, den Grund, warum die Kirche oder Organisation für die Menschen gegründet wurde. Sie fragt ständig, was wir heute und morgen tun müssen, um diese Vision zu leben.

Vor kurzem verbrachte ich an der Universität von Calgary drei Tage mit einem Volkswirt. Wie die meisten Autoren von Leadership-Literatur war er der Ansicht, dass wir ein neues Paradigma haben. Volkswirte können nicht mehr aufgrund von traditionellen Planungs- oder Wirtschaftsmodellen vorhersagen, was morgen sein wird. Sie können in keiner Weise mehr von der Gegenwart auf die Zukunft schließen. Im Wesentlichen ist er pessimistisch. Die Menschen fürchten sich. Sie sehen, dass ihnen die Wirtschaft wenig Sicherheit für die Zukunft bietet. Sie sehen die zunehmende Brutalität. Sie sehen eine verfremdete Jugendkultur mit einer zunehmenden Offenheit für den Selbstmord. Sie sehen, wie die Moral entwurzelt wird und ins Schwimmen kommt. Sie brauchen Hoffnung! Das ist die Rolle der Vision, der Planung in unseren Kapitalgesellschaften, Kirchen und Organisationen.

Doch Planung, Management und Technologie können nicht die Zukunft bewirken. Sie können nicht einmal eine bessere Zukunft garantieren. Im besten Fall kommen wir vielleicht in die Nähe des Idealzustands. Aber sie können uns verstehen helfen, wer wir sind und was wichtig für uns ist. Es kann unsere Aufmerksamkeit weg von uns auf den Horizont lenken und uns helfen, die Vision einer Welt zu sehen, in der Gott am Werk ist. Vielleicht immer noch eine Welt, die nach unseren bisherigen Maßstäben zerfällt – aber eben eine Welt, in der Gott noch wirkt! Und eine Welt, in der wir immer noch dazu berufen sind, die liebende Gegenwart Christi in unserer Mitte zu leben.

Jürgen Moltmann sagt, dass Planung Hoffnung bringt und der Versuch ist, die Geschichte in eine gottgemäße Richtung zu lenken.[66] Ich bin nicht sicher, inwieweit wir die Geschichte beeinflussen können, aber ich glaube, wir sind dazu berufen, das zu leben, woran wir glauben und dort wahrhaftig zu sein, wo wir sind – oder besser: die Wahrheit darüber zu sagen, wer in einer sich verändernden Welt Gott ist.

Wir brauchen eine erneuerte Vision für unsere Führung, die eine Hoffnung bietet, die unseren Charakter formt, Wegweisung bietet und den Menschen Würde verleiht, die wir beeinflussen möchten. Das ist immer wahr, unabhängig von der Organisation, die wir führen.

Das Modell einer Planung

Eine der wichtigen Aufgaben der Führung ist die Vermittlung einer Vision. Wir müssen die Menschen auf eine Zukunft weisen, die sie heute für das Morgen vorantreibt und ihr gegenwärtiges Leben bestimmt. Lassen Sie mich ein praktisches Modell für eine strategische Planung vorschlagen. Dabei möchte ich mich besonders auf die Entwicklung eines Szenarios oder einer visionären Aussage konzentrieren.

Das Planungsmodell, das mein Denken bestimmt, ist eine simple Auflistung von zehn Fragen. Sie bieten, wenn man mit ihnen in einer Organisation ringt und sie sich zu Eigen macht, eine Vision und auch einen Plan, diese Vision in die Tat umzusetzen. Diese zehn Schritte zu einer Vision lauten:

1. Wer sind wir?
2. Was ist für uns wichtig?
3. Wo stehen wir in der Welt?
4. Wo wären wir gerne?
5. Was können wir tun?
6. Wie sollten wir es tun?

7. Wann werden wir es tun?
8. Wer wird es tun?
9. Was machen wir im Moment?
10. Hat Gott das gefallen?

Die ersten vier Fragen sind Fragen der strategischen Planung. Die nächsten vier sind Fragen der Betriebsplanung und des Managements. Die letzten beiden Fragen dienen der Bewertung und Überprüfung. Die zehn Fragen bauen aufeinander auf und sind zyklisch, sodass die Antworten auf die Fragen neun und zehn uns wieder zu Frage eins, zwei und drei bringen. Lassen Sie uns nun diese zehn Schritte gehen.

Wer sind wir? (Strategische Planung)

Die erste Aufgabe von Führung ist die Vermittlung einer Vision. Das beginnt mit der Aufgabenstellung der Mission. Was ist Ihre Mission? Die Mission ist die einzigartige Berufung oder das Kennzeichen der Organisation, die von der Geographie oder dem Standort, den Werten, Überzeugungen, angebotenen Diensten, vorhandenen Mitteln, der Zielgruppe, der man dient usw. bestimmt wird. Die Mission ist das, was Sie von jeder anderen Organisation, die Ihnen ähnelt, unterscheidet. Sie erklärt, warum Sie die Mittel so nutzen, wie Sie es tun.

1. Was ist eine Aufgabenbeschreibung?

Die Aufgabenbeschreibung ist eine knappe Beschreibung Ihrer Organisation, die Ihre vorrangigen Ziele und Kennzeichen nennt. Sie beantwortet die grundlegenden Fragen: Wer sind wir? Was machen wir? Was möchten wir gerne tun? Und wenn: wie möchten wir es tun? Sie ist der letzte Maßstab oder Standard, an dem alle organisatorischen Entscheidungen und Handlungen gemessen werden. Sie ist eine Begründung Ihrer Existenz.

Können Sie Ihre Kennzeichen nennen? Können Sie heute in einem Absatz eine Erklärung über die Mission Ihres Unternehmens oder Ihrer Kirche abgeben, die Sie von allen anderen unterscheidet? Eine Erklärung über die Mission, die *Ihnen* Hoffnung gibt und Sie für den Dienst begeistert? Eine Erklärung über die Mission, die von den Menschen in Ihrer Organisation auch als Aussage über Ihre Mission anerkannt werden?

2. Wozu braucht man eine deutliche Aufgabenbeschreibung?

Zunächst einmal *stellt sie klar, wer wir sind*. Sie ist die Charta oder das Mandat, um das herum sich die Kirche oder das Unternehmen organisiert. Sie verdeutlicht, wie das Unternehmen oder die Kirche als eine einzigartige Gemeinschaft in das größere Schema von Dingen passt. Edgar Schein, der Autor von *Organizational Culture and Leadership* meint, dass die Erklärung über die Mission das Problem des nackten Überlebens von Unternehmen anspricht. Diese Erklärung nennt die Dinge, die entscheidend für unsere Existenz sind und deren Verlust wir nicht akzeptieren könnten.[67] Wir würden lieber unser Geschäft als diese Dinge aufgeben. Die Erklärung über die Mission zeigt unseren Wettbewerbsbereich und verleiht Zutrauen in unsere Identität. Das macht eine Zusammenarbeit mit anderen Unternehmen und Kirchen möglich.

Ich beschäftige mich oft mit der Angst, die Christen vor der Zusammenarbeit mit anderen Institutionen im Reich Gottes haben, die anders in Bezug auf Glauben, Lebensstil oder gesellschaftliche Anwendungen denken. Ein starkes Bewusstsein für eine Identität und Mission ermöglicht es einer Organisation, mit anderen unterschiedlichen Organisationen zusammenzuarbeiten. Denn dann muss sie nicht befürchten, ihre grundlegenden Merkmale zu verlieren.

Und zweitens ist die Erklärung über die Mission *das letzte Ziel oder der Standard, an dem alle Entscheidungen der Organisation und alle Zuteilungen an Geld und Material bewertet werden*. Alle Planung dreht sich um die Mission. Sie ist der Kern jeder Entwicklung einer Strategie. Stellen Sie sich vor, ich würde Ihnen 500.000 Euro geben, um etwas Neues zu beginnen. Wo würden Sie dieses Geld einsetzen? Die Erklärung über die Mission lenkt die Planung und den Prozess der Durchführung. Sie steuert Entscheidungen über Ausmaß und Form. Sie sagt uns, mit welchen Möglichkeiten oder Gefahren wir rechnen müssen. Sie soll die Frage beantworten: Woran erkennen Sie Ihren Erfolg oder Ihre Zuverlässigkeit? An nachprüfbaren Ergebnissen oder am bloßen Überleben?

Woran erkennen Sie Ihren Erfolg oder Ihre Zuverlässigkeit? An nachprüfbaren Ergebnissen oder am bloßen Überleben?

Drittens gibt die Erklärung über die Mission *denen Sinn, die in dieser Organisation arbeiten.* Sie verleiht ihrer Arbeit Wert und einen Zweck. Sie lenkt unser Handeln, verleiht ihm ein Gefühl, dass es geeignet ist oder dazu gehört. Sie wird der Kern einer Kultur, die sich bildet, wenn die Organisation reifer wird. Sie gibt eine Antwort auf die Frage: Was wird erreicht, wenn ich mich für Ihre Mission einsetze?

Viertens: Die Erklärung über die Mission *vermittelt eine Botschaft an die Menschen außerhalb Ihrer Organisation.* Sie zeigt denen, die Ihre Dienste in Anspruch nehmen oder an Ihren Veranstaltungen teilnehmen, auch den Organisationen, mit denen Sie zusammenarbeiten und denjenigen, die Ihr Programm und Ihren Dienst finanziell unterstützen, wer Sie sind.

Organisatorisch gesehen ist die Erklärung über die Mission die Grundlage einer Vision. Führungskräfte halten eine Vision hoch, die von den Werten der Organisation geformt und mit Ergebnissen verbunden ist, die etwas verändern.

3. Was macht eine gute Erklärung über die Mission aus?
Sie sollte kurz und prägnant, lesbar und verständlich sein und weniger als eine Seite umfassen. Sie muss nicht in Stein gemeißelt werden. Weil sie nicht kontinuierlich verändert wird, muss die Erklärung regelmäßig überprüft und wenn nötig verbessert werden. Sie sollte einige grundsätzliche Fragen über die Organisation beantworten. *Warum existieren wir?* Welche Bedürfnisse müssen wir beachten? Welchem „Geschäft" gehen wir nach? Wir neigen dazu, uns auf das zu konzentrieren, was wir tun, und nicht auf die Ergebnisse, die wir erreichen wollen. In vielen Managementbüchern wurden deshalb gern die Eisenbahngesellschaften kritisiert, weil diese glaubten, sie wären im Eisenbahngewerbe, wo sie doch im Transportgewerbe tätig sind. Japanische Autohersteller nennen als ihre Mission eindeutig den Transport. Einige entwickeln strategische Pläne für die nächsten 250 Jahre mit Gruppen, die nun darüber sprechen, wie man von einem Planeten zum anderen reisen kann.

Aber wieder zurück zu Ihnen: Ist Ihre Gemeinde ein Ort der Predigt oder ein Zentrum, um das nötige Rüstzeug zu bekommen? Wir neigen alle dazu, das weiter zu tun, was wir vorher gut gemacht haben, und fragen nicht, ob wir damit noch einen Bedarf decken. Stellen Sie Peitschen für Kutschen her oder Starter für Automobile? Eine gute Erklärung über die Mission zeigt uns den Bedarf, den wir ansprechen. Sie befähigt uns, der Versuchung zu widerstehen, sich auf das zu konzentrieren, was wir tun, als wäre dies unsere Mission.

Zugleich sollte die Erklärung die Frage beantworten: *Was tun wir?* Das kann sehr gut Ihr Merkmal sein. Aber wenn das, was Sie tun, die Produktion von Peitschen für Kutschen ist, dann wird Ihr Angebot künftig allerhöchstens ein Nischendasein fristen! Was ist unser wichtigstes Produkt oder unser wichtigster Service? Ausbildung? Gottesdienste? Fürsorge? Evangelisation? Soziales Interesse? Zurüstung? Predigt? Irgendwelche Dinge? Was treibt uns an? Was für Dienste haben wir? Was möchten wir vielleicht sonst noch tun? Gibt es noch etwas, das wir tun sollten?

Wem dienen wir? Wer sind unsere Kunden? Kirchen kämpfen mit dieser Frage. Dienen wir unserer Konfession, den Gliedern unserer Gemeinde, den Geistlichen oder denen in unserer Umgebung, die keine Beziehung zu Gott haben? Wer ist unser Kunde? Wer kommt zu unseren Veranstaltungen? Von wem hätten wir gerne, dass er kommt? Warum kommen die Leute zu uns?

Es ist für Kirchen und theologische Seminare einfach, wenn sie darauf stolz sind, nicht vom „Markt bestimmt" zu sein. Sie behaupten dann, dass sie mehr Wert darauf legen, „treu" zu sein, als „erfolgreich". Das ist schön, wenn es nicht bloß die Realität vertuscht, dass wir anderen Marktgesetzen unterworfen sind (an Ausbildungsstätten: der Lehrkörper; in Kirchen: den Ältesten oder wichtigsten Mitgliedern der Gemeinde). Es ist falsch, wenn wir unsere Glaubenstreue als Entschuldigung dafür benutzen, um das weiter zu tun, was wir tun möchten und nicht alles kritisch an unserer Mission, unserer eigentlichen Aufgabe prüfen.

Wir sollten unsere Glaubenstreue nicht als Entschuldigung dafür benutzen, immer im alten Trott weiter zu machen.

Was sind die einzigartigen Stärken unserer Organisation? Über welche besonderen Mittel verfügen wir? Warum wir? Worin unterscheiden wir uns von Organisationen, die uns ähnlich sind? Ist die Art, wie wir etwas tun und was wir tun einzigartig und passt es zu unserer Mission? Wo liegen unsere Grenzen? Was ginge verloren, wenn es uns nicht mehr gibt? Wer würde uns vermissen, wenn wir heute schließen würden? Wer würde unsere „Kunden" bedienen? Dies sind einige der Fragen, die eine gute Erklärung über die Mission ansprechen könnte.

Die Erklärung über die Mission kann auch theologische Merkmale einschließen, ebenso ethnische oder kulturelle Merkmale,

Überzeugungen und Werte der Organisation (ich plädiere hier allerdings für eine davon getrennte Erklärung) und jede wichtige philosophische oder charakterliche Eigenschaft.

Wer würde uns vermissen, wenn wir heute schließen würden?

Es gibt keine alleinige „richtige" Form für eine Erklärung über die Mission. Es gibt auch nicht ein alleiniges Beispiel. Sie ist ein Werkzeug für die Organisation. Sie sollte eine Form haben, die in Ihrem Unternehmen funktioniert. Was Sie brauchen, ist ein Schriftstück, das die Mission beschreibt, an die Sie glauben und mit der sich Ihr Leitungsteam identifiziert. Ihre Mitglieder müssen sie mittragen und Ihre Zielgruppe sie verstehen und unterstützen.

Wir müssen verstehen, wer wir sind, ehe wir das überprüfen können, was wir tun. Dies ist eine Frage der Ordnung und der Bereitschaft, Rechenschaft abzulegen. Haben Sie eine Vision für Ihr Unternehmen, die Hoffnung verleiht und Sie in die Zukunft führt? Vermitteln Sie diese Vision mit allem, was Sie tun? Geben Sie Ihren Leuten Hoffnung? Wenn ich am Regent College eine Ansprache halte, unterstreiche ich für gewöhnlich sowohl unsere Mission, dem ganzen Volk Gottes theologische Ausbildung anzubieten, als auch die Realität, dass Gott sichtbar in unserer Mitte wirkt und das Leben unserer Studenten verändert.

Das sich konzentrieren auf die Vision hält uns an, entscheidende Fragen über unsere Identität zu stellen. Wir bleiben so nicht einfach bei dem, was wir immer getan haben. Nehmen Sie die Kirche als Beispiel. Was muss die Kirche sein, um Menschen des 21. Jahrhunderts zu Gott zu führen? Eine kürzlich veröffentlichte Studie der kanadischen Kirche zeigt, dass 60 % der Kanadier an Gott, Christus, an die Auferstehung und die Bibel glauben. Es haben jedoch nur 2 bis 4 % irgendeine Verbindung zu einer der bestehenden Kirchen. Vielleicht brauchen wir eine neue Vision für die Kirche, mit neuen

Modellen, um diese weit über 50% „nichtkirchlichen“ Christen dazu auszurüsten, in dieser Welt für Christus zu leben.

Eine Vision hält dazu an, Fragen nach Erneuerung oder Erweckung zu stellen! Darum geht es bei Führung. Es geht darum, Sie selbst und Ihre Leute für das zu begeistern, was Gott durch Sie in den kommenden Jahren bewirken wird.

Was ist für uns wichtig? (Strategische Planung)

Die zweite Frage bei unseren zehn Schritten zu einer Vision richtet unsere Aufmerksamkeit auf einen oft nicht beachteten Aspekt im Planungsprozess: die Rolle der Kultur des Unternehmens für das Leben und die Zukunft der Organisation. Ich möchte im nächsten Kapitel eine detaillierte Antwort auf diese Frage geben, wenn ich über die Einflussnahme durch Werte spreche. Lassen Sie mich jetzt zusammengefasst sagen, dass jedes Unternehmen eine Reihe von versteckten Voraussetzungen hat, die die wirklichen Überzeugungen des Unternehmens widerspiegeln und sich im Verhalten dieser Organisation zeigen. Dabei spielt es keine Rolle, ob sie in der offiziellen Aussage über die Werte erwähnt werden oder nicht. Eine der wichtigsten Aufgaben von Führung ist es, einen vorhandenen Satz an Werten in solch einer Weise zu lehren, vorzuleben und zu stärken, dass dies die gemeinsamen Werte des ganzen Unternehmens werden und sie in der Kultur des Unternehmens verankert werden. Diese Werte zusammen mit der Mission verleihen der Vision, die wir anbieten, Gestalt und eine Seele. Dieser Bereich ist eine persönliche Leidenschaft von mir. Wir werden darauf zurückkommen.

Eine der wichtigsten Aufgaben von Führung ist es, einen vorhandenen Satz an Werten in solch einer Weise zu lehren, vorzuleben und zu stärken, dass dies die gemeinsamen Werte des ganzen Unternehmens werden

und sie in der Kultur des Unternehmens verankert werden.

Wo stehen wir in der Welt? (Strategische Planung)

Das ist die Frage, bei der wir forschen müssen. Sie wird oft auch die Situationsanalyse genannt. Dies ist der Punkt, wenn im Planungsprozess jeder Aspekt des Unternehmens im Licht der Mission und der Werte des Unternehmens betrachtet und die Stärken und Schwächen des Unternehmens, seine Möglichkeiten und Aufgaben bewertet werden. Die Beantwortung dieser Frage führt normalerweise im Unternehmen zu einer Überprüfung der Umgebung – einer externen Überprüfung – und auch zu einer Überprüfung des Unternehmens – einer internen Überprüfung.

1. Die Überprüfung des Umfelds

Bei der Überprüfung des Umfelds betrachten wir *soziale Trends und demografische Informationen*, die vielleicht für die Durchführung unserer Strategie wichtig sind. Was geht in der Welt von heute vor? Was hat sich geändert, seit wir das letzte Mal unsere Situation bewertet haben? Wie könnten sich die Dinge im nächsten Jahrzehnt ändern? Wie könnten die Veränderungen in unserer Umgebung uns beeinflussen? Wir betrachten genau diejenigen, denen wir dienen möchten, unserer Zielgruppe oder unseren „Kunden". Was „kaufen" sie? Wodurch könnte sich dies ändern? Warum kommen sie zu unseren Veranstaltungen? Was wird hier ausgetauscht? Wann nehmen sie teil? Wie treffen sie die Entscheidung, wirklich teilzunehmen? Wo nehmen sie teil? Wie nehmen sie uns wahr? Ähnlich betrachten wir unsere vorrangigen Quellen der Unterstutzung und fragen die gleichen Fragen.

Nun ist es an der Zeit, unser ganzes Publikum oder unsere Zielgruppe aufzulisten, deren Einstellung und Verhalten die Durchführung unserer Strategie beeinflussen könnte. Welche Leute aus dem Publikum haben den größten Einfluss? Warum üben sie Einfluss auf die Organisation aus? Was sind ihre Ziele und Gründe für ihre Sorge um unsere Organisation? Wodurch könnte sich das ändern? Wie nehmen sie uns wahr?

Bei der Überprüfung des Umfelds blicken wir auch auf unsere Konkurrenten. In christlichen Kreisen ist diese Sprache nicht beliebt, aber ich spreche von allen anderen Organisationen, die unseren angenommenen „Kunden" oder Teilnehmern ähnliche Dienste anbieten. Wer sind also unsere größten Mitbewerber? In welcher Weise konkurrieren sie mit uns? Was sind ihre Stärken und was ihre Schwächen?

Und zuletzt: Die Überprüfung der Umgebung betrachtet auch die Art, wie veränderte Technologie vielleicht die Mission des Unternehmens beeinflusst. Sie zeigt den Bedarf, den das Unternehmen deckt, die Dienste, die das Unternehmen anbietet und die Strategie, die das Unternehmen anwendet.

2. Die Überprüfung des Unternehmens

Die Überprüfung des Unternehmens oder interne Überprüfung konzentriert sich auf *Veranstaltungen und Dienste*. Jede Veranstaltung, jeder Dienst und jede Aktivität Ihrer Organisation sollte aufgelistet werden. Wie wichtig ist diese Aktivität für die Mission, die eigentliche Aufgabe des Unternehmens? Wird der Bedarf, der durch diese Tätigkeit gedeckt wird, in fünf Jahren noch von Bedeutung sein? Ist das Niveau, auf dem dieses Bedürfnis gestillt wird, ein gutes Resultat für den Einsatz von Kraft und Mitteln des Unternehmens?

In ähnlicher Weise wird bei der Überprüfung des Unternehmens jede Abteilung und im Idealfall jede Position im Unternehmen in Bezug auf ihren Beitrag zur Mission und den Werten hin überprüft. Ist dies eine gute Gegenleistung für die Mission, die uns alle zusammenhält?

Aus diesen zwei Untersuchungen zieht das Führungs- und Planungsteam die entscheidenden Fragen, die im Unternehmen angesprochen werden müssen, wenn es in die Zukunft geht. Das können Fragen nach der Richtung, den vorhandenen Mitteln, der Belegschaft und den Möglichkeiten sein. Sie werden – meist mit Alternativen – als Fragen genannt, die in die laufende Planung miteinbezogen werden müssen.

Die Überprüfung des Umfelds und des Unternehmens sind oft die Teile des Planungsprozesses, die die meiste Zeit in Anspruch nehmen. Aber sie sind wichtig. Sie bewahren uns davor, dass die Planung einfach eine unkritische Übertragung der Gegenwart in die Zukunft wird. Und sie sorgen für den nötigen Realismus für die Vision. Für eine Vision, die Hoffnung vermittelt, muss ich in realistischer Weise von der Situation ausgehen, in der wir uns heute befinden. Nur dann kann sie uns über die Gegenwart hinaus in die Zukunft weisen.

Wo wären wir gerne? (Strategische Planung)

Auf dieser Etappe im Planungsprozess beginnt die Vision, Form anzunehmen. Dies ist der Teil, der Spaß macht. Indem man ein Mittel des Managements benutzt, das man Szenario nennt, wird eine Vision entworfen und diskutiert. Nach einem kurzen Blick auf die restlichen der zehn Schritte werde ich im letzten Teil dieses Kapitels wieder auf die Entwicklung diese Szenarios, einer visionären Aussage, zurückkommen. Es ist eine Vision für die Zukunft, die Sie begeistert, eine Zukunft, in der die Mission und die Werte Ihrer Kirche oder Ihres Unternehmens in glänzender Weise gelebt werden. Sie beschreibt eine Zukunft, welche die Wünsche und Bedürfnisse von heute anspricht und sieht, wie unsere Organisation etwas verändert. (Fortsetzung siehe auch S. 136, Das Szenario)

Was können wir tun? (Betriebsplanung)

Mit dem Schaffen und der Identifikation des Unternehmens mit dem Szenario oder der Vision ist der Prozess der strategischen Planung abgeschlossen. Hier schlage ich vor, dass das Führungsteam die Sache übernimmt und die Vision in einen Plan für das Unternehmen für die nächsten fünf Jahre übersetzt.

Die erste Frage, die das Team beantworten muss, lautet: Was können wir angesichts dieser Vision für unsere Zukunft tatsächlich in den nächsten fünf Jahren tun? Hier muss es sich an die Arbeit machen und die Ziele des Szenarios und die entscheidenden Fragen aus den Überprüfungen mit der Realität der finanziellen und anderen Planungen abwägen. So können sie Entscheidungen treffen, was tatsächlich in den nächsten fünf Jahren getan werden kann.

Am Regent College nennen wir dies den finanziellen Fünfjahresplan. Wir planen ein realistisches Budget für unsere Strategien ein, die wir kurzfristig entwickeln möchten. Dann prüfen wir das Budget durch die Vision und reden bei der Auswahl der Strategien realistisch über die Zwänge des Budgets. Das ist der entscheidende Punkt. Es ist eine weitere Pflicht, für die Führungskräfte schließlich bezahlt werden. Hier werden die schweren Entscheidungen getroffen, um festzulegen, was wir in jedem der nächsten fünf Jahre erreichen können. Denn auf die gemeinsame Vision können wir uns nur bei einem verantwortungsvollen Umgang mit den Finanzen zubewegen.

Wie sollten wir es tun? (Betriebsplanung)

Das Aufstellen eines Fünfjahresplans führt zu einer Zahl an ausgewählten Strategien, mittelfristigen Zielen, Vorhaben und Aktivitäten. Sie sollen in jedem der kommenden Jahre die Art bestimmen, wie wir unsere Mission und unsere Werte umsetzen. Zum Beispiel könnten wir in Regent als Unterstützung unserer Verpflichtung aufgrund unserer Mission, die Laienschaft zuzurüsten, eine besondere Strategie auswählen, um dies im nächsten Jahr zu verwirklichen. Die Auswahl dieser Strategie hat finanzielle Auswirkungen. Das kann bedeuten, dass wir andere Strategien für einige Jahre verschieben müssen. Diese Art Entscheidungen muss die Führung an diesem entscheidenden Punkt treffen.

Wann werden wir es tun? (Betriebsplanung)

An diesem entscheidenden Punkt werden die ausgewählten Strategien für den Zeitrahmen des finanziellen Fünfjahresplans genannt. Diese Strategien sollten in Bezug auf die wichtigen Vorhaben in jedem Jahr definiert werden. Dazu wird ein Jahresplan aufgestellt, der auch seinen Ausdruck in einem Jahresbudget findet.

Sie haben wahrscheinlich bereits ein Dutzend von Definitionen für Vorhaben gehört, aber lassen Sie mich es doch noch einmal definieren. Vorhaben sind erklärte Stufen der Leistung oder Wirksamkeit, die realistische Schritte auf dem Weg der Erfüllung der Mission und der Werte des Unternehmens darstellen. Bei ihnen sollte es sich um ergebnisorientierte Aussagen handeln. Ihre Erfüllung sollte nachvollziehbar sein, damit wir wissen, wann sie erreicht wurden. Und schließlich sollten Vorhaben mit einem System der Belohnung verbunden werden. Anerkennung (Dank) oder Belohnungen sollten direkt an die erfolgreiche Erfüllung der zugeteilten Vorhaben gebunden sein, weil die wichtigen Vorhaben die Zeitschiene darstellen, die den Prozess strategisch in Übereinstimmung mit dem Szenario – der gemeinsamen Vision – am Laufen hält.

Wer bringt uns dorthin? (Betriebsplanung)

Delegieren. Die meisten Pläne versagen genau an diesem Punkt. Wir haben keinen wirklich funktionierenden Plan, wenn nicht jedes

Vorhaben von jemandem übernommen wurde, der die Verantwortung übernimmt, dass es angefangen und vollendet wird. Bei dieser Person wird vorausgesetzt, dass sie die Ergebnisse akzeptiert, die durch diese Vorhaben erzielt werden sollen und flexibel genug ist, ihr Handeln zu verändern, was nötig ist, um diese Ergebnisse zu erzielen. Das ist Delegierung. Es ist der Punkt, an dem sich der Plan von einer gemeinsamen Vision zu eigenen Taten bewegt.

Was machen wir im Moment? (Bewertung und Überprüfung)

Rechenschaft ablegen. Bei dem neunten Schritt zu einer Vision geht es tatsächlich um Bewertung und Überprüfung. Er ist die Feedback-Schleife, die uns zeigt, ob uns die Handlungen unserer Organisation wirklich in Richtung unserer Vision bewegen oder nicht. Diese Rückkopplung geschieht von zwei Seiten. Die Informationen über den Erfolg und die Effektivität der Strategie kommen zum Leitungsteam zurück und werden bei der Betriebsplanung berücksichtigt, wenn wir entscheiden, was wir die nächsten fünf Jahre tun. Die Folgen dieses Feedbacks für die Mission – erfüllen wir wirklich unsere Mission mit dieser Strategie? – wird von der Führung bei der strategischen Planung berücksichtigt, wenn wir wieder auf unsere Mission blicken: wer wir sind und wo wir hin möchten.

Hat dies Gott gefallen? (Bewertung und Überprüfung)

Die letzte Frage ist die größte und sie ist strategisch. Sie ist auch prüfend und bringt uns zurück zu unserer Vision – unserer Mission und unseren Werten. Erfüllen wir die Mission, zu der uns Gott berufen hat? Tun wir dies in einer Weise, die die Werte, zu denen wir vor Gott verpflichtet sind, widerspiegelt? Hat die Erfüllung unserer Vision die Menschen zu Gott geführt? Haben sie die Gegenwart Christi in unserer Mitte gespürt?

Unser Planungsprozess kann effektiv sein und unsere Unternehmen oder Kirchen aktiv und am Leben erhalten. Aber wenn unsere Vision nicht von Gott inspiriert ist – wenn unsere Werte nicht durch die Gegenwart Christi geformt werden und unsere Strategien nicht die Menschen zu Gott führen –, dann haben wir versagt und sollten vielleicht besser dichtmachen. Planung ist eine Methode, eine Vision in die Realität umzusetzen. Es ist ein Weg, andere in eine gemeinsame Vision mit einzubeziehen. Es ist auch die Zeit, auf Gott zu hören. Wir wollen sehen, was Gott in unserer Mitte tut und zulassen, dass unsere Vision durch seinen Geist geformt wird.

Das Szenario: Eine hoffnungsvolle Vision

Wie ich bereits früher gesagt habe, ist die Aussage zur Vision oder das Szenario ein Bild davon, wie unsere Organisation aussehen könnte, wenn die Mission und die Werte in der Zukunft umgesetzt sind. Dies ist der Teil des Planungsprozesses, der Spaß macht. Es ist auch einer der wichtigsten Teile. Ich neige dazu, ihn als den Höhepunkt im Planungsprozess zu bezeichnen. Angesichts der Mission, der Geschichte, den Werten, vorhandenen Mitteln und der Umgebung unserer Organisation ist dies der Ort, an dem die Zukunft geschaffen wird. Hier findet Veränderung statt.

Ein Szenario ist ein erzähltes Bild Ihrer Gemeinschaft oder Ihres Unternehmens in der Zukunft. Es ist die Präsentation einer Möglichkeit, wie die Zukunft aussehen könnte. Ein Szenario ist eine positive und verständliche Beschreibung Ihrer Zukunft, einschließlich der Dienste, Veranstaltungen, Service und Produkte – alles am richtigen Ort –, und den Ergebnissen dieser Aktivitäten. Es ist ein Werkzeug zur Planung, das geschaffen wurde, um die Optionen für die Zukunft klarzustellen und die Organisation oder Gemeinschaft zur Übereinstimmung mit und Aneignung von dieser Zukunft führt. Ein Szenario ist eine Glaubensaussage – eine Vision davon, wie wir Gott in unserer Zukunft wirken sehen.

Erst muss das Planungsteam oder die Führung alles bewerten und sich auf die Mission ausrichten. Es muss die grundlegenden kulturellen Voraussetzungen und Werte der Institution bekräftigen, die Stärken, Schwächen und internen Mittel beurteilen. Das Umfeld einschließlich der den Dienst beeinflussenden Trends, muss kritisch bewertet und die entscheidenden Fragen, die eine Lösung erfordern, müssen genannt werden. Wenn dies alles getan ist, muss diese Information in ein Bild für die Zukunft übersetzt werden. Diese Bilder oder Szenarien helfen dem Planungsteam und der Führung, die Richtung (Ziele) zu bestimmen, die wir angesichts der Zwänge aus Mission, Werten, vorhandenen Mitteln und Umgebung erreichen wollen.

Was ist der Zweck eines Szenarios?

Warum sollen wir uns die Zeit nehmen, ein Szenario zu entwerfen? Hierfür gibt es fünf Gründe:

1. Ein Szenario weist der Organisation die Richtung

Es hilft den Entscheidungsträgern deutlicher zu sehen, was sie gewählt haben. Es zeigt die Ergebnisse einer Entscheidung, die heute getroffen wurde.

2. Ein Szenario ist die Grundlage für die Anstrengungen der Organisation

Wenn ein Szenario oder eine visionäre Aussage angenommen und als Wegweisung akzeptiert ist, auf die sich die Gemeinschaft festlegt, dann wird das Szenario in Ziele und Vorhaben übersetzt, um Mittel und Kräfte der Organisation zuzuteilen. Wenn die Vision des Regent College für das 21. Jahrhundert ist, eine internationale Hochschule für den pazifischen Raum zu sein, dann wird diese Entscheidung dazu führen, dass wir uns nicht mehr vermehrt in Europa und Afrika engagieren. Stattdessen werden wir Geld und Energie in eine Ausweitung unseres Dienstes und Programms in Asien stecken.

3. Ein Szenario ist ein hervorragendes Hilfsmittel zur Mitteilung, Motivation und Bildung eines Konsenses

Es ist weitaus einfacher, sich von einem guten Szenario begeistern zu lassen, als von einer Liste von Zielen und Vorhaben. Ziele und Vorhaben werden bei der Planung ausgearbeitet und enden im Regal, außer dass sie bei der Funktionskontrolle der Führung eine wichtige Rolle spielen. Aber die Szenarien, die visionären Aussagen, die die Vorstellungen aufgreifen und den Geist anregen, bleiben lebhafte und lebendige Dokumente. Sie verdeutlichen den Menschen innerhalb und außerhalb unserer Organisation unsere Vision. Das Szenario zeigt den Leuten, wohin wir gehen. Und weil es Enthusiasmus verbreitet, motiviert es die Leute in der Organisation. So werden die nötigen Dinge getan. Dann werden auch die Leute außerhalb ermutigt, die nötige Unterstützung zu bieten und an den Veranstaltungen und Diensten teilzunehmen. Noch einmal: Es ist leichter, mit einer begeisternden Vision zu einem Konsens zu kommen als mit besonderen Zielen und Vorhaben.

4. Ein Szenario kann vor einer unkritischen Übernahme von gegenwärtigen Trends bewahren

Peter Drucker weist darauf hin, dass es für Planer nur allzu einfach ist, Ziele zu formulieren, die einfach die gegenwärtigen Trends weiterführen. Er schreibt, dass Führungskräfte es vermeiden müssen, Mittel für die Bewahrung der Dinge von gestern bereitzustellen.[68] Szenarien können über gegenwärtige Trends in die Zukunft springen und notwendige Fragen über die langfristige Gültigkeit von manchen Trends aufwerfen.

5. Durch Szenarien lassen sich Veränderungen besser einführen
Weil sie „in die Ferne“ schauen sind sie anregend und nicht bedrohlich. Die Menschen können mit Fragen umgehen, die „akademisch“ – theoretisch – gestellt werden, ohne schon jetzt den Schmerz des Wechsels zu spüren. Ich blicke gerne mit meinen Szenarien zehn bis fünfzehn Jahre in die Zukunft. Das hilft den Mitarbeitern, die sich davor fürchten, dass eine etwaige Änderung sie heute schon betreffen würde. Aber durch etwas, das geschehen wird, wenn sie schon weg sind, fühlen sie sich nicht bedroht! Fünfzehn Jahre in der Zukunft ist für die meisten Menschen kein bedrohlicher Zeitpunkt. Sie können deshalb sachlich über die Dinge sprechen, die damit verbunden sind. Interessanterweise werden sie, wenn sie sich diese Vision „von ganz weit weg“ zu Eigen gemacht haben, die Dinge sofort in Angriff nehmen. Es verändert ihre Perspektive.

Ich habe einmal ein Jahr lang als Planungsberater für eine Konfession an der Westküste der USA gearbeitet. Wir benutzten die Technik eines Szenarios und Menschen, die normalerweise auf kein Planungstreffen kommen, waren plötzlich begeistert. Sie begannen über Dinge zu sprechen, die bis dahin tabu gewesen waren. Jeder Ausschuss und jedes Komitee entwickelte und sprach über Szenarien, und die gemeinsame Leitung dachte begeistert an die Zukunft und die Art, wie sie zusammenarbeiten konnten, um diese Zukunft zu verwirklichen. Wenn Sie Menschen dazu bringen, über Ergebnisse in der Zukunft zu reden, geraten sie bei Strategien für die Gegenwart weitaus weniger in die Defensive.

Wer erstellt ein Szenario?

Wer verfasst eine visionäre Aussage? Das hängt wirklich von der Organisation und der gegenwärtigen Situation ab. Es kann der Direktor oder der Pastor alleine sein. Es kann auch alle Mitglieder des Leitungsteams mit einschließen. Oder es kann bis zu den Leitern der einzelnen Abteilungen oder Ausschüsse ausgedehnt werden. Am Regent College lasse ich gerne alle leitenden Angestellten dem Planungskomitee Szenarien vorstellen, die die Zukunft von Regent mit den Augen ihrer Abteilung sehen. Aus ihren zusammengefügten Visionen schaffe ich dann ein Szenario für das ganze College. Das lasse ich dann wieder vom Komitee, den Dozenten und den Abteilungen diskutiert. Meine Vorgehensweise wird stark von Peter Block unterstützt, der in seinem Buch *The Empowered Manager* schreibt, dass jeder Manager in einer Organisation regelmäßig eine visionäre Aussage entwerfen muss – eine Aussage darüber, wie sein Teil des Unternehmens seine Arbeit sehr gut tun kann. Block sagt, dass jeder Manager irgendwie mit einer Vision arbeitet. Die Aufgabe der Führung ist es nun, diese Vision herauszufinden und zu der Vision für die Organisation für morgen hinzuzufügen.[69]

In einer meiner früheren Gemeinden wurde die Vision für gewöhnlich zuerst vom Pastor entworfen und dann in verschiedenen Diskussionen verändert. Bei meiner Arbeit mit einem Gemeindebund hat jede Abteilung ihr Szenario entworfen, das ein Mitglied dann aufschrieb und allen anderen Abteilungen präsentierte.

Wenn wir möchten, dass die Leute sich die Ergebnisse des Planungsprozesses zu Eigen machen, dann müssen sie das Gefühl haben, dass sie in dem Szenario vorkommen. Sie müssen nicht alle die Möglichkeit haben, ein Szenario zu entwickeln und darzulegen, aber alle müssen wissen, dass sie gehört werden und immer noch in dieses Zukunftsbild passen.

Ich persönlich glaube, dass dies der Teil der Führungsaufgaben ist, der am meisten mit Erneuerung zu tun hat. Es ist die Möglichkeit, voraus zu blicken und sich vorzustellen, wie Gott Sie und Ihre Organisation im nächsten Jahrzehnt gebrauchen könnte. Je mehr Szenarien für Regent ich schreibe und mitteile, desto begeisterter denke ich über die Zukunft des Colleges. Damit komme ich zu einem wichtigen Punkt für Führungskräfte: *Wenn Sie sich nicht für ein Szenario für die Zukunft Ihrer Kirche oder Ihres Unternehmens begeistern können, ist es vielleicht an der Zeit, dass Sie Ihre Arbeit wechseln!* Dies ist eine Möglichkeit Ihren Glauben – Ihre Vision – zu prüfen. Fühlen Sie sich, wenn Sie die Bedürfnisse betrachten, die Ihre Organisation stillt –, ihre Mission und Werte prüfen – dazu gedrängt, diese Werte in Ihrem Leben und Ihrer Arbeit zu verwirklichen? Bringt Sie diese Mission immer noch dazu, Ihr Leben und Ihre Energie dafür einzubringen? Können Sie ein Bild Ihrer Organisation in zehn Jahren malen, das die Welt so sehr verändert, dass Sie unbedingt bei der Verwirklichung mitmachen wollen? Es ist schwierig, andere zu führen, wenn wir nicht von einer Vision von dem, was Gott durch uns bewirken möchte, geführt werden.

Können Sie ein Bild Ihrer Organisation in zehn Jahren malen, das die Welt so sehr verändert, dass Sie unbedingt bei der Verwirklichung mitmachen wollen?

Wem sollten Szenarien präsentiert werden?

Das hängt wieder von der Struktur des Unternehmens ab. An Wendepunkten in der Geschäftsführung wünsche ich mir, dass jeder unserer Führungskräfte ein Szenario im Kopf, besser auf dem Papier hat. Ich würde das auch von allen Mitgliedern einer Kirchenleitung erwarten. Szenarien können den einzelnen Abteilungen, der Gemeinde oder einem Komitee für die strategische Planung präsentiert werden. Normalerweise ist das Komitee für die strategische Planung die richtige Abteilung für das erste vorläufige Szenario. Ich bevorzuge es, die führenden Mitarbeiter eines Unternehmens in den Schlüsselpositionen ein 10–15-minütiges Szenario entwerfen zu lassen und es dann dem Komitee vorzuführen. Bei dieser Diskussion sollte jemand mit der Verantwortung betraut werden, ein Szenario für das ganze Unternehmen zu entwerfen. Dieses Szenario soll dann dargelegt, diskutiert und verändert werden, bis es sich alle zu Eigen machen können. Das kostet Zeit, aber es macht Freude und ist wichtig, weil es motiviert. Wenn man sich einmal für eine Zukunft entschieden hat, beginnt der Rest des Planungsprozesses. Bei allen folgenden Punkten des Planungsprozesses schaut man einfach nur nach den effektivsten und wirkungsvollen Strategien, um die geplante Zukunft zu erreichen.

Aber bedenken Sie: Ein Szenario ist eine relative Aussage und keine absolute Bestimmung einer zukünftigen Realität. Wir entwickeln Szenarien zusammen, in der Gemeinschaft – aber immer kniend vor Gott. Der Prozess ist wichtig und kann zu bedeutenden Entscheidungen für unsere Organisation führen. Aber der Prozess, das Szenario und der Plan zeigen nicht notwendigerweise den Willen Gottes. Führungskräfte tun ihr Bestes, das weiseste Szenario mit der Gemeinschaft, die sie führen, zu erstellen. Sie glauben, dass dies Gottes Plan ist, mit dem sie versuchen, die Kräfte und Energien ihrer Organisation zu bündeln.

Was macht ein gutes Szenario aus?

Ich habe acht Bestandteile gefunden, die wichtig sind, um ein gutes Szenario zu erstellen.

1. Das Szenario sollte die Mission und die Werte ausdrücken

Jede visionäre Aussage für eine Organisation sollte die bestehende Mission und die Werte, an die man gebunden ist, verstärken und ausbauen. Grenze ist erst, wenn das Szenario ausdrücklich die Mission verändert.

2. Das Szenario sollte ein Bild davon malen, wie die Zukunft aussehen könnte

Machen Sie sich zu diesem Zeitpunkt keine Gedanken über mögliche oder unmögliche Wege, das Szenario zu verwirklichen. Arbeiten

Sie auf ein Ideal hin, das Sie in zehn bis fünfzehn Jahren verwirklicht sehen wollen. Manchmal erfordert das einige Anstrengungen der Führung, weil Institutionen oft die Tendenz haben, lieber über Strategien für heute als Ergebnisse für morgen zu reden. Ein gutes Szenario wird sich aber auf die Zukunft konzentrieren.

3. Das Szenario sollte zehn bis fünfzehn Jahre in die Zukunft schauen

Das ist weit genug in der Zukunft, um nicht sofort als Bedrohung für Veränderungen angesehen zu werden. Wie ich bereits erwähnt habe, kann jeder entspannt über die weit entfernte Zukunft sprechen. Aber wenn wir mit dem beginnen, was heute getan werden soll, wird das Szenario auf Widerstand stoßen. Die zehn bis fünfzehn Jahre Zeitspanne halten die Diskussion auf einem theoretischen Level, bei dem es um Prinzipien geht. Damit ist die Dimension der persönlichen Betroffenheit vermieden. Ihr Szenario muss weit genug weg in der Zukunft liegen, damit sich Ihre Leute sicher fühlen.

4. Das Szenario sollte in der Gegenwart fußen

Es darf nicht unrealistisch sein. Es muss angesichts dessen, was wir über das Heute wissen und wer wir sind, eine logische Zukunft bieten. Ein gutes Szenario wird auch nicht destruktiv in die Zukunft von jemandem eingreifen. Noch einmal: Wenn die Zukunft die Gegenwart zu sehr angreift, wird sie auf Widerstand stoßen. Es darf nicht unsere Gegenwart in Frage stellen, sondern muss eine begeisternde Zukunft hochhalten, die man sich zu Eigen machen kann, ohne die Überzeugungen der Menschen heute opfern zu müssen. Sie können das Denken Ihrer Leute mit einem Szenario erweitern. Wenn es aber ihre heutigen persönlichen Überzeugungen zu sehr angreift, wird es abgeschmettert werden.

Bei einem Planungsprozess in Regent bin ich einmal in diese Falle gelaufen. Ich präsentierte ein Szenario, das Regent als ein Netzwerk von über die ganze Welt verteilten zusammenhängenden Lerngemeinschaften darstellte. Obwohl dieses Szenario die gegenwärtigen Entscheidungen für Vancouver zu bestätigen schien, sprach es von sehr begeisternden Entwicklungen und Wachstum für unsere Organisation. Unglücklicherweise hatte ein großer Teil des Planungskomitees sich auf das Programm am Campus Vancouver eingeschworen. Man verstand das Szenario als eine Zerstörung des Programmes in Vancouver zugunsten einer Ausweitung. Zwar war das nicht meine Absicht, aber so wurde das Szenario gehört und verstanden. Logischerweise wurde es nicht gebilligt und ich musste ein revidiertes Szenario vorbereiten, das meine anhaltende Treue zu dem Laienprogramm am Campus in Vancouver deutlich machte.

5. Das Szenario sollte einen Traum enthalten

Das Szenario sollte eine Glaubenskomponente enthalten, die das Denken der Leute in die Weite führt. Was wird Gott mit unserem Unternehmen oder unserer Gemeinde tun? Was möchten wir wirklich dafür einsetzen, dass sich unsere Mission erfüllt – selbst wenn dies heute völlig außer Reichweite scheint? Manchmal kann die Vorstellungskraft eines Szenarios tatsächlich Kräfte oder Möglichkeiten schaffen, die diesen Traum verwirklichen. Wenn der Planungsprozess wirklich mit Gebet verbunden ist, wird das Szenario eine Vision davon enthalten, wie wir glauben, dass Gott uns will, selbst wenn wir noch gar nicht wissen, wie das möglich gemacht werden kann. Ein gutes Szenario ist praktisch, realistisch und ein im Glauben gewagtes Risiko.

6. Das Szenario sollte sowohl Ergebnisse als auch Programme enthalten

Ich habe darauf bereits angespielt. Sagen Sie nicht einfach, Sie wollen ein Programm erstellen, um Obdachlose zu speisen. Sagen Sie, wie viele Obdachlose gespeist und untergebracht werden sollen und was mit denen geschehen ist, denen Sie bereits dienen. Wie verändert Ihr Programm deren Leben? Es ist sehr einfach für uns, über zukünftige Programme, Dienste und Mitarbeiterstäbe zu sprechen. Ein Szenario ist weitaus begeisternder, wenn es über Wirkungen und Ergebnisse spricht. Was wird Ihre Kirche oder Ihr Unternehmen an Ihrem Standort bei Ihrer Zielgruppe die nächsten fünfzehn Jahre verändern? Das nimmt die Vorstellungen von Menschen gefangen, nicht Ihre Programme.

7. Ein Szenario sollte flexibel sein

Auch wenn das Szenario in die Weite geht, sollte es trotzdem durchführbar sein und Glaube und Realismus vereinen. Es muss auch genügend Raum bieten, um sich an neue Umstände anzupassen. Szenarien sind niemals fest fixiert, nie zu konkret. Sie müssen geändert werden können, wenn neue Informationen auftauchen. In einer sich rasend schnell verändernden Welt ist unser Wissen von dem kommenden Jahrzehnt, gelinde gesagt, schwach. Szenarien bieten immer Raum für Diskussion und Veränderung. Sie sind Werkzeuge, um eine Diskussion über die Zukunft zu eröffnen. Sie sind nicht selbst die Zukunft.

8. Das Szenario soll eine Zukunft beschreiben, mit der Sie sich identifizieren können!

Das Szenario sollte bei Ihnen und jedem, dem Sie es mitteilen, Begeisterung hervorrufen. Es sollte begeistern und zusammenführen. Alle sollten es mittragen wollen. Das Szenario oder die visionäre Aussage nimmt die Mission und die Werte unserer Kirche oder unseres Unternehmens und schafft ein ermutigendes Bild von der Zukunft. Es sollte Sie und Ihre Leute so ansprechen, dass alle darauf hinarbeiten wollen. Versuchen Sie es einmal: Tun Sie so, als seien Sie der Reporter Ihrer Lokalzeitung heute in fünfzehn Jahren. Beschreiben Sie, was Sie sehen: die Veranstaltungen vor Ort, die Menschen, die mit einbezogen werden, die Wirkung der Veranstaltungen und Dienste. Können Sie sich von dieser Vision elektrisieren lassen?

Ich habe mehrere Jahre lang ein Seminar für strategische Planung gehalten. Am Freitag nach dem intensiven Wochenkurs hat jeder Teilnehmer eine sehr kurze, sieben Minuten lange Version eines Szenarios für seine Gemeinde oder Organisation der Klasse präsentiert. Es war der Höhepunkt der Woche. Die Menschen begeisterten sich und ihre Begeisterung übertrug sich auf den Raum. Führungskräfte wurden motiviert durch eine erneuerte Vision, allein dadurch, dass sie diese anderen mitteilten. Es war eine sehr emotionsgeladene Zeit. Das Szenario ist ein kraftvolles Werkzeug für die Führung.

Das Vermitteln einer Vision ist eine der wichtigsten Aufgaben der Führung. Dienende Führungskräfte, die eine Beziehung zu denen haben, für die sie verantwortlich sind, entwerfen eine mögliche Vision von Gottes Zukunft – einer Zukunft, an der wir gerne teilhaben möchten. Diese gemeinsame Vision bestimmt unsere Führung und motiviert unsere Leute, wenn sie sie sich zu Eigen machen, sodass sie zu der ihren wird.

Schlussfolgerung: eine bewundernswerte Vision

Am Ende dieses Abschnittes über eine ermutigende Vision ist es passend, über eine Vision zu sprechen, die der Apostel Johannes geschrieben hat:

Und ich sah einen neuen Himmel und eine neue Erde; denn der erste Himmel und die erste Erde sind vergangen, und das Meer ist nicht mehr. Und ich sah die heilige Stadt, das neue Jerusalem, von Gott aus dem Himmel herabkommen, bereitet wie eine geschmückte Braut für ihren Mann. Und ich hörte eine große Stimme von dem Thron her, die sprach: Siehe da, die Hütte Gottes bei den Menschen! Und er wird bei ihnen wohnen, und sie werden sein Volk sein, und er selbst, Gott mit ihnen, wird ihr Gott sein; und Gott wird abwischen alle Tränen von ihren Augen, und der Tod wird nicht mehr sein, noch Leid noch Geschrei noch Schmerz wird mehr sein; denn das Erste ist vergangen. Und ich sah keinen Tempel darin; denn der Herr, der allmächtige Gott, ist ihr Tempel, er und das Lamm. Und die Stadt bedarf keiner Sonne noch des Mondes, dass sie ihr scheinen; denn die Herrlichkeit Gottes erleuchtet sie, und ihre Leuchte ist das Lamm. Und die Völker werden wandeln in ihrem Licht; und die Könige auf Erden werden ihre Herrlichkeit in sie bringen. Und ihre Tore werden nicht verschlossen am Tage; denn da wird keine Nacht sein. Und man wird die Pracht und den Reichtum der Völker in sie bringen. Und nichts Unreines wird hineinkommen und keiner, der Gräuel tut und Lüge, sondern allein, die geschrieben stehen in dem Lebensbuch des Lammes. Und er zeigte mir einen Strom lebendigen Wassers, klar wie Kristall, der ausgeht von dem Thron Gottes und des Lammes; mitten auf dem Platz und auf beiden Seiten des Stromes Bäume des Lebens, die tragen zwölfmal Früchte, jeden Monat bringen sie ihre Frucht, und die Blätter der Bäume dienen zur Heilung der Völker. Und es wird nichts Verfluchtes mehr sein. Und der Thron Gottes und des Lammes wird in der Stadt sein, und seine Knechte werden ihm dienen und sein Angesicht sehen, und sein Name wird an ihren Stirnen sein. Und es wird keine Nacht mehr sein, und sie bedürfen keiner Leuchte und nicht des Lichts der Sonne; denn Gott der Herr wird sie erleuchten, und sie werden regieren von Ewigkeit zu Ewigkeit.

Offenbarung 21,1-4.22-27; 22,1-5

Dieser Vision kann man folgen.

4 Durch Werte beeinflussen

Frucht: Charakter und Werte

■ ***Leadership, also führen, ist eine Vertrauensverbindung, deren Basis Charakter ist.***

Kehren wir wieder zu unserem Führer zurück: Judas, der uns den Weg weist. „Kahle, unfruchtbare Bäume, zweimal abgestorben und entwurzelt."

Wie wir bereits in Kapitel eins festgestellt haben, bringen Bäume ohne Wurzeln keine Früchte. Die Führungskräfte, die Judas angreift, haben den Menschen in seiner Gemeinde nichts zu bieten. Sie haben keinen Charakter, sind nicht glaubwürdig, und haben als Konsequenz auch keine Werte, die es sich lohnt, in die Kultur der Gemeinde festzuschreiben. Ihre Führung ist nicht in der Liebe Gottes zu seinem Volk verwurzelt. Sie lieben nur sich selbst. Sie sind auf zweifache Weise nutzlos: Nicht gegründet in einer Beziehung zu Gott, die sie bevollmächtigt, bringen sie deshalb keinerlei Wachstum für ihre Gemeinde.

Biblische Führungskräfte zeigen einen Charakter, der durch die Beziehung zu Gott geformt ist und sich auf alle anderen Beziehungen auswirkt. Solche Führungskräfte leben und zeigen die Werte, die sie gerne in der Art ausgedrückt sehen möchten, wie die Organisation oder die Gemeinde als Gemeinschaft lebt.

Führung mit Charakter produziert hochwertige Früchte. Führungskräfte, die ihre Identität in einer Beziehung zu Gott gefunden haben, fördern Organisationen, die für Menschen als Geliebte Gottes sorgen. Führungskräfte, die ihre Sicherheit in ihrem Leben mit Christus finden, werden Gemeinschaften fördern, die Verschiedenheit lieben und zerbrochene Beziehungen versöhnen und heilen. Führungskräfte, die ihre Hoffnung auf Gott setzen, sind Menschen, die Entscheidungen respektieren, ihre Versprechen halten und zu Vertrauen ermutigen.

In seinem Buch *Mr. Ives' Christmas*[70] hat der Pulitzerpreisträger Oscar Hijuelos einen Mann namens Ives beschrieben, einen tief gläubigen Mann, der sich, obwohl er in einem Waisenhaus aufwuchs, ein beneidenswertes Leben aufgebaut hat. Ives ist erfolgreicher Werbegrafiker in der Madison Avenue und mit der temperamentvollen Künstlerin Annie verheiratet, die seine Leidenschaft für Ästhetik und seine starken Überzeugungen teilt. Sie leben in New York, wo sie auch ihre Kinder – Robert und Caroline – mit bemerkenswerter Weisheit und moralischen Werten aufziehen. Er steigt zum stellvertretenden Chef der Werbeagentur auf und lebt zufrieden mit einem großen Freundeskreis. Robert will nach der Schule auf ein Priesterseminar gehen, um sich auf die Ordination als katholischer Priester vorzubereiten.

Aber Ives perfekte Welt gerät ins Wanken, als sein siebzehnjähriger Sohn Robert von einem jugendlichen Straßenräuber an Weihnachten niedergeschossen wird. Ives wird von Kummer überwältigt und kämpft mit Zweifeln an genau den Werten, die sein Leben und seinen Glauben bestimmen.

Der Roman folgt Ives nun durch die nächsten 25 Jahre seines Lebens auf seiner Suche nach Frieden und Verständnis. Zuletzt bringen ihn seine persönliche Integrität, sein Charakter, seine Werte und sein Glauben dazu, sich mit dem Mörder seines Sohnes zu versöhnen und ihm zu vergeben. Erst dann kann er zum Kern kommen, wer er ist, und sich wieder für seine Umgebung einsetzen. Für seine Freunde ist er eine Charakterpersönlichkeit – ein Mensch, der sein Leben und seine Arbeit durch tiefe Werte bestimmen lässt, die sein Verhalten und den Einfluss auf das Leben der Menschen um ihn herum formen. Ives' Führung auf der Arbeit und sein Leben zu Hause wird von seinem Charakter und seinen Entscheidungen, seinem Glauben und seinen Werten bestimmt und bevollmächtigt.

Wer sind Sie? Wen kümmert dies? Führung geschieht durch den Charakter – durch das, wer Sie sind. Und Führungskräfte machen alle Beziehungen, die sie führen, wertvoll; deshalb legen die Menschen wert auf Führung. Bei Führung geht es darum, den Wert einer Organisation und deren Mitarbeiter aus der Charakterstärke und den Werten der Führungskraft zu erhöhen – einem Charakter und Werten, die in Gottes Liebe verwurzelt sind.

Die Gemeinde in Kolossä: eine Gemeinschaft mit Charakter

Lassen Sie uns nun zur Gemeinde in Kolossä zurückkehren und schauen, welche Werte ihr Zusammenleben bestimmten. Stellen Sie sich dieses Mal vor, Sie wären auf einer Veranstaltung der dortigen Gemeinde kurz nachdem Tychikus und Onesimus mit dem Brief von Paulus an Philemon und die Kolosser angekommen sind. Die Gemeinde hat sich im Haus eines Ältesten versammelt. Die Menschen sitzen dicht gedrängt im Kreis, einige auf Stühlen, andere auf dem Boden und manche müssen stehen. Schließlich war ein neuer Brief von Paulus aus dem Gefängnis angekommen.

In einer Zeit ohne Bibel war dies ein großes Ereignis. Der Brief wird sofort gelesen und jeder erwartet, durch den Apostel Paulus das Wort Gottes gesagt zu bekommen. In der Gemeinde herrscht Aufregung und eine Erwartungshaltung. Aber da gibt es auch einen Hauch von Sorge und Unbehagen. Sie können die Spannung fühlen.

Mit im Raum sitzen auch Onesimus und Philemon. Philemon, einer der Ältesten der Gemeinde, wurde letztes Jahr von einem seiner Sklaven betrogen. Der bestahl ihn und lief dann fort. Philemon war durch dieses Ereignis sehr gekränkt und hatte es der Gemeinde mitgeteilt.

Und jetzt sitzt hier Onesimus, der geflüchtete Sklave – von Paulus selbst als zum Glauben Gekommener zurückgeschickt. Wir wissen, dass auch Philemon einen persönlichen Brief von Paulus erhalten hat – deshalb scheint er bereit zu sein, Onesimus hier im selben Raum zu dulden. Vielleicht wird er uns auch den Inhalt von Paulus Brief mitteilen.

Wie sollen wir damit umgehen? Onesimus ist ein Sklave! Sollte er hier sitzen? Aber er scheint sich wirklich bekehrt zu haben – und er hat den Segen von Paulus. Sollten wir christliche Sklaven in unsere Gemeinde aufnehmen? Was ist mit seinem Verbrechen? Er hat Philemon bestohlen und ist dann fortgelaufen. Darauf steht die Todesstrafe. Sollen wir das übergehen? Anscheinend erwartet Paulus von Philemon, dass er Onesimus wieder in seinem Haus und sein Personal auf- und als Bruder in Christus annimmt.

Was spielen wir hierbei für eine Rolle? Wir sind die christliche Gemeinde in Kolossä. Wir sollen der Leib Christi sein. Wir wissen, dass Philemon ein wichtiges und aktives Mitglied dieser Gemeinde ist. Und nun müssen wir Onesimus willkommen heißen. Wie sollen wir das tun? Wie gehen wir mit diesem Konflikt um, der offensichtlich noch das Denken in vielen Köpfen hier im Raum bestimmt? Kann das wirklich von Gott sein, wenn es uns doch so viel Streit bringt?

Es ist nicht schwer, sich diese Szene am Sonntag nach der Ankunft von Tychikus und Onesimus vorzustellen. Versetzen Sie sich an deren Stelle und hören Sie auf Teile des Kolosserbriefes – immer im Kopf, dass auch Philemon und Onesimus hier sitzen und zuhören.

Wie ihr nun den Herrn Christus Jesus angenommen habt, so lebt auch in ihm und seid in ihm verwurzelt und gegründet und fest im Glauben, wie ihr gelehrt worden seid, und seid reichlich dankbar.
Seid ihr nun mit Christus auferstanden, so sucht, was droben ist, wo Christus ist, sitzend zur Rechten Gottes. Trachtet nach dem, was droben ist, nicht nach dem, was auf Erden ist. Denn ihr seid gestorben, und euer Leben ist verborgen mit Christus in Gott. Wenn aber Christus, euer Leben, sich offenbaren wird, dann werdet ihr auch offenbar werden mit ihm in Herrlichkeit.
So tötet nun die Glieder, die auf Erden sind, Unzucht, Unreinheit, schändliche Leidenschaft, böse Begierde und die Habsucht, die Götzendienst ist. Um solcher Dinge willen kommt der Zorn Gottes über die Kinder des Ungehorsams. In dem allen seid auch ihr einst gewandelt, als ihr noch darin lebtet. Nun aber legt alles ab von euch: Zorn, Grimm, Bosheit, Lästerung, schandbare Worte aus eurem Munde; belügt einander nicht; denn ihr habt den alten Menschen mit seinen Werken ausgezogen und den neuen angezogen, der erneuert wird zur Erkenntnis nach dem Ebenbild dessen, der ihn geschaffen hat. Da ist nicht mehr Grieche oder Jude, Beschnittener oder Unbeschnittener, Nichtgrieche, Skythe, Sklave, Freier, sondern alles und in allen Christus.
So zieht nun an als die Auserwählten Gottes, als die Heiligen und Geliebten, herzliches Erbarmen, Freundlichkeit, Demut, Sanftmut, Geduld; und ertrage einer den andern und vergebt euch untereinander, wenn jemand Klage hat gegen den andern; wie der Herr euch vergeben hat, so vergebt auch ihr! Über alles aber zieht an die Liebe, die da ist das Band der Vollkommenheit.
Und der Friede Christi, zu dem ihr auch berufen seid in einem Leibe, regiere in euren Herzen; und seid dankbar. Lasst das Wort Christi reichlich unter euch wohnen: lehrt und ermahnt einander in aller Weisheit; mit Psalmen, Lobgesängen und geistlichen Liedern singt Gott dankbar in euren Herzen. Und alles, was ihr tut mit Worten oder mit Werken, das tut alles im Namen des Herrn Jesus und dankt Gott, dem Vater, durch ihn.

Ihr Frauen, ordnet euch euren Männern unter, wie sich's gebührt in dem Herrn. Ihr Männer, liebt eure Frauen und seid nicht bitter gegen sie.
Ihr Kinder, seid gehorsam den Eltern in allen Dingen; denn das ist wohlgefällig in dem Herrn. Ihr Väter, erbittert eure Kinder nicht, damit sie nicht scheu werden.
Ihr Sklaven, seid gehorsam in allen Dingen euren irdischen Herren, nicht mit Dienst vor Augen, um den Menschen zu gefallen, sondern in Einfalt des Herzens und in der Furcht des Herrn. Alles, was ihr tut, das tut von Herzen als dem Herrn und nicht den Menschen, denn ihr wisst, dass ihr von dem Herrn als Lohn das Erbe empfangen werdet. Ihr dient dem Herrn Christus! Denn wer unrecht tut, der wird empfangen, was er unrecht getan hat; und es gilt kein Ansehen der Person.
Ihr Herren, was recht und billig ist, das gewährt den Sklaven, und bedenkt, dass auch ihr einen Herrn im Himmel habt.

Paulus im Brief an die Kolosser, 2,6-7; 3,1 – 4,1

Das sind kraftvolle Worte für eine Kirche, die mit einem Konflikt kämpft. Aber was hat das mit uns fast 2000 Jahre später zu tun? Haben wir überhaupt Konflikte in unseren Gemeinden?!

Um mich zu entspannen nehme ich regelmäßig an Wildwasserkanutouren teil und betreibe Bergsteigen. Mein Freund Don und ich klettern jetzt schon fast 25 Jahre zusammen oder fahren zusammen Kanu. Wir sind in dieser Zeit zusammengewachsen, haben gelernt, einander zu vertrauen und kümmern uns sehr um den anderen.

Haben wir jemals irgendeinen Streit? Eigentlich nur, wenn das Kanu über Stromschnellen schießt und ich vorne sitze. Don und ich sind beide starrsinnig, wir führen Menschen und haben sehr genaue Vorstellungen, wie man lebend durch Wasser und Riffs kommt. Aber ich sitze vorne. Ich bin der Erste, der die Stromschnellen sieht und wenn ich das Paddel ins Wasser tauche, kann ich das Kanu besser kontrollieren – ob Don das nun passt oder nicht. Don und ich haben uns vor, während und nach erfolgreichen Trips oder völligen Katastrophen über Verfahren abgesprochen. Wir haben uns schon oft gestritten. Aber wir kümmern uns um den anderen und sind für unser Überleben bei einer Kanutour oder beim Bergsteigen voneinander abhängig. Wir sind beide an einem sehr guten Ausgang interessiert und sind auch bereit, den anderen mit seinem Verhalten und seiner Vorgehensweise zu konfrontieren und einander sorgfältig zuzuhören. Schlechtes Zuhören führt normalerweise dazu, dass einer von uns oder wir beide flussabwärts im Wasser treiben!

Enge Gemeinschaft führt immer zu Streit. Aber in füreinander sorgenden Beziehungen sorgt man für die Lösung von Konflikten und das Wachstum der Gemeinschaft.

Ich würde gerne über Konflikt, Aufeinander treffen, Charakter und Verantwortung nachdenken und sehen, ob wir an der Art, wie Paulus an diese Situation in Kolossä heranging, etwas über Werte lernen können.

> ■ ***Ein Konflikt entsteht nicht zwischen zwei Menschen, sondern wird von einer Einzelperson ausgelöst, die auf etwas stößt, was nicht zur eigenen Beurteilung der Situation passt.***

Darf es in christlichen Gemeinden Konflikte geben?

Was überhaupt ist ein Konflikt? Konflikt ist, wie die Psychologen uns erklären, nicht etwas, das zwischen zwei Menschen passiert. Es ist etwas, das in uns als Einzelpersonen passiert, wenn wir auf Unterschiede stoßen – auf etwas, das nicht zu unserer Beurteilung einer Situation passt.

Konflikte sind wahrscheinlich eine nötige Folge von Gemeinschaft. Und genau die Definition von christlicher Gemeinschaft schließt die Annahme von Verschiedenheit mit ein – denken Sie nur an Philemon und Onesimus – und Verschiedenheit bedeutet Unterschiede: Unterschiede in Herangehensweisen, Werten, im Blickwinkel, von Meinungen, Erwartungen, Hoffnungen und Entscheidungen. Und Unterschiede bringen Konflikt.

Konflikte gibt es nicht nur in christlichen Gemeinden. Er ist vielleicht sogar ein nötiges Nebenprodukt einer Gemeinschaft und ein wichtiger Katalysator für Wachstum. Denn wir lernen, uns an die Unterschiede anzupassen, die es durch die Verschiedenheit einer Gemeinschaft gibt. Kein Konflikt heißt vielleicht keine Verschiedenheit und möglicherweise kein Wachstum. Sowohl Philemon als auch Onesimus erlebten einen Konflikt vor und während ihrer Versöhnung und ihre Anwesenheit mag in vielen Mitgliedern der Gemeinde Kolossä zu einem Konflikt geführt haben. Auf dieser Seite des Himmels wird es in christlichen Gemeinden immer zu Konflikten kommen, wenn wir darum ringen, in dieser Welt als Leib Christi zu leben. Und genau dieser Konflikt formt unseren Charakter.

Wie gehen wir nun mit einem Konflikt um, wenn er unvermeidbar ist?

Hier gibt uns Paulus meiner Ansicht nach ein gutes Beispiel; ein Beispiel, das ich fürsorgliche Auseinandersetzung und Verantwortungsbewusstsein anstelle von Vorwürfen und Tratsch nennen möchte. In dem Abschnitt, den wir gelesen haben, verneint er, dass Zorn, Wut, Groll und Verleumdung passende Kennzeichen einer christlichen Gemeinde sind. Er bekräftigt, dass Mitleid, Freundlichkeit, Demut, Sanftmut, Geduld, Vergebung und Liebe die Kennzeichen eines christlichen Charakters sind. Es ist klar, dass Paulus sieht, wie eine fürsorgliche Haltung der Liebe alle Beziehungen in der Gemeinschaft dominiert. Doch er geht noch weiter und ermutigt die Kolosser zum gegenseitigen Lehren, Unterweisen oder Ansprechen von Fehlern, was aus ihrem Studium des Wortes Gottes entspringen soll.

Ich denke, Paulus erwartet Auseinandersetzung, aber er erwartet sie im Zusammenhang einer fürsorglichen Beziehung – einer Beziehung, in der beide Teile sich wirklich um das Wachstum und die Entwicklung des anderen in der Gemeinschaft kümmern. Und als Führungskraft versucht er genau das zu erreichen.

Lassen Sie mich zwischen einer fürsorglichen Auseinandersetzung und Tadel unterscheiden. Ich denke, eine Auseinandersetzung spricht das Benehmen oder die Haltung einer Person im Licht ihrer ausdrücklichen Werte oder Verpflichtungen an – nicht meiner Werte oder Überzeugungen. Eine Auseinandersetzung fordert von Menschen, das auch wirklich zu leben, was sie lehren oder von dem sie behaupten es sei für sie wichtig. Sie spricht nicht den Fortschritt nach einem Standard an, den ich für mich selbst gesetzt habe. Wenn eine Auseinandersetzung effektiv oder hilfreich sein soll, muss sie in eine fürsorgliche Beziehung eingebettet sein. In einer fürsorglichen Beziehung können Sie mir meine eigenen Werte und Überzeugungen vorhalten, weil ich weiß, dass Sie für mich sorgen und möchten, dass ich im Glauben wachse.

Tadel aber greift den anderen Menschen ohne die Unterstützung einer fürsorglichen Beziehungen an. Tadel spricht vielleicht das Versagen einer Person an, gemäß ihrer oder seiner Verpflichtungen oder Überzeugungen zu leben. Aber er ist wenig an dem Wachstum und der Entwicklung der Person interessiert. Oft zeigt Tadel aber meinen inneren Konflikt. Weil ich in einem Konflikt stehe, möchte ich, dass Sie sich ändern – nicht weil ich mich um Sie sorge, sondern weil ich mich auf mich selbst konzentriere. Tadel wird vielleicht an eine Person gerichtet, die meinen Konflikt verursacht, aber er wird auch oft einem anderen Menschen über diese Person mitgeteilt. Das nenne ich Klatsch.

Tadel oder Kritik zeigen oft meinen eigenen Konflikt. Egozentrisch ausgerichtet, möchte ich, dass sich der andere ändert.

Eine fürsorgliche Auseinandersetzung sorgt für das Wachstum der anderen Person. Sie entsteht durch eine Vertrauensbeziehung. Tadel entsteht durch unseren eigenen Konflikt und zerstört normalerweise Vertrauen. Eine Auseinandersetzung wünscht sich positives Wachstum. Ein Tadel möchte kränken und Konflikte ausdrücken. Auseinandersetzung sucht normalerweise eine Lösung, Tadel sucht normalerweise ein Ende meines Konflikts.

Im Kontext einer Organisation ist dieser Unterschied wichtig. Führungskräfte sind dazu da, Menschen an die gemeinsame Vision der Gemeinschaft und den Standard zu erinnern, den sie auch erreichen wollen. Dies geschieht in einer fürsorglichen und einflussreichen Beziehung. Führungskräfte erinnern an die gemeinsame Vision, die Mission und die Werte ihrer Organisation – *nicht* an die Vision, Werte oder Meinung der Führungskraft. Auseinandersetzung gibt es in einer Beziehung, in der sich die Führungskraft um die Geführten und ihre gemeinsame Vision kümmert. Auseinandersetzung misst den Fortschritt an der gemeinsamen Mission der Organisation, *die sich der Geführte zu Eigen gemacht hat.* Tadel gibt es normalerweise, wenn die Führungskraft auf sich selbst konzentriert ist und der Fortschritt an den Maßstäben oder der Mission der Führungskraft gemessen wird.

Darin liegt, so denke ich, die Genialität, wie Paulus die Auseinandersetzung mit Philemon sucht. Lesen Sie seinen Brief noch einmal und schauen Sie, wie Paulus seine tiefe Liebe zu Philemon unterstreicht – die fürsorgliche Beziehung – und Philemon dazu ermahnt, gemäß eben Philemons eigenen Verpflichtungen gegenüber einer Vision zu handeln, die sie gemeinsam haben.

Innerhalb einer tiefen und fürsorglichen Beziehung hat Paulus Philemon an die Folgen seiner Verpflichtungen erinnert. Philemon ist bekannt für seine Ermutigung von Mitgläubigen, seinen Einsatz und die Unterstützung seiner Gemeinde. Und genau dies spricht Paulus an. Er diskutiert nicht die Sklaverei. Er hält Philemon kein Wertesystem vor, von dem wir in unserer Zeit glauben, er hätte es verstehen müssen. Er bleibt stattdessen bei den Werten und der Kultur von Philemon und der Gemeinde in Kolossä. Aber er weist Philemon liebevoll darauf hin, dass seine Verpflichtung gegenüber der Gemeinde vielleicht von ihm erfordert, seine Beziehung zu Onesimus noch einmal zu überdenken.

Ich denke, wir können aus der Art, wie Paulus an Philemon schreibt, fünf Dinge über dessen Werte und die Anforderungen an eine fürsorgliche Auseinandersetzung und Verantwortungsbewusstsein lernen.

1. Eine fürsorgliche Beziehung

Zuerst einmal betont Paulus die fürsorgliche Beziehung. Es steht außer Frage, dass Paulus und Philemon vollständig in gegenseitigem Respekt und gegenseitiger Liebe miteinander verbunden sind.

2. Sich mit dem Konflikt des anderen identifizieren

Paulus bringt Onesimus direkt in diese Beziehung mit ein, indem er seine eigene tiefe und geistliche Beziehung zu dem bekehrten Sklaven betont. Philemon kann Onesimus nicht mehr als jemanden behandeln, der ihn persönlich beleidigt hat oder als einen minderwertigen Menschen. Nun muss er mit ihm wie mit Paulus umgehen. Paulus muss er immer sehen, wenn er Onesimus ansieht.

3. Als Ausgangspunkt die Annahme der erklärten Werte und Entscheidungen der Person

Paulus erinnert Philemon an seine eigenen Entscheidungen. Das Eingangsgebet dankt Philemon für seine Mitarbeit als Mitglied der Gemeinde in Kolossä, sein Engagement für die Glieder dieser Gemeinde. Die Aufmunterung und Stärkung, für die Philemon bekannt ist, erbittet Paulus nun für sich selbst und über sich für Onesimus.

Hier muss angemerkt werden, dass es wohl eine starke Erwartungshaltung durch den ganzen Brief von Paulus gibt, aber keinerlei Anzeichen, dass die Beziehung zu Philemon beendet wäre, wenn dieser nicht folgt. Paulus setzt hier nicht seine Autorität ein – zumindest nicht direkt – und überlässt Philemon die Entscheidung, wie sehr er Onesimus annehmen will.

4. Sich persönlich für eine Lösung einsetzen

Paulus nimmt die Kosten dieser Auseinandersetzung auf sich. Er setzt voraus, dass Onesimus schuldig ist und erklärt sich bereit, jede Schuld, die er gegenüber Philemon hat, zu übernehmen. Eine wirkungsvolle Auseinandersetzung fragt: Was kann ich tun, um Ihnen zu helfen, nach Ihren Werten zu leben? In diesem Fall ist Paulus bereit, die ganze Schuld zu übernehmen, die Onesimus gegenüber Philemon hat.

5. Eine Verpflichtung zu lang anhaltender Verantwortlichkeit und Wachstum

Paulus bringt Verantwortlichkeit in die Auseinandersetzung mit hinein. Er sagt, dass er Philemon bald besuchen will, um zu sehen, wie die Dinge sich entwickeln. Philemon weiß, dass Paulus, der sich um ihn sorgt, sich bald anmelden wird. Paulus möchte sehen, wie Philemon auf diese Auseinandersetzung reagiert hat. Ein Teil der Verantwortlichkeit ist die Bereitschaft, seine Fortschritte prüfen zu lassen. Menschen, die sich so sehr um Sie kümmern, dass sie Sie an Ihre eigenen Werte erinnern, sind fantastische Freunde. Menschen, die Ihnen nachgehen und sich genug um Sie sorgen, um Ihr Wachstum zu überprüfen, sind ein wunderbares Geschenk Gottes.

Es ist nicht schwer, in der Herangehensweise von Paulus ein christusähnliches Motiv zu sehen. Zwei Menschen werden durch Paulus versöhnt, der persönlich die Kosten für diese Versöhnung trägt. Das ist wirklich ein Beispiel für Führen durch Beziehungen – eben dienende Führung!

Konflikte sind in christlichen Gemeinschaften unvermeidlich. Aber man kann einen Konflikt durch eine fürsorgliche Auseinandersetzung lösen, die sich selbst für das Wachstum und die Entwicklung der anderen Person einsetzt. Auseinandersetzung und Verantwortlichkeit sind, so denke ich, Werte, die völlig in das Konzept von Gemeinschaft hineingehören und von Führungskräften akzeptiert werden müssen.

Führen heißt, für andere da sein

Wir haben nun Führen und Beziehungen betrachtet. Führen ist eine Beziehung, in der eine Person sich für eine andere einsetzt, um das Verhalten, die Vision, die Werte und Überzeugungen oder Einstellungen dieser Person zu beeinflussen. Dieser Einfluss hat zwei Hauptziele: das Wachstum des Geführten (und der Führungskraft) und die Erfüllung einer Mission oder Vision, die beide teilen. Wie bereits oben gesagt, gibt es nur eine Führungsbeziehung, wenn andere sich entschließen, unseren Einfluss zu akzeptieren und uns erlauben, sie zu führen.

Die Forschungen von James Kouzes und Barry Posner haben deutlich gemacht, dass Menschen den Führungskräften folgen, die glaubwürdig sind und Integrität besitzen, oder anders gesagt: die Charakter haben. Unter Integrität oder Charakter verstehen sie drei Dinge: persönliche Werte oder Überzeugungen – d.h. eine Meinung darüber, was gut und richtig ist; Begabung oder Fähigkeiten – d.h. die Fähigkeit, seinen Worten Taten folgen zu lassen; und Zutrauen oder Gewissheit in seine Fähigkeiten, das auch zu tun, was man glaubt.[71]

Charakter ist mehr als eine Aussage über Überzeugungen und Werte. Charakter ist etwas, das von innen herauskommt; er kommt aus der Seele. Er zeigt die tiefen Überzeugungen oder Verpflichtungen zu Werten, die ausmachen, was Sie sind und alles kontrollieren, was Sie tun. Ich unterscheide hier zwischen Charakter und ausgesuchten Werten. Ausgesprochene Werte sind die Verpflichtungen, die wir bekräftigen – wie die geistgewirkten Merkmale, von denen wir im Kolosserbrief gelesen haben. Der Charakter aber zeigt diese tiefen Überzeugungen, aus denen dann wirklich unser Verhalten und unsere Einstellung hervorkommt. Wenn jemand unser Verhalten beobachtet, wird er unseren wahren Charakter sehen – unabhängig von den Werten, die wir vertreten. Im Idealfall stimmen mit der Hilfe des Geistes Gottes unsere Aussagen und unsere Taten überein. Das ist, so glaube ich, zumindest unsere Berufung.

Wenn jemand unser Verhalten beobachtet, wird er unseren wahren Charakter sehen – unabhängig von den Werten, die wir vertreten.

Kouzes und Posner meinen, dass Führung bei der Führungskraft beginnt. Sie beginnt mit einer Charakterpersönlichkeit – jemandem, bei dem es sich lohnt, ihm zu folgen. Große Führungspersönlichkeiten sind nach Warren Bennis solche, die „sie selbst" sind und Charakter und Integrität besitzen.[72] Sie werden nicht dadurch eine große Führungspersönlichkeit, dass Sie versuchen, zu führen. Sie werden eine effektive Führungskraft, indem Sie aus der Stärke Ihres Charakters heraus leben – das leben, was Sie glauben. Ein solcher Charakter macht glaubwürdig und Menschen folgen Leuten, die glaubwürdig sind.

Wir haben dieses Kapitel mit der Anklage von Judas begonnen. Judas geht es genau um Mangel an Charakter. Die Möchtegern-Führungskräfte in seiner Gemeinde hatten keinerlei Wurzeln. Sie hatten keinen von Gott geformten Charakter, der ihrer Führung Gehalt verlieh. Sie wirkten als Führungskräfte nicht glaubhaft. Führung beginnt in der Seele mit dem Wunsch, unsere Berufung in Christus als vom Geist Gottes geformte Menschen auszuleben. Nur durch die Stärke dieser Beziehung mit Gott durch Christus sind wir in der Lage zu führen.

Sechs Übungen, um glaubwürdig zu bleiben

In ihrem Buch *Credibility* umreißen Kouzes und Posner sechs Disziplinen, an denen Führungskräfte kontinuierlich arbeiten müssen, um ihre Integrität und Glaubwürdigkeit zu behalten.[73] Wenn es um Charakterbildung geht, sind keine von ihnen ein Ersatz dafür, Zeit mit Gott zu verbringen, aber sie sind hilfreiche Mahnungen an wichtige Bestandteile einer Führungsbeziehung:

- **Entdecken Sie sich selbst.** Nehmen Sie sich Zeit, über das nachzudenken, was Sie glauben. Schauen Sie auf Ihr Leben und Ihr Handeln und beobachten Sie, welche Werte durch Ihr Verhalten und Ihre Einstellung gezeigt werden. Für welche wichtigen Werte und Verpflichtungen stehen Sie, welche leben Sie und für welche würden Sie vor anderen Rechenschaft ablegen wollen?

- **Würdigen Sie Ihre Zielgruppe.** Richten Sie Ihre Aufmerksamkeit auf Ihre Leute, akzeptieren Sie sie so, wie sie sind. Schätzen Sie die Verschiedenheit, für die sie stehen, und setzen Sie sich mit den Konflikten auseinander, die durch die Unterschiede entstehen. Kouzes und Posner möchten so schnell wie möglich die Aufmerksamkeit von sich selbst zu den anderen lenken. Wir sollen für die Menschen, für die wir verantwortlich sind, sorgen und ihnen zuhören, sodass Vertrauen entstehen kann.

- **Setzen Sie sich für *gemeinsame* Werte ein.** Wir werden darauf noch näher im Detail eingehen. Gemeinschaft entsteht durch eine gemeinsame Vision und gemeinsame Werte. Führungskräfte sind dafür verantwortlich, Vision und Werte im Leben der Gemeinschaft, die sie führen möchten, zu vermitteln, vorzuleben und zu fördern.

- **Fördern Sie Begabungen.** Setzen Sie sich so für Ihre Leute ein, dass es ihre Fähigkeit erhöht, Beiträge zu leisten. Gemäß dem Beispiel von Hersey und Blanchard, das wir in Kapitel 2 betrachtet haben, möchten Kouzes und Posner, dass jeder so reif wird, dass er selbst aus tief verwurzelten Werten und einer begeisternden Vision heraus führen kann.

Verfolgen Sie ein Ziel. Für Kouzes und Posner ist Führung Dienst. Sie konzentriert sich auf die gemeinsame Vision und ermöglicht den Leuten, einen Beitrag zu dieser Vision zu leisten. Wiederum: Die Richtung kommt von innen heraus aus dem Charakter zum Dienst an der Vision und den Menschen.

Fördern Sie Hoffnung. Als Menschen mit einer Vision und von Charakter halten Führungskräfte die Hoffnung aufrecht. Sie haben den Mut, ihre Vision zu leben und wollen ihre Werte umsetzen. Andere ermutigen sie, das Gleiche zu tun. Charakter basiert letztendlich auf einer Vision, die Gott in dieser Welt wirken sieht und die erneuernde Gegenwart des Heiligen Geistes in uns erkennt.

Charakter ist ein Leben, das aus der Beziehung zu Gott heraus gelebt wird. Sie sollen um der Menschen willen, die Gott Ihren Weg kreuzen lässt, der Mensch zu sein, den Gott aus Ihnen machen will. Menschen mit Charakter sind Führungskräfte, ob sie nun eine Führungsposition haben oder nicht. Sie sind Menschen, deren Integrität und Glaubwürdigkeit Vertrauen verdient. Menschen hören zu und folgen. In unseren christlichen Gemeinden suchen wir nach von Christus geformten Charakteren bei unseren Führungskräften. Diese haben eine große Verantwortung, den Charakter unserer Gemeinden und Unternehmen zu formen.

Menschen mit Charakter sind Führungskräfte, ob sie nun eine Führungsposition haben oder nicht.

Charakter, Kultur und Werte

Die vorrangige Aufgabe einer Führungskraft ist es, die Vision zu vermitteln und die Mission und die Werte der Kirche oder Organisation zu bewahren. Effektive Führungskräfte malen ein begeisterndes Bild der Zukunft, das die Menschen dazu motiviert, sich hier einzubringen. Die zweite Aufgabe der Führung ist es meiner Ansicht nach, die Kultur zu stärken. An diesem Punkt wird in unseren Gemeinden der Schnitt zwischen Führung und vom Geist erfüllten Leben am deutlichsten sichtbar.

Charakter

Der Charakter der Organisation und der einzelnen Mitglieder dieser Gemeinschaft ist das, was die Literatur über Leiterschaft die *Organisationskultur* nennt. Gegenwärtige Studien unterstreichen wiederholt die Pflicht einer Führungskraft, die Kultur der Organisation durch bewusste und persönlich vertretene Werte zu fördern.

Dieser Bereich interessiert mich besonders, weil ich versuche, meinen Glauben meine Pflichten als Führungskraft bestimmen zu lassen. Hier versuche ich, mein eigenes geistliches Leben im Zusammenhang meiner Pflichten in der Position einer Führungskraft auszuarbeiten. Es ist mein großes Anliegen, fast eine Leidenschaft von mir, dass Organisationen einerseits effizient und effektiv sind und andererseits die Früchte des Geistes zeigen. Ich möchte erleben, dass Organisationen und Gemeinden mit der bestmöglichen Führung und Ordnung effektiv und verantwortungsbewusst funktionieren. Ich möchte auch sehen, dass sie ihre Gemeinschaft so leben, dass die Gegenwart des Geistes Gottes in ihrer Mitte sichtbar wird. Die Frucht des Geistes sollte sich in der Art, wie sie zusammen arbeiten, zeigen. Ich glaube nicht, dass sich dies gegenseitig ausschließt. Ich glaube, dass im Gegenteil eine christliche Organisation von der Definition her effektiv und eine lebendige christliche Gemeinschaft sein muss. Ich kenne aber noch nicht viele Orte, an denen dies schon der Fall ist, und deshalb ziehe ich es vor, den Begriff „christliche Organisation“ zu vermeiden. Das ist etwas, woran wir bewusst und absichtlich am Regent College arbeiten. Wir wissen aber, dass wir noch einen langen Weg vor uns haben. Aber ich glaube fest, dass wir weiter daran arbeiten müssen, wenn wir Führungskräfte sein wollen, welche die Gegenwart Christi in unseren Gemeinden widerspiegeln.

Diejenigen von uns, die eine christliche Führungsposition innehaben, reden viel über Gemeinschaft, Liebe, Werte und die Frucht des Geistes. Aber wir führen und leben in unseren Organisationen oft mit Taten, die nicht zu unseren Worten passen. Max DePree, der Freund und Mentor, auf den ich verwiesen habe, zeigt die Verbindung von Worten und Taten sehr gut in einer Geschichte über seine Enkelin Zoe, die er in seinem Buch *Leadership Jazz* erzählt:

Meine Frau Esther und ich haben eine Enkelin namens Zoe, nach dem griechischen Wort für „Leben“. Sie kam zu früh auf die Welt, wog 651 Gramm und war so klein, dass mein Ehering auf ihrem Arm bis zur Schulter rutschen konnte. Der Dienst habende Arzt auf der Neugeborenenstation sagte uns, sie hätte eine 5- bis 10-prozentige Chance, die ersten drei Tage zu überleben. Als Esther und ich uns für unseren ersten Besuch die Hände wuschen und Zoe in ihrem Brutkasten auf der Intensivstation für Neugeborene sahen, hatte sie zwei Infusionsnadeln in ihrem Nabel, eine im Fuß, einen Monitor auf jeder Seite des Inkubators und einen Beatmungs- und einen Ernährungsschlauch in ihrem Mund.
Was die Sache noch komplizierter machte: Zoes Erzeuger war einen Monat vor ihrer Geburt davongelaufen. Als eine weise und fürsorgliche Krankenschwester namens Ruth das erfuhr, gab sie mir einige Anweisungen: „Für die nächsten paar Monate sind Sie zumindest Zoes Leihvater. Ich möchte, dass Sie jeden Tag ins Krankenhaus kommen und Zoe besuchen. Und wenn Sie kommen, dann möchte ich, dass Sie ihren Körper und ihre Arme und Beine mit Ihrer Fingerspitze reiben. Während Sie

sie streicheln, müssen Sie ihr immer wieder sagen, wie sehr Sie sie lieben, denn sie muss Ihre Stimme mit Ihrer Berührung verbinden können." Ruth tat hier genau das Richtige für Zoe (und natürlich auch für mich), und ohne es zu wissen, hatte sie mir eine der bestmöglichen Beschreibungen der Arbeit einer Führungskraft gegeben. Die Kernaufgabe einer Führungskraft ist, immer die Stimme und die Berührung miteinander zu verbinden.[74]

Max DePree ruft uns dazu auf, das zu praktizieren, was wir predigen. Wir sollen unsere Werte in unseren Organisationen, unseren Gemeinschaften, leben. Er erwartet, dass sich in der Art, wie wir unsere Organisationen führen, unser Charakter zeigt. Unser Verhalten muss mit unseren Predigten übereinstimmen. Unsere Stimme sollte in unserer Berührung gesehen werden.

Das Fernsehen hat oft exzellente Beschreibungen von Führung. Eine der Serien über klassisches Theater handelt von der Geschichte der Borgias: von Papst Alexander VI und seinem Sohn Cesare Borgia, dem Herzog der Romagna. Wenn es jemals ein Beispiel für den Widerspruch von vertretenen Werten und persönlichem Charakter gab, dann müssen die Borgias hier führend sein. Im Namen der christlichen Kirche und all der Werte, für die sie stand, herrschten Rodrigo, Lukrezia und Cesare Borgia mit einer nur ihnen selbst dienenden Bosheit. Das wurde später das Modell für Niccolò Machiavellis *Der Fürst,* der traditionelle Prototyp einer Beschreibung einer schlechten Führungskraft. Sie logen, betrogen und benutzten ihre Macht, um ihre Freunde und Feinde gegeneinander auszuspielen. Sie sprachen die Sprache der heiligen Kirche. Aber ihre Taten waren das inkarnierte Böse. Ihre wahre Identität lag nicht in ihren Worten, sondern in ihrem Handeln und Verhalten.

Kultur

In meinen Führungsseminaren benutze ich oft eine einfache Übung mit Bastelzeug. Ich teile die Seminarteilnehmer in kleine Gruppen ein und gebe jedem ein Gefäß mit Bastelzeug. Sie haben dann 60 Sekunden, um das größtmögliche selbststehende Gebilde zu basteln – aber ohne miteinander zu reden. Nach Ende der 60 Sekunden messe ich jede Figur und wir versuchen zu analysieren, warum die Gruppen nicht besser abschnitten. Warum sind die Figuren oft so klein und zusammenhanglos? Die meisten Gruppen kommen zuerst zu dem Schluss, dass sie nicht genügend Zeit hatten.

Dann wiederholen wir die Übung. Aber diesmal gebe ich ihnen vorher 3 Minuten, um miteinander zu sprechen und zu planen, wie sie ihre 60 Sekunden für die Konstruktion aus Bastelzeug am besten nutzen. Nach der Zeit der Planung bitte ich wieder um Stille und die Übung wird mit den gleichen Regeln wiederholt. Dieses Mal haben wir jedoch Wolkenkratzer im Raum stehen! Fast jede Gruppe verbessert sich bedeutend, wenn sie einen Plan hat, wie sie ihre begrenzten Mittel nutzt (Zeit und Vorräte) und jedem eine Rolle zugewiesen hat. Zeit ist nicht das Problem. Planen und Delegieren sind der Schlüssel.

Am Ende dieser zweiten Übung frage ich aber noch für gewöhnlich die zweit- und drittplatzierten Gruppen: „Wenn es das Ziel war, die größte stehende Figur im Raum zu haben, warum haben Sie dann nicht die anderen Türme umgeworfen oder deren Material benutzt?“

Die meisten Gruppen – besonders in christlichen Gemeinschaften – sind über diesen Vorschlag schockiert und antworten normalerweise, dass dies nicht richtig oder fair wäre oder so ähnlich. Dann führe ich aus, dass sie ein verstecktes Wertesystem oder eine Kultur haben, welche die Wahl ihrer Strategien zur Erreichung ihrer Ziele bestimmt. Ihr Verhalten wird von ihren Werten bestimmt, ohne dass ihnen das irgendwie bewusst wird.

Das ist ein stark vereinfachtes Beispiel, aber es ist genau das, was in allen unseren Unternehmen und Gemeinden geschieht. Jede Organisation hat eine versteckte Kultur, die sich über Jahre entwickelt hat. Diese Kultur kontrolliert, was wirklich getan wird, und das unabhängig von den Werten, die wir vorgeben. Das Problem ist: Wenn die genannten Werte der Gemeinde oder des Unternehmens nicht mit den kulturellen Überzeugungen und Voraussetzungen in Einklang sind, kommt es zu Missverständnissen und manche Menschen werden orientierungslos.

Wollen Sie etwas über die Kultur eines Unternehmens wissen, beobachten Sie das Verhalten und Handeln der Mitarbeiter.

Wenn Sie etwas über die Kultur des Unternehmens wissen möchten, müssen Sie das Verhalten und Handeln der Mitarbeiter beobachten. Dadurch lernen Sie mehr, als wenn Sie die niedergeschriebenen Werte dieses Unternehmens lesen. In Organisationen neigen die Leute dazu, nach der Kultur zu leben, der sie angehörten und nicht nach den Werten, die die Führung vertritt. Aber wir möchten in unseren Unternehmen oder Kirchen Gemeinschaft als bewussten Wert einführen. Deshalb müssen wir damit beginnen, die kulturellen Werte zu verstehen, die wir bereits fördern.

In den letzten Jahrzehnten ist die Wichtigkeit einer Unternehmenskultur, eines Wertesystems in Organisationen, vermehrt in der Literatur über Führung behandelt worden. Bücher wie *Corporate Cultures, In Search of Excellence, Creating Excellence, Passion for Excellence, Thriving on Chaos, Leadership Jazz, Credibility, Above the Bottom Line* und *Leading Change*[75] haben erkannt, dass jedes Unternehmen tief verwurzelte Überzeugungen und Voraussetzungen hat, die die Art bestimmen, wie die Menschen in der Organisation leben und zusammenarbeiten. Sie zeigen auch, dass die Beziehung zwischen der Führungskraft und dem Unternehmen eine

Schlüsselgröße für die Förderung oder Veränderung solcher Überzeugungen ist.

Edgar Schein, Professor an der MIT Sloan Schule für Management behauptet sogar, das einzig wirklich wichtige, was eine Führungskraft tut, sei, eine Kultur zu schaffen und zu verwalten.[76] In seinem hervorragenden Buch *Organizational Culture and Leadership* zeigt Schein, dass unsere Werte das beobachtete Sichtbar Werden unserer Unternehmenskultur sind. Er benutzt den Begriff *Werte* hier für sichtbare Taten und öffentlich gemachten Aussagen zu dem, was uns wichtig ist. Unsere Taten sind genauso Aussagen über Werte wie unsere Worte. Hoffentlich stimmen sie überein. Unter *Kultur* versteht Schein die grundlegenden Voraussetzungen, die von den Mitgliedern einer Organisation geteilt werden. Sie wirken unbewusst[77] und bestimmen die Sicht des Unternehmens von sich selbst. Die Bestandteile einer Unternehmenskultur sind nicht sichtbar und über sie wird auch selten gesprochen. Aber sie wirken genauso tief und mächtig wie die Überzeugungen, welche die Seminarteilnehmer davon abhielten, die Türme aus Bastelzeug umzuwerfen.

Jede Organisation hat eine verborgene Kultur. Sie bildet sich aus der gemeinsamen Geschichte und den gemachten Erfahrungen in der Organisation seit ihrem Bestehen. Die erste Führung in unseren Kirchen und Organisationen sät den ersten Samen der Kultur. Dann entwickelt die Gemeinschaft mit der Zeit, die sie zusammenlebt, einige unbewusste Regeln, wie Dinge getan werden. Das „wie man das hier macht" wird zum Automatismus. Über die Jahre wird es durch das, was man schätzt und was man ablehnt, verstärkt. Die Tradition wird stark und tief verwurzelt.

Die meisten von uns kennen viele passende Beispiele aus unserer Gemeindeerfahrung. Traditionen in den Gemeinden sind stark und schwierig zu ändern. In Nordamerika treffen sich die meisten Gemeinden immer noch am Sonntag um 11:00 Uhr, um vorher Zeit zu haben, die Kühe zu melken. Aber nur noch sehr wenige Gemeindeglieder haben überhaupt eigene Kühe! Und die Musik! In jeder Gemeinde gibt es Schreckensgeschichten über Traditionen, die mit der Musik der Gemeinde verbunden sind. Die Kultur einer Organisation sind dieser Satz von Traditionen, Voraussetzungen und Überzeugungen, die als gegeben angesehen werden und unbewusst in allen unseren Organisationen wirken.

Scheins Forschungen zeigen, dass jede Organisation eine verborgene Kultur hat. Interessanterweise schreibt er weiter, dass die meisten Unternehmenskulturen sich an ein ähnliches Muster halten. Die Kultur wird als unbewusste institutionelle Antwort auf sechs Grundfragen geschaffen: was die Organisation unter Wahrheit versteht, unter Zeit, Raum, wie sie die menschliche Natur, menschliches Handeln und menschliche Beziehungen beurteilt.[78] Theologische Themen!

Bei *Wahrheit* verweist er auf die „gemeinsamen Voraussetzungen, die definieren, was real ist und was nicht… wie die Wahrheit letztendlich festgestellt wird, ob sie offenbart oder entdeckt wird“. Bei *Zeit* verweist Schein auf die gemeinsamen Voraussetzungen, die Zeit definieren, wie Zeit gemessen wird, „wie viele Arten von Zeit es gibt und die Wichtigkeit von Zeit in der jeweiligen Kultur“. Bei *Raum* sieht er, dass die Organisationen „gemeinsame Voraussetzungen von Raum und seiner Verteilung haben, wie Raum zugewiesen und besessen wird, die symbolische Bedeutung von Raum um eine Person herum“, die Rolle, die Raum bei der Definition von Intim- und Privatsphäre oder Ansehen[79] spielt.

Seine Ausführungen über *menschliche Natur, Handlungen und Beziehungen* berühren den Kern unserer Arbeit in den Gemeinden und der theologischen Ausbildung. Sie beinhalten gemeinsame Voraussetzungen für das, was es bedeutet, Mensch zu sein. Ist die menschliche Natur gut, böse oder neutral? Können Menschen vollkommen werden oder nicht? Wie gehen Menschen richtig mit ihrer Umgebung um? Wie kann man die richtige Balance zwischen Aktivität und Passivität finden? Was ist Arbeit? Was ist ein Spiel? Wie ist das Verhältnis von Macht und Liebe in menschlichen Beziehungen? „Herrscht im Leben Zusammenarbeit oder Konkurrenz; Individualismus, Gruppenarbeit oder Gemeinschaft?“[80] Wie werden Konflikte gelöst und Entscheidungen getroffen?

Schein würde sagen, dass jede Organisation ohne darüber nachzudenken Voraussetzungen über diese sechs Dimensionen formt, in denen sich das gesamte gemeinsame Leben abspielt. Diese Voraussetzungen bilden ein verborgenes Muster oder eine Weltsicht, die er *Kultur* nennt. Diese Kultur beeinflusst die Taten, Entscheidungen, Verfahren und Vorgehensweise der Organisation in Gestalt der Werte, die alles bestimmen, was die Organisation unternimmt.

Werte

Obwohl wir daran arbeiten können, die kulturellen Voraussetzungen zu erfahren und zu verstehen, die in unseren Organisationen wirken, so ist die Rolle der Führungskraft doch in erster Linie auf die Ebene der Werte gerichtet. Durch jede Tat und jedes Wort zeigen wir Werte, die wir ganz bewusst fördern. Es kann sein, dass die Kultur Werte hat, die nicht mit unseren Aussagen übereinstimmen. Dann müssen Führungskräfte langsam und geduldig die eigenen Werte fördern, bis sie tief genug eingebunden sind, um zu bleiben. Die Kultur formt das Verhalten der Menschen in der Organisation. Führungskräfte schaffen und stärken die Kultur – die Weltsicht – mit allem, was sie tun. Wenn wir in unseren Organisationen etwas verändern wollen, müssen wir uns dieser Realität bewusst sein und unsere Taten bewusst planen. Eines müssen wir begreifen: Wir schaffen sogar dann, wenn wir die Vision vermitteln und durchführen, kulturelle Voraussetzungen. Dies kann sehr gut der Augenblick sein, wo die Führung den bedeutendsten lang anhaltenden Einfluss auf das Leben und die Mission einer Organisation hat.

Damit sind wir zurück bei der Diskussion über Planung. Wir haben uns eben darauf konzentriert, dass die Mission einer Organisation entscheidend für die Vision der Führungskraft ist. Schein unterstreicht nun für uns die Bedeutung der zweiten Frage in unserem früheren Planungsmodell: Was ist für uns wichtig?

Ich glaube, dass eine echte Vision sowohl die Mission als auch Werte mit einschließt. Sie schafft ein Bild von der Zukunft, das aufgreift, wer wir sind, was wir tun und die Werte, die wir weitergeben, indem wir nach ihnen handeln.

Unsere organisatorische Planung und Führung enthält zwei Systeme. Lassen Sie mich dies durch eine einfache Geschichte zeigen. Ich habe einmal einen renommierten Professor an seiner Universität besucht. Ich wollte ihn für eines unserer Ausbildungsprogramme gewinnen. Wir trafen uns am Abend, weil das die einzig gemeinsame freie Zeit in unseren Terminkalendern war. Während des Gesprächs ging die Tür seines Büros auf und eine junge Studentin mit einem Staubsauger kam herein. An diesem Abend war das Büro des Professors für die Reinigung vorgesehen. Sie legte unverdrossen los und bat uns, die Füße zu heben, als sie unter unseren Stühlen saugen musste. Das Gespräch fortzusetzen war unmöglich, der Staubsauger machte zu viel Lärm. Als sie fertig war, verließ sie das Büro und wir setzten schmunzelnd unsere Verhandlungen fort.

Hat sie nun ihre Arbeit gut gemacht? Ja und nein. Ja gemäß dem System der Ziele für ihre Vorhaben an diesem Abend. Nein gemäß dem Wertesystem für das, was für die Mission ihrer Arbeit wichtig ist. Gemäß dem traditionellen System der Ziele tat sie genau das, was von ihr erwartet wurde. Ihr Teil der Mission dieser Organisation verlangte von ihr, sie sollte die Büros der Professoren sauber halten. Für Donnerstagabend stand bei ihr das Büro dieses Professors auf dem Plan. Sie tat ihre Arbeit und der Erfolg schien – zumindest nach dem System der Ziele – gegen die Mission zu sprechen.

Das Wertesystem hat aber einen anderen Satz von Fragen, die auch die Mission beeinflussen. Worum geht es uns? Was ist hier wichtig? Gemäß dem Wertesystem war es nicht ihre Aufgabe, das

Büro des Professors zu reinigen, sondern eine Umgebung zu schaffen, die es dem Professor ermöglichte oder erleichterte, seinen Dienst zu tun. Ihre Rolle bestand darin, den Dienst des Professors und damit die Mission der Organisation zu unterstützen.

Hätte sie bewusst in beiden Systemen gearbeitet, dann wäre ihr deutlich geworden, dass der Professor einen Gast hat. Sie hätte gemerkt, dass die momentan beste Unterstützung das Schließen der Tür gewesen wäre, das Büro *nicht* zu reinigen und ihren Arbeitsplan zu ändern, damit sie dieses Büro später reinigen kann.

Nun arbeiten wir auch bei diesem Beispiel mit vorausgesetzten Werten. Meine Kritik an der Reinigungskraft stützt sich auf meine erklärten Werte, sie sei dazu da, den Dienst des Professors zu unterstützen. Auf der anderen Seite benahm sie sich anders und handelte höchstwahrscheinlich nach den kulturellen Werten ihrer Organisation. Sie hatte bereits gelernt, dass sie dafür entlohnt wird, dieses Büro zu reinigen und nicht dafür, ihren Kopf zu benutzen und Tage zu tauschen. Sie handelte nach einem Wertesystem. Ihr Handeln lässt aber vermuten, dass das bestimmende Wertesystem Anpassung über Kreativität setzte.

In diesem Planungsprozess gibt es zwei Systeme. Das System der Ziele (siehe das folgende Diagramm) ist eine Pyramide aus Zielen, Vorhaben und Taten, die von der Mission der Organisation her abfallen. Das Wertesystem ist eine Pyramide aus Werten, Normen oder Vorgehensweisen und Taten, die von den Überzeugungen oder der Kultur der Organisation her aufsteigen. Beide sind für den Planungsprozess jeder Organisation wichtig. Beide wirken sich auf die Auswahl von Strategien und die Durchführung betrieblicher Pläne aus.

Traditionsgemäß konzentriert sich die Planung auf das System der Ziele und setzt Teilziele und messbare Fortschritte fest. Schein hält es für sehr wichtig, dass Führungskräfte die Unternehmenskultur und das Wertesystem prüfen, weil die Kultur die Strategien bestimmt.[81] Es ist schwierig, außerhalb kultureller Grenzen zu planen – sowohl außerhalb der bewussten Werteverpflichtungen als auch der unbewusst wirkenden Kultur oder Tradition, die sich in der Geschichte der Organisation entwickelt haben.

Zwei Systeme von strategischer Planung

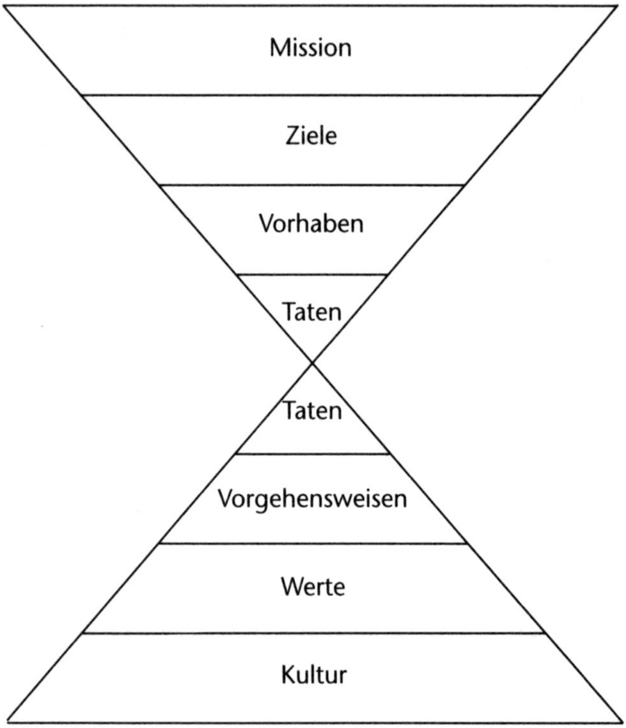

Als ich als Planungsberater bei einer US-Kirche arbeitete, hatten wir ein klassisches Beispiel für die Spannung zwischen den beiden Systemen. Die Kirche unterhielt drei Ferienlager an der Westküste. Zwei von ihnen kamen sogar finanziell gut über die Runden. Eines aber war so hoch verschuldet, dass die Zinsen für die Schulden höher waren, als der Wert des Grundstücks! Als ich vorschlug, sie sollten ein oder zwei der Ferienlager verkaufen, gab es großen Widerstand. Es war zu schmerzhaft für sie, denn die Kultur der Kirche wollte etwas erhalten, was für sie in der Vergangenheit wichtig gewesen war. Eine Person sagte: „Aber dort hat mein Vater zum Glauben gefunden!"

Das ist Kultur, wie sie leibt und lebt: Tiefsitzende Überzeugungen und Voraussetzungen, Traditionen, die die Art kontrollieren, wie wir etwas tun. Eine schmerzerfüllte Antwort, die stark genug war, um die finanzielle Realität jahrelang zu übertrumpfen.

Es kostete uns einige Zeit, ans Licht zu bringen, was dort geschah. Wir machten der Gruppe klar, dass sie an Traditionen und guten Gefühlen festhielten, die nun in Wirklichkeit ihrer Fähigkeit, heute zu dienen, schadeten. Sie haben es schließlich abgestoßen.

Die Unternehmenskultur ist in allen unseren Unternehmen und Kirchen eine starke Macht. Sie ist eine Macht, die Führungskräfte verstehen und ansprechen müssen, denn sie schaffen und fördern die Unternehmenskultur.

Führungskräfte schaffen und stärken die Kultur

Dieser ganze Bereich der Unternehmenskultur und Werte bei der Führung hat mich seit Jahren interessiert. Während ich mein Doktoralstudium im Neuen Testament abschloss, arbeitete ich in der Verwaltung, um meine Ausbildung zu finanzieren. Ich war schmerzlich überrascht, als ich sah, dass es an diesen beiden Schauplätzen kaum unterschiedlich zuging. Theologen, die jeden Tag mit dem Wort Gottes umgingen, betraten die Büros der Seminarleitung mit einem Stil und Verhalten, das völlig der Frucht des Geistes zu widersprechen schien, die ich vorher mit ihnen studiert hatte. Ich möchte hier keine einzelne Schule herausgreifen. Ich finde dies bei jeder christlichen Ausbildung überall bestätigt. Auch die Gemeinden sind davon nicht frei. Pastoren behandeln ihre Mitarbeiter und freiwilligen Helfer oft nach einem anderen Wertesystem, als sie es am Sonntagmorgen verkünden.

In der Kirche hat dieses Problem zwei Seiten. Wirtschaftsfachleute, die etwas von Führung, Management und Unternehmenskultur verstehen, kommen zu den Gemeindesitzungen und handeln, als ob sie ihr Gehirn zu Hause vergessen haben. Oder ihre gesamte Erfahrung und Ausbildung wird als nicht „geistlich" genug abgetan, als dass sie für gute organisatorische Entscheidungen in der Gemeinde taugen würden.

Wirtschaftsfachleute, die etwas von Führung, Management und Unternehmenskultur verstehen, kommen zu den Gemeindesitzungen und handeln, als ob sie ihr Gehirn zu Hause vergessen haben.

Inzwischen sollten Sie bemerkt haben, dass ich nicht mit diesem Dualismus einverstanden bin, dieser Dichotomie zwischen Unternehmen und Gemeinschaft. Wenn wir als eine Gruppe von Menschen zusammenkommen, um eine Mission zu erfüllen, sind wir per Definition ein Unternehmen. Aber wir sind noch mehr, weitaus mehr. Wenn wir im Namen Christi zusammenkommen, sind wir auch ein Teil des Reiches Gottes auf der Erde. Wir sind eine Gemeinschaft des Geistes. Wir sind eine Gemeinschaft, deren Unternehmen einmal von der Mission und auch von der bevollmächtigenden Gegenwart des Geistes geformt wird. Ich bin nicht bereit, weniger zu akzeptieren als effektives Wirken als Unternehmen und lebendige christliche Gemeinschaft. Das schließt sich nicht gegenseitig aus, es ergänzt sich im Wesentlichen.

Ich bin mir darüber im Klaren, dass ich für ein Ideal plädiere – eines, das ich selbst nicht leben kann. Aber ich möchte eine Vision von dem vermitteln, was wir sein sollen und mit Gottes Hilfe sein können. Zumindest möchte ich uns beibringen, wie wir leben sollen. Wir müssen wie Philemon darauf vorbereitet sein, dass man uns fragt, wie wir nach unseren Werten und Überzeugungen leben.

Ich denke, dass dieses Prinzip sogar für Führungskräfte zutrifft, die in Führungspositionen im säkularen oder wirtschaftlichen Bereich tätig sind. Die Führung durch Beziehungen – dienendes Führen, Führen durch den Charakter – ist sogar in Gemeinschaften ohne die grundlegenden Voraussetzungen des christlichen Glaubens noch weitaus wichtiger. Die Führungskraft ist immer noch die Person, die zuerst die Werte feststellt, fördert und hinzufügt. Und diese beeinflussen die Art, wie das Unternehmen in den folgenden Jahren lebt und seine Geschäfte tätigt. Das allein ist ein hinreichender Grund, warum Christinnen und Christen Führungspositionen in unseren öffentlichen und privaten Unternehmen einnehmen sollten, sowohl am Ort wie auch international. Führungskräfte prägen Werte. Christliche Führungskräfte stehen im Idealfall für die biblischen Werte, die Paulus vermittelt, und haben ein starkes Bedürfnis, die Einzelpersonen und die gegenseitige Abhängigkeit durch Beziehungen zu respektieren. Sie wissen um den Wert einer Gemeinschaft als dem natürlichen Ausdruck von menschlichen Beziehungen, die in der Schöpferliebe Gottes gegründet sind. Christliche Führungskräfte bringen ihre Persönlichkeit, Hoffnung und Charakter in ihre Geschäftsbeziehungen mit ein. Sie haben die wunderbare Möglichkeit – wenn das Unternehmen es wirklich zulässt –, dem Unternehmen in einer Art Werte zu geben, die Würde, Ziele und Hoffnung vermitteln. So können sie die Entwicklung und das Wachstum der Menschen fördern, damit sie fähig werden, an der Mission des Unternehmens teilzuhaben und dazu Beiträge zu leisten. Führung ist eine Beziehung des Charakters, die Kultur formt. Führungskräfte haben eine Verpflichtung gegenüber der Mission des Unternehmens und den Menschen, für deren Entwicklung sie verantwortlich sind.

Wenn ich mit oder in einem Unternehmen arbeite, ist es meistens der Fall, dass es starke Werte über die Wichtigkeit, Fürsorge für und Entwicklung ihrer Mitarbeiter vertritt. Dies trifft besonders auf christliche Organisationen zu. Aber viele „christliche" Organisationen verfolgen mit einem solchen Eifer ihre Mission, dass sie ihr menschliches Potenzial verheizen. Sie erwarten von ihren Mitarbeitern, sich für die Mission zu opfern. Unsere Unternehmen und Kirchen sind voller Opfer – Menschen, die zwischen den genannten Werten und der kulturellen Realität darüber, wie sie behandelt werden, gefangen wurden. Manchmal ist dies so, weil die Organisation anders vorgeht, als die vertretenen Werte es aussagen. Manchmal verstehen auch die Mitglieder einer Kirche oder eines Unternehmens die vertretenen Werte anders als das Unternehmen. In beiden Fällen gibt es einen Konflikt, der gelöst werden muss.

Vor mehreren Jahren haben wir in Regent jemanden entlassen, weil er nicht in der Lage war, die Arbeit zu verrichten, für die er eingestellt worden war. Wir entließen ihn nach einer erweiterten Probezeit, speziellem Training und Nachhilfe. Er war einfach nicht in der Lage, die Arbeit zu tun, die wir brauchten. Als wir ihm dies schließlich sagten, waren er und viele seiner Freunde aus der Nähe des Colleges der Meinung, wir würden biblische Werte missachten. Sie behaupteten, dass es die Verpflichtung einer christlichen Gemeinschaft ist, ihn zu behalten, obwohl er die Arbeit nicht tun konnte. Wir nahmen uns viel Zeit, um zu unterstreichen, dass die Gemeinschaft wichtig und ein entscheidender Wert ist. Das kann eine „zweite Chance" erfordern, aber es ersetzt nicht die Mission, die uns in erster Linie zusammenbringt.

Gemeinschaft ist für mich ein sehr hoch angesiedelter Wert – bei Regent ist es ein tief verwurzelter Bestandteil unserer Kultur. Die Kultur kann die Durchführung der Mission erzwingen, aber sie ist nicht die Mission selbst. Wer sind wir? – Die Mission ist immer noch die treibende Kraft. Sie ist das Prinzip in der Organisation, das Menschen und Mittel zusammenführt. Was ist für uns wichtig? – Die Kultur bestimmt die Art und Weise, wie Menschen ihr Zusammenleben gestalten und die Mittel gebrauchen, um die Mission zu erfüllen.

Schein schreibt, dass es in der Verantwortung der Führungskraft liegt, die Kultur zu bestimmen, zu fördern oder zu ändern.[82] Für mich geht diese Verantwortung über einfache organisatorische Strategie hinaus. Ich glaube, wir sind dazu berufen, in unserem Leben als Unternehmen und Gemeinschaft genau die Frucht des Geistes vorzuleben, die wir von unserem Glauben her lehren und predigen. Unser Handeln muss zu unserem Reden passen.

Unser Handeln muss zu unserem Reden passen.

Daran habe ich am Regent College über elf Jahre gearbeitet. Ich würde gerne glauben, dass wir Fortschritte gemacht haben. Aber ich muss sofort gestehen, dass wir weit davon entfernt sind, wirklich das zu leben was wir glauben. Wir versuchen es. Wir versagen. Wir vergeben und versuchen es weiter. Solange ich in Regent bin, will ich dafür beten, dass wir weiter versuchen das zu sein, was wir von uns sagen.

Als ich bei Regent begann, berief ich ein Belegschaftstreffen ein. Ich erklärte ihnen meine Vision der Ausbildungsstätte als einer Gemeinschaft, bat um Stellungnahmen und versuchte zum Dialog und zu konstruktiver Kritik zu ermutigen – zu einer fürsorglichen Auseinandersetzung. Weil ich mich einem Modell einer Führung durch Beziehungen verpflichtet fühle, ermutigte ich das Personal, mit mir und anderen Führungskräften zu sprechen. So habe ich immer gearbeitet. Aber das schafften die Mitarbeiter nicht. Keiner sprach mit uns. Niemand kritisierte etwas. Niemand äußerte irgendwelche konstruktiven Ideen, eigentlich sagte überhaupt niemand etwas.

Als ich weiter nachhakte, wurde mir erklärt, das Personal hätte über Jahre hinweg gelernt, dass es nicht passend sei, mit der Verwaltung zu sprechen. Ein Angestellter meinte: „Man schätzt das hier gar nicht. Manche sehen das gar als Verletzung der Gemeinschaft. Es könnte einen sogar seinen Arbeitsplatz kosten."

Frühere Verwaltungen hatten eine solche Politik betrieben und das Gespräch nicht als Wert angesehen. Sie waren aber sehr verletzt, als sie diese Meinung hörten. Aber ob sie es für wahr hielten oder nicht – die kulturellen Überzeugungen, welche die Angestellten bestimmten, sagten sehr laut: „Halte still, mach keinen Ärger!"

Egal, wie oft ich sagte, dass sich die Dinge geändert hatten und Aussprachen ein Zeichen von Identifikation und Verantwortungsbewusstsein in der Gemeinschaft und von hohem Wert seien – das Personal gab doch keinerlei Rückmeldungen und übte keinerlei konstruktive Kritik. Die Kultur hatte sie alle so fest im Griff, dass sie meinen Worten als neuer Präsident nicht glaubten.

Einige Monate später kam für uns der Durchbruch. Wir stellten eine neue Mitarbeiterin ein, die der überkommenen Kultur noch nicht verhaftet war. Sie glaubte dem, was ich sagte und begann zu diskutieren und Dinge offen anzusprechen, als wir sie das erste Mal zu einer Mitarbeitersitzung einluden. Sie wies auf all die Probleme des Personals hin, die vorher niemand nannte. Die anderen Mitglieder der Belegschaft waren schockiert und entschuldigten sich bei mir für ihre Unverschämtheit! Aber sie gab mir die Möglichkeit, sie öffentlich für ihr Verantwortungsbewusstsein und ihre Identifikation zu loben und damit eine neue Kultur zu fördern. Wir gingen die Probleme an, die sie genannt hatte. So förderten wir die verkündeten Werte, bis sie genau die neue Kultur widerspiegelten.

Im ersten Jahr brachten wir den größten Teil der Belegschaft an den Punkt, dass sie mir Probleme nannten und Lösungen vorschlugen. Jetzt wurden sie bereit, sich mit dem Unternehmen zu identifizieren und nach Lösungen zu suchen, anstatt nur die Probleme zu sehen.

Interessanterweise änderte sich die Kultur zuerst nur in Bezug auf mich. Im ersten Jahr sprach die Belegschaft nur mit mir. Sie konnten nicht glauben, dass die übrigen Führungskräfte nun nach den neuen Werten lebten. Sie waren schließlich Teil der alten Kultur. Während des nächsten Jahres gelang es uns, immer mehr Rückmeldungen und Beziehungskontakte zwischen den Mitarbeitern und ihren Vorgesetzten zu erreichen. Jetzt gibt jeder Rückmeldungen! Und das ist gut so. Wir haben jetzt in zunehmender Weise eine Gemeinschaft von Menschen, die sich unser Anliegen zu Eigen machen und Verantwortung für die Mission und die Gemeinschaft übernehmen.

Und noch ein Beispiel für die Kultur, die sich in vielen Organisationen um Machtpositionen und das Treffen von Entscheidungen herum bildet. Traditionellerweise werden in Regent akademische Entscheidungen im Konsens getroffen. Sie spiegeln die theologische Tradition wider, auf die sich das College gründet. Der Konsens wird als ein Zeichen der Gemeinschaft angesehen. Die Leitung blieb aber offiziell (gemäß der Satzung) in den Händen der Verwaltung und des Lenkungsausschusses. Ich plädierte für ein Modell, bei dem die akademische Belegschaft auch an der Leitung des Colleges teilnahm. Ich führte dieses Modell begeistert ein, aber ich wollte nicht mit dem Konsens-Modell bei Entscheidungen leben. Entscheidungen in Übereinstimmung legen zu oft die Macht in die Hände der negativen Stimmen und nicht in die Hände der Gemeinschaft. Ich wollte ein Mehrheitsmodell. Denn dieses legt die Macht in die Hände der akademischen Belegschaft als Gruppe, wenn sie als Gruppe an der Leitung teilhaben soll.

Entscheidungen in Übereinstimmung legen zu oft die Macht in die Hände der negativen Stimmen und nicht in die Hände der Gemeinschaft.

Wir sprachen über das Teilhaben lassen und die Verantwortung für die Gemeinschaft. Das ist eine Frage der Kultur. Mit Schein gesagt geht es hier um die Art von Realität und Wahrheit und die Frage, wie Entscheidungen getroffen werden. Bevor ich die akademische Belegschaft an der Leitung teilhaben lassen konnte, war es nötig, eine grundlegen de kulturelle Voraussetzung zu ändern. Wir mussten zu der Überzeugung gelangen, dass man sehr wohl durch eine Mehrheitsentscheidung zur „Wahrheit" gelangen kann. Hierbei wird das Recht einer Person legitimiert, „Nein" zu sagen und doch die Entscheidung der Gruppe mitzutragen. In vieler Hinsicht war dies eine Neuverteilung der Macht. Wir nahmen die Macht weg von einer Gruppe von wenigen starken Leuten und gaben sie einer größeren Gemeinschaft.

Es war interessant, den langsamen Wechsel zu neuen kulturellen Gegebenheiten zu beobachten. Die Entscheidung, zu dem neuen Modell zu wechseln, wurde durch Mehrheitsbeschluss gefasst, aber weil niemand dagegen stimmte, war es tatsächlich eine Entscheidung im Konsens! Der erste echte Test kam, als zwei Mitglieder gegen einen Antrag stimmten, der von der Mehrheit der akademischen Belegschaft unterstützt wurde. Mehrere Leute wollten die Diskussion fortführen, bis die zwei Widerständler für die Sache gewonnen werden konnten. Die alte Kultur hielt uns noch im Griff. Die Gruppe leistete immer noch Widerstand dagegen, Mehrheitsentscheidungen zu treffen. Ich griff ein und ermutigte die akademische Belegschaft, ihren Kollegen die Möglichkeit zu geben, ihre Überzeugungen mitzuteilen und doch die Entscheidung zu akzeptieren. Beide bekräftigten ihre Unterstützung für die Entscheidung und es gab einen allgemeinen Seufzer der Erleichterung. Seitdem wird jede Entscheidung durch Stimmenmehrheit getroffen. Und es ist nicht selten, dass eine Sache, die ich für richtig halte, im gemeinsamen Leitungsprozess abgelehnt wird. Die Macht ist verteilt. Aber selbst jetzt noch kann man die alte Kultur spüren. Es ist schwierig, vorwärts zu kommen, wenn bei einem Treffen gegensätzliche Meinungen vertreten werden.

Nun noch eine weitere Geschichte aus meiner frühen Zeit in Regent. Sie unterstreicht nicht nur das, was ich sage. Sie zeigt auch, dass wir Fortschritte machen.

Am Regent College haben wir eine Mitarbeiterin an der Rezeption, die auch die Telefonzentrale bedient. Sie ist unser Aushängeschild. Traditionellerweise wollte niemand für diese Arbeit die Verantwortung übernehmen. Aber sie ist die Stimme und das erste Gesicht von Regent. Er oder sie ist die Erste in der Kette, um Werte zu vermitteln. Der erste Eindruck am Empfang oder bei einem Anruf prägt die Beziehung. Die erste Kontaktperson formt sehr stark Ihre Haltung und Ihr Interesse, ehe Sie überhaupt in das Büro des Präsidenten kommen. Es ist eine Schlüsselposition.

Als ich in Regent begann, habe ich die Rezeption in das Büro des Präsidenten verlegt – nicht räumlich, sondern in Bezug auf die Verantwortung. Die Mitarbeiterin an der Rezeption wurde Mitglied meines persönlichen Personals. Ich verbrachte viel Zeit mit ihr, informierte sie und bezog sie mit ein bei Veranstaltungen, Aktivitäten und den Plänen im College. Ich versuchte ihr die Art von Kultur zu vermitteln und beizubringen, die für uns wichtig war und was sie nach meinem Wunsch den Menschen weitergeben sollte, wenn sie zu uns kamen oder anriefen.

Obwohl ich die Mitarbeiter an der Rezeption längst nicht mehr beaufsichtige, nehme ich doch gelegentlich an den Einstellungsgesprächen teil. Ich versuche auch, regelmäßig mit ihnen zu sprechen und ihnen die Wichtigkeit ihrer Arbeit zu zeigen. Diese Position zeigt vielleicht mehr als jede andere die Kultur und die Werte im College. Das müssen sie verstehen. Und sie tun es. Wir hatten in den letzten Jahren eine Reihe von guten Mitarbeitern am Empfang und ich benutze sie regelmäßig als Beispiele für das, was ich damit meine, unsere Werte darzustellen.

Vor einiger Zeit habe ich aber mit einer Gruppe von Leuten über Kultur, über unsere Weltsicht gesprochen. Die Rezeptionsmitarbeiterin war auch anwesend. Wie gewöhnlich habe ich darauf hingewiesen, wie wichtig ihre Position ist und was für eine entscheidende Rolle sie dabei spielt, in Regent eine Kultur zu festigen. Es war ein gutes Gespräch. Danach kam sie aber zu mir in mein Büro und bat um ein Gespräch. Sie sagte: „Ich wünschte, Sie würden nicht mehr über die Wichtigkeit meiner Position sprechen!“

Ich antwortete überrascht: „Warum nicht? Sie ist doch wichtig! Sie sind für viele Menschen die Stimme und das Gesicht von Regent.“

Ihre Antwort war: „Darum geht es nicht. Sie sagen jedem, wie wichtig ich für Regent bin, aber Sie kommen nicht sehr oft nach unten, um es *mir* zu sagen!"

Nun, damit hatte sie Recht.

Ich werde nicht aufhören, die Rezeption als Illustration zu nehmen. Doch nun bin ich deutlich von jemandem, der sich sorgt, damit konfrontiert worden, dass ich nicht nach meinen eigenen Werten lebe. Das muss sich ändern. Ich muss der Mitarbeiterin an der Rezeption genauso oft wie allen anderen sagen, wie wichtig sie für unsere Gemeinschaft ist.

Aber bedenken Sie: Wenn es für mich auch nicht sehr angenehm war, hören zu müssen, dass ich nicht ganz nach meinen eigenen Werten lebte – es war trotzdem ermutigend zu sehen, dass die neue Kultur Fuß fasste. Schon allein die Tatsache, dass sie ins Büro des Präsidenten kam, um mir ihre Sorgen und Gefühle mitzuteilen, zeigt ein Maß an Vertrauen und Identifikation, über das ich mich sehr freue. Wenn ich jetzt bloß noch lernen würde, auch meinen Teil konsequenter zu erfüllen!

Persönliche Werte mitteilen

Jeder von uns bringt persönliche Werte mit zu seiner Stelle in der Organisation. Jeder in einer Führungsposition fördert eine Kultur der Institution, die Werte oder den Charakter der Organisation mit allen Handlungen, Entscheidungen oder Taktiken. Notieren Sie einmal einige der Werte, die Sie Ihrer Meinung nach in die Gemeinschaft einbringen. Was ist wichtig für Sie? Bei welchen Dingen sind Sie darauf vorbereitet, in Ihrer Führungsposition danach gefragt zu werden? Wie formen diese Werte die Art, wie Sie Ihre Führungsrolle ausfüllen wollen?

Ich bekam ein gutes Beispiel für persönliche Werte auf der Arbeit, als das letzte Mal mein Auto abgeschleppt wurde. Es war einer von diesen kalten und stürmischen Morgen in Vancouver. Weil ich aber ein wichtiges Treffen hatte, stand ich früh auf und lief zu meinem Auto. Es war weg! Die Bauarbeiter, die auf der anderen Straßenseite arbeiteten, hatten es abgeschleppt – mit einem Strafzettel der Polizei versehen und abgeschleppt, das irritierte mich noch mehr.

Am Abend vorher war ich spät von einem anderen wichtigen Treffen außerhalb der Stadt zurückgekehrt. Ich dachte, ich hätte außerhalb der vorübergehenden Halteverbotszone geparkt. Doch ich hatte nicht – in Wirklichkeit hatte ich direkt unter dem Schild geparkt! Wie Sie sich vorstellen konnten, war das kein schöner Tagesbeginn. Um es milde auszudrücken, ich war ziemlich irritiert. Das kam höchst ungelegen. Ich musste zu einem wichtigen Treffen, auf dem die Zukunft der theologischen Ausbildung verhandelt wurde. Aber mein Auto war abgeschleppt worden.

Als ich den Namen des Abschleppdienstes erfahren hatte, rief ich dort an, um herauszufinden, wo mein Auto nun war. Meine christliche Lebenseinstellung war in diesem Gespräch nicht gerade offensichtlich! Aber als ich aufgehängt hatte, musste ich schmunzeln. Die Frau am Telefon war sehr gut mit mir umgegangen. Mir wurde klar, dass der Wagen durch meine Schuld abgeschleppt worden war. Ich konnte ihr dafür nicht die Schuld zuschieben. Sie hatte es geschafft, das Gespräch positiv zu gestalten, freundlich und sogar humorvoll.

Als ich zu dem Grundstück kam, auf dem das Auto stand – ein großes, schmutziges Lager mit einer hölzernen Baracke als Büro –, musste ich in einer Schlange warten, bis die Frau eine Reihe von anderen missmutigen Kandidaten bedient hatte, deren Autos sich auch unter ihrer Verwaltung befanden. Sie ging mit ihnen allen genauso gut um. Als ich an ihr Fenster kam, sagte ich ihr, dass sie sehr gut mit mir umgegangen sei. Sie antwortete: „Vielen Dank. Jeder, der mich anruft oder zu diesem Fenster kommt, ist wütend. Meine Aufgabe ist es zu verhindern, dass es ihnen den ganzen Tag verdirbt!"

Ziemlich tiefgründige Worte mit sehr viel Unternehmenskultur und persönlichem Charakter von einer Angestellten in der Holzbaracke eines Abschleppdienstes! Sie zeigte ihren persönlichen Charakter mit größerer Integrität als der Präsident einer theologischen Hochschule, der dort vor ihrem Fenster stand. Und sie zeigte ein großartiges Verständnis von Unternehmenskultur oder Charakter, wie sie sich auf die Menschen in ihrer Arbeit bezog und nicht auf die rein technischen Abläufe. Sie sah einen Wert in ihrer Arbeit und füllte sie aus.

Alles, was eine Führungskraft tut, fördert eine Kultur. Als Universitätspräsident muss ich darauf achten, dass ich die von unserer Organisation vertretenen Werte fördere. Lebe ich gemäß dem, was ich lehre? Mein Verhalten wird viel mehr als Politik der Institution angesehen, als das, was ich sage – und es fördert Kultur. Bin ich freundlich oder distanziert? Bin ich ein Workaholic oder habe ich ein vernünftiges Arbeitsmaß? Habe ich als Präsident Vergünstigungen? Einen eigenen Parkplatz? Höre ich zu oder rede ich nur? Halte ich meine Versprechungen?

Ich war fünf Jahre lang Gastdozent am Management Programm für leitende Angestellte an der Universität von Calgary. Ich sollte dort über eine Vision und Werte für heutige Unternehmen sprechen. In einem Jahr fragte mich einer der Teilnehmer, welche Werte ich als Führungskraft zu Regent bringen würde. Ich habe darüber nachgedacht und an diesem Abend eine Liste von siebzehn Werten entworfen. Es ist der erste Versuch, meine persönlichen Werte für die Führung aufzulisten.

Diese siebzehn Werte, die ich an diesem Abend aufschrieb, beziehen sich auf die Menschen, die Arbeit und Beziehungen. Hier nun meine Liste:[83]

Menschen

1. Menschen besitzen Wert aus sich heraus

Wir müssen sie als Person genauso schätzen wie das, was sie tun. Wir müssen ihnen Würde und Wertschätzung vermitteln. Es ist Zeit, innezuhalten, um „Danke" zu sagen und so unsere Abhängigkeit von anderen deutlich zu machen.

2. Jeder sollte sich dem Auftrag verpflichtet fühlen

Wiederum sehe ich die Mission als die einigende Kraft in einer Organisation. Um diesen Auftrag versammeln wir uns. Alle Mitglieder der Gemeinschaft einer Organisation sollten sich der Mission verpflichten und Beiträge zu ihr leisten.

3. Die Menschen, die mit uns arbeiten, sollen wachsen

Wir sollten uns für die Menschen einsetzen, die sich für unsere Mission einsetzen. In einem kleinen Unternehmen wie Regent haben wir wenige Abteilungen. Da gibt es kaum Möglichkeiten, jemand in Bezug auf Verantwortung zu befördern oder vorwärts zu bringen. In unserer Art von Unternehmen ist der Wechsel von Personal meiner Ansicht nach eine gute Sache. Ich möchte mich lieber für gute Leute einsetzen, die vorangehen, als für schlechtere, die bleiben. Aber ich möchte, dass jeder, der weggeht, besser ausgerüstet geht für das, was er tut. Diese Person soll besser dafür gerüstet sein, überall dort zu dienen, wo Gott sie hinstellt.

4. Niemand sollte sich selbst für zu wichtig nehmen

Ich schaue mir regelmäßig Römer 12 an, um mich daran zu erinnern, dass dies für uns alle gilt. Paulus bezeichnet Führung als eine der Gaben, die der Gemeinde gegeben werden – aber sie ist nicht die Erste. Sie steht zwischen dem Spenden und Barmherzigkeit üben. Deshalb lassen Sie mich Römer 12,3 umschreiben: „Nehmt euch nicht zu wichtig."

5. Der Beitrag von jedem soll als ebenbürtig betrachtet werden, egal, wie viel Verantwortung jemand trägt

Obwohl wir aufgrund von Wissen, Erfahrung oder Verantwortung verschiedene Gehälter bekommen, hat doch jedes Mitglied eines Unternehmens etwas zu geben und verdient es, für seinen Beitrag und als Mensch gewürdigt zu werden.

6. Führung muss Macht weitergeben

Darum geht es in diesem Buch. Führung ist der Prozess, Macht abzugeben und nicht, sie zu horten. Es geht darum, die Macht in die Hände der Menschen zu legen, die wir führen. So können sie die Mission erfüllen.

Arbeit

7. Die Mission der Organisation hat normalerweise Vorrang vor individuellen Belangen

Ich will damit nicht persönliche Ziele und Vorhaben klein reden. Aber ich möchte uns noch einmal vor Augen stellen, dass die Mission uns zusammenhält. Deshalb sind die persönlichen Anliegen immer dem Anliegen der Gemeinschaft oder der Mission untergeordnet.

8. Teilhabe führt zur Identifikation mit den Ergebnissen

Ich habe dies schon in Kapitel 2 ausgeführt, als wir die Bildung eines Teams betrachteten. Ich werde im nächsten Kapitel noch einmal darauf eingehen, wenn es darum geht, Menschen zu motivieren. Ich kann aus Erfahrung das bestätigen, was die Forschung ständig unterstreicht: Wenn Menschen mit einbezogen werden, machen sie sich die Ergebnisse zu Eigen. Teilhaben lassen ist die beste Form der Motivation.

9. Der Arbeitsplatz sollte Gemeinschaft bieten

In der Welt von heute sind der Arbeitsplatz und die Gemeinde die Bereiche, in denen die meisten sozialen Beziehungen entstehen. Als Führungskraft sollte ich dazu ermutigen – die Entwicklung von Beziehungen fördern, in denen die Mitarbeiter füreinander sorgen und voneinander lernen können. Wie ich oben bereits sagte, schließt Gemeinschaft Verschiedenheit mit ein und erfordert, dass wir offen in unserem Denken und Arbeiten sind.

10. Die Leute sollten Freude haben und Spaß an der Arbeit finden

Nicht jede Arbeit macht Spaß, aber die Gemeinschaft, in der wir arbeiten, sollte Spaß machen. Obwohl manche Tätigkeiten nicht schön sind, sollten die Mitarbeiter in der Lage sein, Freude an der Mission zu finden, zu der sie beitragen. Ich wünsche mir, dass sich die Leute auf den Montag und nicht auf den Freitag freuen! Ich wünsche mir, dass sie sich darauf freuen, ihre Freunde zu sehen, dazuzugehören und mitzuarbeiten.

11. Wir sollten immer professionelle Dienstleistungen in einer freundlichen Umgebung anbieten

Dies ist das Motto eines Instituts, das ich in Kalifornien führte: freundlicher, professioneller Service. Wir leben um zu dienen. Die Bedürfnisse unserer Kunden sollten für uns oberste Priorität haben und wir sollten sie alle erfüllen. Wir sollten unser Bestes für sie geben und auf Qualität achten. Und in Übereinstimmung mit dem vorher genannten: Wir sollten ein so freundlicher Ort sein, dass die Menschen wiederkommen möchten, und sei es nur, um „Hallo“ zu sagen.

Beziehungen

12. Die Wahrheit wird in Beziehungen gefunden

Ich weiß nicht alles und ich denke, dass dies auch bei Ihnen der Fall ist. Zusammen können wir hören und lernen. Ich persönlich halte Beziehungen für immens wertvoll. In einer Beziehung offenbart Gott sich selbst. In Beziehungen lerne ich, wie ich die Realität um mich herum einschätzen soll. Ich nehme nicht an, dass ich die Wahrheit besitze. Ich möchte sie per Dialog in einer Beziehung lernen.

13. Informationen sind freundlich

Keine Überraschungen. Offenheit. Jeder sollte wissen, wohin ich will. Nicht jeder wird mit dem einverstanden sein, was ich in Regent mache. Aber niemand kann sagen, er wisse nicht, was ich denke und wohin ich die Institution führen möchte. Ich teile alles mit. Ich bin davon überzeugt, dass die Menschen umso mehr zu Partnern werden, je mehr sie wissen.

14. Auseinandersetzungen sind ein Zeichen der gegenseitigen Fürsorge

Wie ich oben bereits sagte, schließt Gemeinschaft Verschiedenheit mit ein und Verschiedenheit bedeutet Konflikt. Eine Auseinandersetzung spricht diesen Konflikt an. Dabei sorgt man sich so sehr um den anderen, dass man sich in einer Beziehung mit der anderen Person einbringt. Hier lassen sich beide Teile auf ihre geäußerten Werte hinweisen. Wenn ich mich wirklich um Sie kümmern will, dann werde ich Ihnen eine Rückmeldung über das geben, was ich sehe und wie ich darauf reagiere.

15. Kritik ohne konstruktives Handeln ist zerstörerisches Geschwätz

Wir sehen das im Fall der Kolosser. Kritik will Sie normalerweise auf meine Werte verpflichten und nicht auf die Ihren. Und Geschwätz oder Tratsch herrscht meiner Meinung nach überall dort, wo Kritik außerhalb der Beziehung geübt wird. Ich definiere

Tratsch sehr streng. Jedes Mal, wenn wir etwas Negatives über jemanden einer dritten Person sagen, ohne dass wir die Erlaubnis der ersten Person haben, ist dies Tratsch. Und ich halte dies für unentschuldbar, selbst wenn es im Zusammenhang mit Gebet geschieht. Ich habe große Schwierigkeiten mit Menschen, die mir ein Gebetsanliegen über jemand anderen mitteilen. Das ist für mich eine Art von Tratsch. Wenn ich mich wirklich um jemanden sorge, dann sage ich die negative Sache dieser Person direkt. Das ist die einzige Art und Weise, wie die Beziehung geheilt werden und wachsen kann.

16. Ehrlichkeit, Integrität und Vertrauen sind grundlegend bei allem, was wir tun

Darauf achten Geführte bei Führungskräften. Das erwartet Gott auch von seinen Leuten. Wir können uns selbst an keinem geringeren Maßstab als Ehrlichkeit und Integrität messen. Nur dann werden die Menschen uns ihr Vertrauen schenken.

17. Unser gemeinsames Leben sollte von Vergebung geprägt sein

Ich führe dies als Letztes auf, aber es ist nicht der Punkt mit der geringsten Wichtigkeit. Es kann keine Führung geben ohne Vergebung. Führung schließt auch das Risiko mit ein, Entscheidungen zu treffen, obwohl wir nicht wirklich wissen, was das Beste ist. Das Risiko der Führung erfordert Vergebung. Und weiter ist Vergebung eine Voraussetzung für die Förderung anderer. Ich bin davon überzeugt, dass es eine direkte Beziehung zwischen Vergebung und der Förderung anderer gibt. Niemand kann gefördert werden, ohne dass er die Freiheit hat, zu versagen. Vergebung befreit. Es schließt Vertrauen mit ein. Es ermutigt zum Risiko, zu Wachstum und Führung. Ich plädiere nicht von der Befreiung von den Folgen, sondern für die Freiheit, aus Versagen zu lernen und der Ermutigung, es noch einmal zu versuchen. Eine Kultur der Vergebung ermutigt zu dem Risiko, zu führen. Aber Führungskräfte müssen auch in der Lage sein, sich selbst zu vergeben. Wir neigen dazu, unsere Fehler mit uns herumzutragen wie auch unsere unsicheren Entscheidungen. Wir denken sie wieder und wieder durch und überlegen, was wir hätten tun sollen. Das lähmt unsere Fähigkeit, Entscheidungen zu riskieren und engt unsere Führungsfähigkeit ein. Wir müssen darauf vorbereitet sein, mit den Folgen zu leben. Aber wenn wir führen möchten, müssen wir auch in der Lage sein, mit Fehlern zu leben und uns selbst zu vergeben.

Wann auch immer ich diese Werte aufliste, habe ich das Bedürfnis, etwas klarzustellen: Ich lebe nicht konsequent nach dieser Liste und auch das Regent College tut es nicht. Aber ich bin bereit, mir diese Werte vor Augen halten zu lassen. Ich erwarte, dass ich versage. Ich erwarte, dass sich jemand mit mir auseinander setzt, der sich um mich sorgt. Ich erwarte, dass mir vergeben wird und ich dazu ermutigt werde, es noch einmal zu probieren.

Als Führungskräfte bringen wir Werte in die Gemeinschaft ein. Vielleicht teilen wir sie mit, wie ich es versuchte. Aber sicherlich zeigen wir sie durch alles, was wir tun. Ob Sie sich die Zeit nehmen, sie auf eine Liste zu schreiben oder nicht – Sie leben in Wirklichkeit Ihre eigene Liste von tief verwurzelten Werten. Unsere Glaubwürdigkeit als Führungskraft ist direkt mit der Übereinstimmung zwischen unseren ausgesagten Werten und denen, die wir leben, verbunden – unserer Stimme und unserer Berührung. Wir möchten ein Unternehmen dazu anleiten, als eine vom Geist Gottes geformte Gemeinschaft zu leben. Darum müssen wir selbst willens sein, daran gemessen zu werden, ob wir selbst als geisterfüllte Männer und Frauen von Charakter leben und führen.

Wie sieht das nun aus, wenn wir es auf eine Organisation anwenden?

Gemeinsame Kultur mitteilen: eine Aussage zu Werten

Die Liste dieser siebzehn persönlichen Werte, die ich für die leitenden Angestellten in Calgary entworfen hatte, wurde im Juni 1991 in einer Ausgabe der *Regent World* veröffentlicht. Darauf erhielt ich mehr Reaktionen als auf alles andere, was ich geschrieben habe. Briefe kamen sowohl von Unternehmen als auch von Christen aus aller Welt. Alle sagten mir, sie hätten jetzt eine Grundlage für eine Reihe von Aussagen über Werte bekommen. Das Komitee für strategische Planung am Regent College sah diese Liste auch und bat mich, eine Aussage über Werte parallel zu unserer Aussage über unsere Mission für unsere werkseigenen Publikationen zu entwerfen. Darauf hatte ich gewartet. Es war die Chance für das College, einen Satz von gemeinsamen Werten auszudrücken. Dies konnten wir gemeinsam fördern und für die kommenden Jahrzehnte in unserer Kultur verankern.

Somit versuchte ich vor mehreren Jahren, das zu entwerfen, was ich den *Charakter des Colleges* nenne. Das war weitaus schwieriger, als ich gedacht hatte. Ich hätte an Max DePrees Worte in *Leadership Jazz* denken sollen: „Das Unternehmen erwartet von der Führungskraft Folgendes: Sie soll durch ihre Aussagen, aber insbesondere auch durch ihr Verhalten die Überzeugungen und Werte dieser Institution definieren und ausdrücken. Das ist vielleicht nicht einfach. Aber wie vieles andere auch ist es grundlegend wichtig. Wenn wir niederschreiben, was die Werte einer Organisation sind, kommt für jeden die Stunde der Wahrheit. Manche Menschen können auch ungemütlich werden, weil die Sicherheit von vage bekannten Werten recht schnell verschwindet.“[84]

Ich verbrachte sehr viel Zeit für einen ersten Entwurf. Es ist eine Sache, siebzehn Werte aufzulisten. Es ist aber eine ganz andere, sie mit Inhalt zu füllen. Sie sollen schließlich dem prüfenden Blick der Gemeinschaft standhalten und auch angemahnt werden können.

Als ich fertig war, hatte ich etwas geschaffen, von dem ich sehr überzeugt bin. Es ist in vielen Dingen ein Ausdruck meiner Seele. Als ich es jedoch in Umlauf brachte, war die häufigste Antwort: „Vielleicht im Himmel!“ Was ich als ein überzeugendes Dokument ansah, wurde von fast jedem anderen als zu kompliziert, zu idealistisch oder zu bedrohlich angesehen. Niemand wollte etwas gegen eine Aussage in diesem Schriftstück sagen. Aber es war auch niemand willens, es als etwas festzuhalten, für das wir als Gemeinschaft geradestehen wollten. Ich versuchte, es umzuändern, aber ich fühlte mich jedem einzelnen Punkt verpflichtet. Ich bin bereit, auf jeden dieser Punkte angesprochen zu werden, obwohl ich erwarte, regelmäßig zu versagen.

Nach einjähriger Diskussion wurde entschieden, dass wir an Regent solch ein Schreiben brauchen, aber es sollte viel einfacher gefasst sein. Am Schluss einigten wir uns auf vier Kernwerte: persönliches geistliches Wachstum und Reife; biblische Lehre; erfahrbare christliche Gemeinschaft; berufliche Integration. Das sind die offiziellen Werte, durch die wir unsere Mission und unser gemeinsames Leben formen lassen wollen. Das ist genauso präzise, wie unsere Gemeinschaft während der Zeit der Planung bereits war.

Aber der *Charakter des Colleges* existiert immer noch. Er zeigt immer noch die Art von Gemeinschaft, der ich angehören möchte. Ich verteile das Dokument immer noch – nicht als Schriftstück von Regent, sondern als Aussage über meine persönlichen Werte. Eine Stellungnahme zu dem, was ich an Regent versuche zu verwirklichen und eine Äußerung über das, für das ich immer noch geradestehen will. Interessanterweise bitten mich viele um Kopien und ich sehe regelmäßig, wie sich Verhaltensweisen an den Aussagen des Schriftstücks orientieren. Vor kurzem hat der Abteilungsleiter vorgeschlagen, dass ich eine Kopie einrahmen und in meinem Büro aufhängen sollte. Dort kann sie dann andere in Regent an meine Vision erinnern. Vielleicht werden wir in unserem nächsten Planungsprozess eine etwas detailliertere Aussage über Werte erarbeiten. Bis dann möchte ich diesen „inoffiziellen“ *Charakter des Colleges* im Blick haben, wenn ich mit anderen über Wertaussagen für unsere Unternehmen spreche.

Dies ist mein Versuch, eine Aussage über Werte für das Regent College zu machen. Es zeigt, wie sehr der Brief von Paulus an die Kolosser mein Denken beeinflusst. Ich ermutige Sie dazu, auch für Ihr Unternehmen ein solches Schriftstück zu erstellen. Gut ist es, die Werte aufzuschreiben, denen wir uns verpflichtet fühlen. Es wäre der erste Schritt, die kulturellen Voraussetzungen und Überzeugungen aufzuzeigen, die unser Handeln bestimmen.

Es tauchen viele „kulturelle“ Fragen auf, wenn wir versuchen, die Kultur unserer Organisation zu verstehen. Wenn wir uns da durchgearbeitet haben und die gemeinsamen Wertverpflichtungen feststellen, ebnen wir für eine Aussage über Werte den Weg, die unsere Ziele enthält und unsere Führung bündelt. Wie lösen wir in unserer Gemeinschaft Konflikte? Wie zeigen wir Menschen, dass wir sie schätzen und stärken? Wie können wir Mitarbeiter disziplinieren oder entlassen? Wie können wir freundlich bleiben, wenn wir jemanden entlassen müssen? Wie definieren wir Liebe, wenn jemand eine andere Sicht hat? Was bedeutet uns der Mitarbeiter am Empfang? Welche Bedeutung hat für uns der Chef? Welche Führungskultur haben wir – reagierend oder selbst das Heft in die Hand nehmend, wirtschaftlich oder bürokratisch? Definiert sich unsere Gemeinschaft durch Offenheit oder Geschlossenheit? Liegt die Kultur schriftlich vor oder nur mündlich? Wie verbreiten wir Informationen? Führt ein Konflikt zu Auseinandersetzung oder Kritik? Was erwarten wir von Gott?

Der Charakter eines Colleges

Das Regent College möchte in der Fakultät, der Belegschaft, der Verwaltung und dem Ausschuss eine lernende und einander fördernde Gemeinschaft sein, in der sich die Gegenwart Gottes in Jesus Christus durch seinen Heiligen Geist in den Beziehungen, den Arbeitsweisen im Unternehmen und dem unternehmerischen Vorgehen der Gemeinschaft zeigt.

I. Eine dankende Gemeinschaft

A. ein Ort des Gebetes und der Danksagung, an dem die Abhängigkeit von Gott eingestanden wird;
B. ein Ort, der Freude macht, an dem wir uns sicher fühlen in der Liebe Gottes;
C. ein Ort, an dem jede Handlung als Unternehmen oder Gemeinschaft als Gottesdienst verstanden wird;
D. ein Ort, an dem wir Gott begegnen und eine biblische Sicht von unserer Persönlichkeit und Berufung bekommen;
E. ein Ort, an dem wir in Dankbarkeit diese uns zum Dienst anvertrauten Gaben annehmen.

II. Eine Gemeinschaft mit Weisheit

A. ein Ort, an dem wir Weisheit suchen, um die Welt aus der Perspektive Gottes zu sehen;
B. ein Ort, an dem wir mit intellektueller Redlichkeit und kritischem Verstand die Wahrheit suchen;
C. ein Ort, an dem wir Raum zum Denken und Wachsen haben;
D. ein Ort, an dem man uns zuhört;
E. ein Ort, an dem Wissen von biblischer Spiritualität durchdrungen wird;
F. ein Ort, an dem wir die verschiedenen Bereiche unseres Lebens unter die Herrschaft Christi bringen.

III. Eine Gemeinschaft mit Charakter

A. ein Ort der Liebe, an dem wir die Wichtigkeit einer voneinander abhängigen Gemeinschaft lernen;
B. ein Ort, der von Integrität, ermutigender Ehrlichkeit und Vertrauen gekennzeichnet ist;

C. ein Ort des Friedens, an dem wir Ideen mit Kritik ohne Streit überprüfen können;
D. ein freundlicher Ort, an dem Menschen und Verfahren der Förderung und Ermutigung dienen, an dem Einrichtungen und Verfahren barmherzig sind;
E. ein freundlicher Ort, an dem wir in echter Demut füreinander sorgen;
F. ein Ort der Geduld, an dem wir so angenommen werden, wie wir sind, und ermutigt werden, so zu werden, wie Gott uns will;
G. ein Ort, an dem wir in dem anderen Jesus sehen.

IV. Eine Dienstgemeinschaft
A. ein Ort, an dem wir dazu angehalten werden, unsere Gaben im Dienst an anderen zu entwickeln;
B. ein Ort, an dem man uns ermutigt, für Christus zu leben und Liebe und Gerechtigkeit in diese Welt zu bringen;
C. ein Ort, an dem wir dazu ausgerüstet werden, wirtschaftlich und gesellschaftlich etwas zu verändern;
D. ein Ort, der in Partnerschaft mit örtlichen Gemeinden dient;
E. ein Ort, an dem Zusammenarbeit gefördert wird;
F. ein Ort, an dem die Barmherzigkeit dafür sorgt, dass die Menschen „die zweite Meile“ mitgehen.

V. Eine vergebende Gemeinschaft
A. ein Ort der Vergebung und der zweiten Chance;
B. ein Ort des Vertrauens – in Gott, andere und uns selbst;
C. ein Ort, an dem Leben und Beziehungen geheilt werden;
D. ein Ort, an dem Versagen nie das Letzte ist;
E. ein Ort der Erneuerung und des Wachstums;
F. ein Ort der Barmherzigkeit und der Hoffnung.

VI. Eine pflichtbewusste Gemeinschaft

A. ein Ort, an dem Verpflichtungen eingegangen und Versprechen gehalten werden;
B. ein Ort, der von einer Vision und nicht von Effizienz bestimmt wird;
C. ein Ort, an dem die Gegenwart sowohl durch die Zukunft als auch die Vergangenheit bestimmt wird;
D. ein Ort des Verantwortungsbewusstseins, an dem Pflichten Vorrang vor Rechten haben;
E. ein Ort, an dem Besitz durch Verwalterschaft ersetzt wird;
F. ein Ort, an dem Vollkommenheit ständige Erneuerung erfordert;
G. ein Ort, an dem die Einheit der Gemeinschaft ständig durch die Verschiedenheit der persönlichen Beiträge erneuert wird;
H. ein Ort, an dem wir uns darauf vorbereiten, vor Gott zu stehen.

Eine Kultur zu schaffen und zu fördern ist eine der Schlüsselaufgaben der Führung. Es ist ein lang andauernder Prozess. Er erfordert eine langjährige Verpflichtung der Führung. Ich glaube nicht, dass eine Führungskraft in weniger als zehn Jahren konsequent Werte verankern kann, außer es kommt zu einer Krise im Unternehmen! Man muss geduldig mit den Leuten mitgehen und die neue Kultur beispielhaft vorleben und fördern. Dazu braucht man Führungskräfte mit einer Vision. Sie müssen sehen können, was Gott mit ihrer Organisation erreichen möchte. Führungskräfte sind Menschen, die erkennen, wie ihre Kirche oder Organisation aussehen kann, wenn Christus dort in ihrer Mitte anwesend ist. Das erfordert Führungskräfte, die Beziehungen eingehen und sich selbst angreifbar machen, indem sie eine genaue Aussage über ihre Werte machen, für die sie stehen müssen. Es erfordert dienende Führungskräfte, die gelernt haben, von Gott abhängig zu sein. Sie müssen erwarten, Gott in ihren Organisationen in den nächsten Jahren wirken zu sehen. Vision, Werte und Angreifbarkeit – vielleicht geht es genau darum bei dienender Führung durch Beziehungen.

Schlussfolgerung: Das Gebet um Vergebung

Wir können nicht nur über Unternehmenskultur und die Verantwortung der Führungskraft reden, die gemeinsamen Werte der Gemeinschaft zu vermitteln, diese Werte zu leben und in dem Gefüge der Kultur zu verankern. Jetzt ist es nötig, dass wir auf die Führungskraft zurückkommen. Der Charakter der Führungskraft zeigt sich, wenn sie versucht, die Kultur einer Organisation zu beeinflussen. Wenn hier Schluss wäre, würden wir alle nicht führen wollen. So sehr wir es auch versuchen, ist unser Charakter doch die Schwachstelle. Wir schaffen es nicht, gemäß der Berufung zu leben, die Gott uns zugedacht hat. Wir versagen und brauchen Vergebung. Ist das gut genug? Kann ich hoffen, die Kultur meiner Organisation durch meine biblischen Vorstellungen zu verändern, wenn ich selbst damit zu kämpfen habe, diese Werte in meinem Leben konsequent anzuwenden?

Genau an diesem Punkt tröstet mich Davids angsterfüllter Schrei vor Gott: „*Gott, sei mir gnädig nach deiner Güte*" (Psalm 51,3). Ohne Vergebung gibt es keine Hoffnung auf Führung. Und ich meine nicht nur die Vergebung der Menschen und der Organisation, wenn wir ein zu hohes Risiko eingegangen sind. Diese Vergebung ist entscheidend und erforderlich, damit Führung effektiv sein kann. Aber das, was ich hier meine, ist noch grundlegender. Es geht um die Vergebung Gottes. Die brauchen wir, wenn wir so kühn sein wollen, aufzustehen und Gottes Volk zu führen, obwohl wir wissen, dass wir nicht einmal die charakterlichen Merkmale besitzen, von denen wir im Kolosserbrief lesen.

David war eine Führungskraft, die von Gott erwählt und gebraucht wurde. Seine Eskapaden werden im Alten Testament gut beschrieben. Und sein Versagen ist für alle Zeit aufgezeichnet. Die Geschichte seiner Sünde mit Bathseba ist wohlbekannt. Mit einem verheerenden Mangel an Charakter führt David Bathseba zu Ehebruch und Mord. Der König ist gefallen. Gottes Führungskraft hat versagt. Aber selbst wenn ich auf diesen moralischen Zusammenbruch blicke, werde ich doch durch die letzten Worte von David auf seinem Sterbebett ermutigt. Diese Worte werden in 2. Samuel 23,1-5 berichtet:

Dies sind die letzten Worte Davids.
Es spricht David, der Sohn Isais, es spricht der Mann, der hoch erhoben ist, der Gesalbte des Gottes Jakobs, der Liebling der Lieder Israels:
Der Geist des HERRN hat durch mich geredet, und sein Wort ist auf meiner Zunge. Es hat der Gott Israels zu mir gesprochen, der Fels Israels hat geredet: Wer gerecht herrscht unter den Menschen, wer herrscht in der Furcht Gottes, der ist wie das Licht des Morgens, wenn die Sonne aufgeht, am Morgen ohne Wolken. Und wie das Gras nach dem Regen aus der Erde bricht, so ist mein Haus fest bei Gott; denn er hat mir einen ewigen Bund gesetzt, in allem wohl geordnet und gesichert. All mein Heil und all mein Begehren wird er gedeihen lassen.

Kraftvolle Worte von jemandem, der so eklatant vor Gott versagt hat. Am Ende seines Lebens kann David trotz aller Kämpfe und mit dem Zugeständnis von Schwachheit und Versagen sagen: „Ich bin von Gott erwählt", „Gott hat durch mich gesprochen", „Weil ich von Gott abhängig war, wurden Menschen durch meine Führung gefördert", und auch sehr schmerzlich : „Mir wurde vergeben, ich vertraue auf die Bundesliebe meines Gottes." Nur in Abhängigkeit von Gott und der Erkenntnis, dass wir Vergebung brauchen, können wir es wagen, die Verantwortung für die Führung derer zu übernehmen, zu denen Gott uns sendet.

Die Erkenntnis des Versagens Davids und die Bestätigung von Gottes Vergebung gibt mir Hoffnung – eine Hoffnung, die mich ständig auf die Knie ins Gebet treibt – ein Gebet, das regelmäßig seinen Ausdruck in Psalm 51 findet. Dieses Gebet, das David kurz nach Nathans fürsorglicher Konfrontation schrieb, ist ein Beispiel für Männer und Frauen in Führungspositionen, die genau wissen, dass sie nur solange überleben können, wie Gott in ihnen ein reines Herz schafft und einen neuen, beständigen Geist gibt. Es scheint mir passend zu sein, dieses Kapitel über persönlichen und organisatorischen Charakter mit dem kraftvollen Gebet einer sehr menschlichen Führungskraft zu beenden:

Ein Psalm Davids, vorzusingen, als der Prophet Nathan zu ihm kam, nachdem er zu Batseba eingegangen war.

Gott, sei mir gnädig
nach deiner Güte,
und tilge meine Sünden
nach deiner großen Barmherzigkeit.
Wasche mich rein von meiner Missetat,
und reinige mich von meiner Sünde;
denn ich erkenne meine Missetat,
und meine Sünde ist immer vor mir.
An dir allein habe ich gesündigt
und übel vor dir getan, auf dass du Recht behaltest in deinen Worten
und rein dastehst, wenn du richtest.
Siehe, ich bin als Sünder geboren,
und meine Mutter hat mich in Sünden empfangen.
Siehe, dir gefällt Wahrheit, die im Verborgenen liegt,
und im Geheimen tust du mir Weisheit kund.
Entsündige mich mit Ysop, dass ich rein werde;
wasche mich, dass ich schneeweiß werde.
Lass mich hören Freude und Wonne,
dass die Gebeine fröhlich werden, die du zerschlagen hast.
Verbirg dein Antlitz vor meinen Sünden,
und tilge alle meine Missetat.
Schaffe in mir, Gott, ein reines Herz,
und gib mir einen neuen, beständigen Geist.
Verwirf mich nicht von deinem Angesicht,
und nimm deinen heiligen Geist nicht von mir.
Erfreue mich wieder mit deiner Hilfe,

und mit einem willigen Geist rüste mich aus.
Ich will die Übertreter deine Wege lehren,
dass sich die Sünder zu dir bekehren.
Errette mich von Blutschuld, Gott,
der du mein Gott und Heiland bist,
dass meine Zunge deine Gerechtigkeit rühme.
Herr, tu meine Lippen auf,
dass mein Mund deinen Ruhm verkündige.
Denn Schlachtopfer willst du nicht, ich wollte sie dir sonst geben,
und Brandopfer gefallen dir nicht.
Die Opfer, die Gott gefallen, sind ein geängsteter Geist,
ein geängstetes, zerschlagenes Herz
wirst du, Gott, nicht verachten.
Tu wohl an Zion nach deiner Gnade,
baue die Mauern zu Jerusalem.
Dann werden dir gefallen rechte Opfer,
Brandopfer und Ganzopfer;
dann wird man Stiere auf deinem Altar opfern.

5 Beeinflussen durch Beziehungen

Macht, Ziele und Beziehung

Um unsere Diskussion über die Motivation und Ermutigung von Menschen in Gang zu bringen, sollten wir uns an das vierte Bild von Judas erinnern: „Wilde Wellen des Meeres, die ihre eigene Schande ausschäumen."

In diesem starken Bild vereinigt Judas Macht, Zweck und Beziehung.

Die selbst ernannten Führungskräfte machten viel Wind, aber sie waren nirgendwohin unterwegs. Ihr Handeln zog die Blicke auf sich wie wild ans Ufer schlagende Wellen, aber sie hinterließen nichts von Wert. Wenn sich die Flut ihrer Führung zurückgezogen hatte, gab es an den Ufern ihrer Gemeinde nur Trümmer und Zerstörung. Das waren Menschen, die ihre Macht und ihre Position zu ihrem Vorteil nutzten. Sie setzten ihre eigenen Interessen durch – aber sie hatten kein Ziel. Ihre Kraft war nutzlos eingesetzt. Sie riss nieder und unterspülte alles wie die Meereswellen. Sie kümmerten sich vor allem um ihre Angelegenheiten und nicht um die Menschen, denen sie durch ihre Führung dienen sollten. Sie waren keine Beziehungen zu Menschen eingegangen, die es ermöglicht hätten, ihre Macht durch andere zum Guten der Gemeinde zu bündeln. Alles, was sie bieten konnten, war unaufhörliche Bewegung ohne Ziel oder Richtung. Führung ist grundsätzlich machtvoll, aber es ist eine Macht, die an einen Zweck gebunden ist. Führung soll Dienst an der Mission und den Menschen sein. Sie ist eine Beziehung mit der Macht zu dienen.

Führung ist eine Abhängigkeitsbeziehung von Menschen.

Biblische Führung ist eine Beziehung – eine lang andauernde Beziehung, die durch Gottes geduldiges Erfüllen seines Plans mit unserem Leben beispielhaft gezeigt wird.

Führung ist eine Beziehung, in der man sich genug um den anderen kümmert, um mit ihm geduldig auf ein gemeinsames Ziel zuzugehen. Bei Führung geht es nicht um Führungskräfte, sondern um die Menschen, die wir führen.

Tychikus: Sich um Beziehungen kümmern

Die beteiligten Menschen machen die Geschichte der Gemeinde von Kolossä so faszinierend. Wir erleben sie bei dem Versuch, ihren Glauben im gemeinsamen Alltag zu leben. Wir kehren nun zu den Kolossern zurück und betrachten, wie wir sie nicht kennen.

Wir sehen Paulus schreiben und theologische Überzeugungen mitteilen, Onesimus durch seinen neu gefundenen Glauben strahlen und Philemon voller Feindseligkeit. In dieses Chaos tritt nun Tychikus. Paulus schreibt die Briefe und übergibt sie und auch Onesimus an Tychikus und sagt ihm: „Du gehst jetzt nach Kolossä und klärst das.“ Kommt Ihnen das bekannt vor?

Von der Position her ist Tychikus keine Führungskraft. Höchstens ist er Mitglied eines Teams, Mitglied von Paulus engstem

Freundeskreis, ein Freiwilliger, in dessen Hände Paulus seine Vision gelegt hat. Alles Theorie und ein reiner Planungsentwurf, bis sie Tychikus überantwortet wird. Er muss dafür sorgen, dass es funktioniert. Tychikus repräsentiert für mich das Grundlegende am Geführtwerden. Er ist der Angestellte, das Mitglied des Personals, der Freiwillige. Er ist jemand, den Paulus befähigt hat, die Mission zu einem guten Ende zu führen. Wenn es bei Führung darum geht, dass Menschen sich mit der Mission identifizieren und sie ausführen, dann ist Tychikus das klassische Beispiel eines bevollmächtigten Geführten – dem Ziel einer Leiterschaftsbeziehung.

Wir wissen nicht viel über Tychikus. In Kolosser 4,7–8 schreibt Paulus:

Wie es um mich steht, wird euch alles Tychikus berichten, der liebe Bruder und treue Diener und Mitknecht in dem Herrn, den ich darum zu euch sende, dass ihr erfahrt, wie es uns ergeht, und damit er eure Herzen tröste.

In seiner kurzen Beschreibung sagt Paulus uns fünf Dinge über Tychikus. Er sei ein lieber Bruder, treuer Diener, Mitknecht, einer, dem die Botschaft anvertraut ist und jemand, der Menschen tröstet. Keine schlechte Bewertung, um sie hinter dem eigenen Namen stehen zu haben!

Tychikus der liebe Bruder. Er war Teil der *koinonia*, der Gemeinschaft der Gläubigen, die den Leib Christi bilden. Wie wir gesehen haben, ist dies für Paulus ein wichtiges Thema. In beiden Briefen appelliert Paulus an Philemon und an die Kolosser, gemäß der *koinonia* zu leben, sich ihrer Mitgliedschaft in der Gemeinde würdig zu erweisen. Dieses Band verbindet Paulus, Philemon, Onesimus, Tychikus und die Kolosser miteinander. Es gibt in diesem Drama verschiedene Rollen, aber eine gemeinsame Teilhabe an der Gemeinschaft in Christus.

Tychikus der treue Diener. Er machte seine Arbeit gut, und deshalb vertraute ihm Paulus das Leben von Onesimus an und in entscheidender Weise auch das geistliche Wachstum der Kolosser. Wie Tychikus den Brief und Onesimus überbringt und die Anweisungen von Paulus ausführt, wird eine sehr große Rolle bei der Reaktion von Philemon und den Kolossern spielen. So ist es auch bei jeder Person, die wir führen. Wie sie auf unseren Einfluss reagiert und ihre Pflichten erfüllt, zeigt die Effektivität unserer Führung. Es trifft auch auf die Führungskräfte zu. Wie Führungskräfte den Menschen dienen, die ihnen anvertraut sind, wird einen entscheidenden Einfluss auf das Wachstum dieser Menschen und die Erfüllung der Mission haben.

Tychikus, der Mitknecht im Herrn. Die Mission des Reiches Gottes bestimmte alles, was er tat. Er hatte sein Leben dem Dienst Gottes, der Verherrlichung Gottes in Christus, geweiht. Seine ganze Arbeit spiegelte diese Verpflichtung wider. Als jemand, der dazu berufen war, ein Diener des Herrn zu sein, war Tychikus wirklich ein Diener an der Mission und der Menschen. Er akzeptierte das Ziel, für das Paulus die Briefe geschrieben hatte und verschrieb sich selbst dieser Aufgabe. Im Dienst für Paulus akzeptierte er diese Anweisungen und bot sich so als Diener für Onesimus, Philemon und die Gemeinde in Kolossä an. Nirgendwo wird die Führungsbeziehung deutlicher gezeigt als in dem bescheidenen, fast verborgenen Dienst von Tychikus.

Ich erinnere mich an ein Vorstellungsgespräch mit zwei Leuten für eine Stellung in der Dozentenschaft. Als wir fertig waren, schien unsere Wahl festzustehen. Ein Bewerber hatte uns über sich selbst und sein Programm erzählt, der andere hatte uns auf Gott hingewiesen, und hatte seine eigenen wichtigen Gaben und Fähigkeiten rasch übersprungen. Wen sehen die Menschen, wenn sie in unser Büro kommen? Wem dienen wir nach Ansicht der Menschen?

Tychikus ist jemand, dem eine Botschaft anvertraut ist. Paulus ist im Gefängnis. Er hat weder Telefon noch Faxgerät. Es gibt keine E-Mails. Er hat keine Möglichkeit, die Einzelheiten über seine Situation, die Enttäuschungen und Hoffnungen und die Herausforderungen und Ängste mitzuteilen. Aber er hat Tychikus. Er hat eine enge, vertrauensvolle Beziehung zu Tychikus. Paulus vertraut ihm die Briefe an, er vertraut ihm Onesimus an und er vertraut darauf, dass er Paulus gut vertreten wird. Paulus ist eine Beziehung zu Tychikus eingegangen. Somit ist er in der Lage, Philemon, Onesimus und der Gemeinde in Kolossä durch Tychikus zu dienen. Darum geht es bei der Führungsbeziehung. Dieses Netz von Beziehungen zwischen Paulus, Philemon, Onesimus und der Gemeinde von Kolossä mit Tychikus in der Mitte ist der Prototyp einer dienenden Führung durch Beziehungen. Wer ist die Führungskraft? Wer wird geführt? Wer dient? Wem wird gedient? Bei Führung durch Beziehungen geht es um Führungskräfte, die geführt werden, Geführte, die selbst führen, Diener, die führen und Führungskräfte, die dienen. Führung ist eine Beziehung von gegenseitiger Abhängigkeit.

Tychikus ist jemand, der Menschen tröstet. Welche Art von Person hätte Paulus sonst in diese Situation senden können? Tychikus sorgt für Menschen und arbeitet daran, sie aufzubauen, sie in ihrem Glauben, ihrer Arbeit und ihrem persönlichen Leben zu ermutigen.

In diesem ganzen Drama haben wir gesehen, wie wichtig Beziehungen für Paulus sind. Paulus appelliert an seine Beziehung zu Philemon, um diesen zu überzeugen und zu ermutigen. Paulus betont seine Beziehung zu Onesimus, um ihm Glaubwürdigkeit zu verleihen. Paulus erwartet, dass sich Philemon und Onesimus aufgrund ihres gemeinsamen Glaubens versöhnen. Er erwartet auch, dass diese Versöhnung durch die ganze Gemeinde in Kolossä unterstützt wird. Aber denken Sie auch an die Beziehung zwischen Tychikus und Onesimus. Denken Sie auch an das Vertrauen, das

Onesimus in Tychikus setzen muss. Dieser hält ja in vielerlei Hinsicht sein Leben in den Händen. Wenn Tychikus damit nicht sorgfältig umgeht, ist Onesimus derjenige, der etwas zu verlieren hat. Aber denken Sie auch an die guten Seiten dieses Vertrauens. Onesimus geht zurück, aber er muss dies nicht alleine tun. Er hat einen Freund, der mit ihm geht. Tychikus ist da, um ihn zu unterstützen und zu ermutigen und auch Philemon und die Gemeinde in Kolossä mit seinem Anliegen zu konfrontieren. Paulus hat eine Vision. Tychikus führt diese Vision aus. Darum geht es in der Führungsbeziehung.

Tychikus ist ein lieber Bruder, treuer Diener, Mitknecht, einer, dem die Botschaft anvertraut ist und jemand, der Menschen tröstet – ein entscheidender Mitwirkender an dem Drama von Paulus und der Gemeinde in Kolossä. Paulus weiß, was er erreichen will, aber er war von Tychikus abhängig, um dies durchzuführen.

Fürsorge und Förderung von bezahlten und ehrenamtlichen Mitarbeitern

Führung ist eine Abhängigkeitsbeziehung. Führungskräfte vermitteln eine Vision. Sie fördern Werte mit allem, was sie tun. Aber Führungskräfte sind von ihren Mitarbeitern abhängig, um Dinge durchzuführen. In diesem Kapitel blicken wir in Bezug auf Förderung und Fürsorge für Mitarbeiter auf die Führungsbeziehung. Es geht um die Leute, mit denen wir unsere Vision verwirklichen und unsere Werte teilen. An diesem Punkt wird der bezugsbezogene Charakter dienender Führung am meisten sichtbar. Bei der gegenseitigen Abhängigkeit zwischen Führungskraft und Geführten hören wir am deutlichsten den Herzschlag dienender Führung.

Ich möchte kurz die grundlegenden Bestandteile eines Systems zum Management von menschlichen Kräften skizzieren. Es wurde für Firmen und den Bereich der Wohltätigkeits- oder Dienstorganisationen entwickelt. Um aber noch einmal die Wichtigkeit von Beziehungen bei der Führung zu unterstreichen, möchte ich gerne ein Modell für die Förderung der Mitarbeiter betrachten. Das mache ich vorrangig aus der Perspektive eines ehrenamtlichen Helfers. Ich wähle diese Herangehensweise aus mehreren Gründen. Zuerst einmal glaube ich, dass sich die Prinzipien und Prozesse des Managements von menschlichen Kräften auf unbezahlte oder ehrenamtliche Helfer anwenden lassen. Zweitens werden wir durch die Zunahme des Flickenteppich–Lebensstils zunehmend Ehrenamtliche in unseren Organisationen wie auch unseren Gemeinden beschäftigen. Und drittens werden wir als Führungskraft zunehmend unseren eigenen Dienst und unsere eigene Erfüllung in ehrenamtlicher Tätigkeit finden. Und schlussendlich stimme ich mit Max DePree[85] überein, der meint, dass fast alle Angestellten heute im Wesentlichen Freiwillige sind. Sie haben sich dafür entschieden, an ihrem gegenwärtigen Arbeitsplatz zu bleiben. Sie sind nicht an eine bestimmte Stelle gebunden.

DePree sagt, die Leute bleiben bei Herman Miller oder unseren Unternehmen, weil sie glauben, dass wir ihnen eine faire Gegenleistung für die von ihnen eingebrachte Zeit und Anstrengung bieten. Wenn sie das Gegenteil glauben, schauen sie sich nach einem neuen Arbeitsplatz um. In diesem Sinn sind alle Angestellten Freiwillige. Denken Sie einmal darüber nach: Bleiben Sie in Ihrer gegenwärtigen Stelle vor allem wegen des Geldes? Wahrscheinlich nicht. Bleiben Sie an diesem Arbeitsplatz, weil Sie einfach keine anderen Möglichkeiten haben? Das ist auch nicht wahrscheinlich. Wir *entscheiden* uns dafür das zu tun, was wir tun. Wir *entscheiden* uns dafür, an diesem Ort zu bleiben, an den Gott uns momentan gestellt hat. In diesem Sinn sind wir Freiwillige. Täglich *entscheiden* wir uns dafür, dort zu sein wo wir sind.

Managementbücher und Zeitungen sprechen über Paradigmenwechsel und das neue Informationszeitalter. Und dies ist ein sich änderndes Paradigma: Die Menschen bleiben nicht mehr (wenn sie es überhaupt einmal taten) aus Loyalität zu einer Firma oder Organisation an einem Arbeitsplatz. Die Unternehmen versprechen nicht mehr, für ihre Mitarbeiter für deren gesamte Lebensarbeitszeit zu sorgen. Die Dinge ändern sich so schnell, dass niemand folgen kann. Die Unternehmen können es sich nicht mehr leisten, Leute zu behalten, die einfach die Arbeit tun, die sie immer taten und auf eine Art, wie sie es immer taten. Die Unternehmen brauchen Mitarbeiter, die lernen und wachsen und sich mit dem Unternehmen und der Umgebung verändern. Gleichzeitig können die Mitarbeiter nicht mehr eine Tätigkeit lernen oder einen Wissensstand erreichen und sich ein Leben lang darauf ausruhen. Was wir heute wissen und tun kann morgen schon gut und gerne überholt sein. Wir müssen alle ständig lernen und wachsen, um weiterhin bei der ständigen Veränderung unserer Organisationen mitarbeiten zu können.

Fast Company: How Smart Business Works ist ein neues Magazin für die jungen Angestellten des Informationszeitalters. Nehmen Sie eine Ausgabe und schauen Sie sich die Überschriften an, die diese neue Realität heraus schreien: „Die Börse ruft“, „Die Macher“, „Entscheide selbst“, „Der Talentmarkt“, „Der Kampf um die besten Nachwuchskräfte“, „Schnell genug die Arbeitsstelle wechseln“.[86] Der Geführte hat die Initiative. Der Geführte hat die Wahl. Um eine Stellung zu bekommen – sei es als bezahlter Angestellter oder ehrenamtlich – müssen wir ständig lernen und wachsen. Nach denjenigen, die dies tun, sucht jede Organisation.

Aber dieses neue Paradigma, diese neue Realität, bürdet sowohl Menschen als auch Unternehmen Lasten auf. Die Unternehmen müssen aktiv die Führung bei der Einstellung und Erhaltung ihrer Mitarbeiter übernehmen – ihrer Freiwilligen – ihrer freien Arbeiter, die einen befristeten Vertrag zur Leistung eines Dienstes mit ihnen abgeschlossen haben. Diese Rekrutierung hört niemals auf. Sie ist eine ständige Verpflichtung. Gleichzeitig müssen die Mitarbeiter sich ständig neu informieren und wachsen. Nur dann können sie der wechselnden Umgebung und sich ändernden Zielen des Unternehmens gerecht werden. Diejenigen, die hier nicht mithalten können, werden schnell an den Rand gedrängt. Die Möglichkeiten, Beiträge zu leisten, steigen ständig – aber ebenso die Möglichkeit der Arbeitslosigkeit und wirtschaftlicher Schwierigkeiten.

Das stellt an die Führung neue Herausforderungen. Führung dient, wie ich bereits gesagt habe, sowohl der Mission als auch den Menschen. Diese zwei „Dienste" werden zunehmend in Konflikt geraten. Der Mission wird von zupackenden und begabten Menschen gedient. Die machen sie sich zu Eigen und erweitern ständig ihre Fähigkeiten. So können sie noch mitarbeiten, wenn die Mission sich ändert. Führungskräfte müssen sich zuallererst auf die Mission der Organisation konzentrieren. Zur gleichen Zeit müssen Führungskräfte Leute einstellen und somit für das Wachstum und die Förderung dieser Menschen sorgen. Denn die Teammitglieder sollen in die Lage versetzt werden, langfristig mitzuarbeiten. Sie sollen auch im Unternehmen einen Ort finden, an dem sie sich für längere Zeit einbringen möchten. Führung ist eine dienende Beziehung mit den Menschen, die sie ständig fördert und wieder in das Leben des Unternehmens einfügt.

Aber es gibt noch einen weiteren Grund, das Thema der Förderung von Mitarbeitern mit den Augen eines Freiwilligen zu betrachten. Die meisten Organisationen versagen darin, ihre freiwilligen Mitarbeiter zu entwickeln. Gute Organisationen kümmern sich sehr ernsthaft um ihr bezahltes Personal und versuchen, sie als Menschen und Mitarbeiter zu entwickeln. Leider sorgen aber viele Organisationen nicht gut für ihre Leute. Christliche Organisationen haben tatsächlich den Ruf, sich nicht sehr um ihre bezahlten Mitarbeiter zu kümmern und ihre freiwilligen Helfer auszunutzen. Wenn wir uns nun auf die Führungsbeziehung aus dem Blickwinkel des Ehrenamtlichen konzentrieren, können wir dadurch wichtige Fragen erkennen, die der Schlüssel für Motivation und Führung bei allen Mitgliedern unserer Organisation sind.

Christliche Organisationen haben den Ruf, sich nicht sehr um ihre bezahlten Mitarbeiter zu kümmern und ihre freiwilligen Helfer auszunutzen.

Aber sogar wenn es Programme für freiwillige Helfer gibt, ist es schwierig, hier gute Beispiele zu finden. Ich habe über die Jahre mehrere Organisationen gesehen, die sich ernsthaft um ihre ehrenamtlichen Helfer gekümmert haben. Besonders beeindruckt hat mich die Art, wie die Freiwilligen im Zoo von Los Angeles, beim amerikanischen Roten Kreuz, im Sierra Club, im Huntington Memorial Krankenhaus in Pasadena und bei den Olympischen Spielen in Los Angeles gefördert wurden. Krankenhäuser scheinen es besser als die meisten anderen Organisationen geschafft zu haben, gute Programme zur Förderung ehrenamtlicher Helfer zu entwickeln. Sie sprechen Mitarbeiter an und erhalten sie, sodass sie dort einen Ort finden, um ihre Gaben und Werte einzubringen. Kirchen haben auf der anderen Seite mehr freiwillige Helfer als jeder andere. Aber sie sind berüchtigt dafür, dass sie kaum Beziehungen zu ihnen eingehen.

Alles, was wir in diesem Kapitel über den Umgang mit Arbeitskräften besprechen – über die Förderung von Mitarbeitern –, trifft auf Freiwillige, bezahltes Personal, Firmen, Wohltätigkeitsorganisationen und auch Ortsgemeinden zu. Ich benutze den Ausdruck *Freiwillige* für alle Teammitglieder – bezahlte wie ehrenamtliche –, um uns daran zu erinnern, dass der Geführte *sich entscheidet* zu folgen.

Warum helfen Menschen freiwillig?

Warum melden sich Menschen für eine ehrenamtliche Tätigkeit? Warum bringen sie bei einer bestimmten Organisation ihre Zeit und ihre Gaben ein? Dafür gibt es viele Gründe. Menschen übernehmen ehrenamtliche Tätigkeiten, um Anerkennung und Liebe zu bekommen. Sie arbeiten mit, um ihren Status zu erhöhen und Macht zu bekommen. Vielleicht beteiligen sie sich, weil ihnen eine Organisation anbietet, an Entscheidungen mitzuwirken, die sie betreffen. Menschen arbeiten freiwillig mit, um an Bedeutung zu gewinnen.

Als ich kürzlich in Washington D.C. ein Seminar hielt, machte ich in meiner Freizeit all das, was ein Tourist auch tut: alle Kulturstätten wurden besucht. In einem begehbaren Denkmal traf ich Jerry. Jerry bediente den Fahrstuhl – acht bis zehn Stunden pro Woche ehrenamtlich. Er war liebend gern an diesem historischen Ort. Stolz zeigte er auf seine Mütze, die ihn als Freiwilligen auswies, und erklärte mir, dass er mindestens zehn Stunden pro Monat investieren muss, um seinen Status zu halten. Wie viele Leute in Ihren Organisationen haben Angst, ihren Freiwilligenstatus zu verlieren?

Die Menschen arbeiten freiwillig mit, um Erfüllung zu finden und zu wachsen. Sharon arbeitete freiwillig in der Kinderarbeit mit, weil sie so ihrem Leben einen Sinn geben konnte, den sie in ihrer Erwerbsarbeit nicht fand. Manche Freiwillige möchten sich selbst verwirklichen. Beverly hilft als Gärtnerin in einem Heim für Körperbehinderte, weil sie gerne im Garten arbeitet und selbst in einem Wohnblock wohnt. Menschen arbeiten auch freiwillig mit, um sich über einen Beruf zu informieren. Florence arbeitet in der Bibliothek ihrer Kirchengemeinde mit, weil sie später als Bibliothekarin arbeiten will, wenn ihre Kinder groß sind.

Menschen arbeiten freiwillig mit, um eine Sache zu fördern, an die sie glauben. Viele möchten auch etwas in Gang setzen oder einfach dort sein, wo „etwas los ist“ – teilhaben an etwas, das Dinge verändert. Ron engagiert sich freiwillig in der Politik, um seine Ansichten über die Regierung besser vertreten zu können. Jean hilft freiwillig in einem Qualifizierungsprogramm, weil sie auch Menschen eine Ausbildung geben möchte, die nicht in eine traditionelle Schule können. Elizabeth engagiert sich als Leiterin der Ehemaligenarbeit von Regent, weil dieser Bereich völlig unterentwickelt war und sie das ändern wollte.

Menschen helfen freiwillig mit, um mit Menschen ihres Schlags zusammen zu sein. Sie engagieren sich genauso stark wegen der sozialen Kontakte wie wegen der eigentlichen Aufgabe. Die Frage, mit wem sie zusammenarbeiten, ist für viele Menschen in unseren Organisationen wichtig. Menschen helfen auch freiwillig, um anderen zu dienen. Sie möchten das gute Gefühl haben, sich für andere Menschen zu engagieren.

Und schließlich hoffen wir neben all diesen Gründen, dass Menschen sich auch in unseren Organisationen einbringen, weil sie Gott dienen wollen. Sie sehen unsere Organisation – unsere Gemeinschaft – als einen Ort an, an dem sie ihre Berufung durch Gott verwirklichen können. Ich nenne diesen Grund zuletzt, weil er christliche Führungskräfte – besonders Pastoren – oft ablenkt. Viele Pastoren haben mir gegenüber die Überzeugung geäußert, dass ich freiwillig mitarbeiten sollte, um Gott zu dienen. Die Arbeit, die sie im Blick hatten, sollte ich als Ausdruck der Dankbarkeit gegenüber Gott annehmen. Ich möchte dem entgegenstellen, dass ich Gott dankbar bin und meine Arbeit tue, um bezahlt zu werden, aber auch freiwillig als Dienst an Gott. Ich glaube, dass alles, was ich tue, meiner Berufung als Diener Christi entspricht. Ich glaube jedoch nicht, dass dies bedeutet, ich muss in Ihrer Gemeinde bei dieser Arbeit mitarbeiten. Ich möchte meine begrenzte Zeit in einer Art und Weise einbringen, die meiner Berufung, Gott zu dienen, entspricht. Zeigen Sie mir, wie diese Position, auf der ich Ihrem Wunsch nach freiwillig mitarbeiten soll, mir dabei dient. Es gibt viele Möglichkeiten, wie ein Freiwilliger Gaben und Zeit einbringen und immer noch Gott dienen kann. Führungskräfte müssen Beziehungen Ernst nehmen und dem Freiwilligen so dienen, wie sie der Mission dienen.

Dies ist ein wichtiges Prinzip für die Führung und Motivation von Menschen. In jeder Beziehung zu einem freiwilligen Helfer gibt es einen Austausch. Freiwillige – bezahlt oder unbezahlt – haben etwas zu geben. Aber sie möchten auch etwas, haben ein Bedürfnis, dem entsprochen werden muss. Das ist wichtig. Es gibt einen

Grund für ihre Bereitschaft, ihre Zeit und ihre Gaben einzubringen. Eine Führung, die sich auf Beziehungen stützt, nimmt das Ernst.

In Kanada hat die Sozialpolitik dafür gesorgt, dass freiwillige Mitarbeit weniger Bedeutung hat als in den USA. In Kanada beginnen die Unternehmen gerade zu begreifen, dass die Menschen ihnen freiwillig ihre Zeit schenken. Ein Artikel in *The Vancouver Sun*[87] vor ein paar Jahren zeigte auf, dass die Menschen heutzutage aus bestimmten Gründen freiwillig helfen. Sie engagieren sich in diese Beziehung um des Austauschs willen, nicht einfach wegen der freiwilligen Mitarbeit. Je weiter sich die Regierung im Sozialbereich zurückzieht und der Sektor der freiwilligen Tätigkeiten zunimmt, erscheint auch der in der Beziehung mit dem Freiwilligen enthaltene Austausch als ein wichtiges Thema für die Führung von Freiwilligen. In dem Maße, wie wir den Austausch mit unseren Freiwilligen verstehen, werden wir auch fähig sein, ihre Bedürfnisse zu stillen. So motivieren wir sie und fördern ihre Beiträge zu unserer Organisation.

Jede Führungskraft sollte wissen, warum ihr Mitarbeiter gerade an dem Arbeitsplatz arbeitet, an dem er beschäftigt ist.

Ich möchte hier vor allem betonen, dass es einen Austausch gibt. Freiwillige – alle Mitarbeiter – möchten etwas davon haben. Sie können nicht als selbstverständlich betrachtet werden. Freiwillige möchten Gewinn davon haben, dass sie ihre Zeit einbringen. Die ist ein grundlegendes Prinzip für den Umgang mit Menschen – bezahlt oder unbezahlt. Nur wenn wir diese Wahrheit anerkennen, können wir Menschen in einer Art und Weise führen, die sie fördert und unsere gemeinsamen Visionen und Werte verwirklicht.

Die Werbung und Begleitung von Freiwilligen

Die Führungsbeziehung beginnt mit der Anwerbung. Das ist zuallererst ein Problem der Planung und der Kommunikation. Nur wenn wir die Bedürfnisse des Unternehmens kennen, können wir sie auch mit einer genauen Beschreibung in eine Berufung von Freiwilligen umsetzen.

Bedenken Sie, dass wir nicht die Berufung haben, Freiwillige einzustellen. Wir scharen uns um eine Vision. Deshalb möchten wir nur Freiwillige haben, die der Organisation dabei helfen, diese Vision zu erreichen. Eine konsequente Werbung beginnt mit der Planung. Was wollen wir erreichen? Was für Personal brauchen wir, um dies zu schaffen? Und besonders: Welche Art von Mensch und welche Gaben und welche Erfahrung braucht die Organisation, um diesen Teil unserer Mission zu erfüllen? Die Werbung von Freiwilligen wird immer von der Mission bestimmt. Die Mission bestimmt, was getan werden muss. Das, was getan werden muss, bestimmt unseren Personalbedarf. Die Freiwilligen werden immer geworben, um die Mission zu erfüllen.

Die beste Werbung für Freiwillige ist die Empfehlung durch andere zufriedene Freiwillige. Wir müssen einen Ruf aufbauen, ein Ort zu sein, an dem man gut freiwillig arbeiten kann – ein Ort, der sich um die Beiträge und das Wachstum seiner Leute kümmert.

Für den Freiwilligen sollte der Prozess der Einstellung eine ehrliche Präsentation der Bedürfnisse der Organisation beinhalten, wie sie durch gerade die Stelle gezeigt werden, an der die Person helfen soll. Es gehört aber auch eine sorgfältige Überprüfung der Gaben, Interessen, Erfahrungen und Fähigkeiten der Person dazu. Ich frage immer bei bezahlten oder unbezahlten Stellen: „Warum möchten Sie hier arbeiten?“

Ich möchte das Bedürfnis für die Bewerbung verstehen und sichergehen, dass es eines ist, das wir stillen wollen und können. Wir müssen den Mut haben, Freiwillige abzulehnen, die nicht qualifiziert sind, sodass sie andere Positionen besetzen können, für die sie qualifiziert sind. Oder wir müssen sie für diese Position schulen. In christlichen Organisationen fällt uns das schwer. Wir weisen ungern jemanden ab, besonders bei unbezahlter Arbeit. Wir fürchten auch, niemand anderes zu finden. Aber die Erfahrung von erfolgreichen Agenturen für Freiwillige zeigt das genaue Gegenteil. Wenn wir die Voraussetzungen für eine Stelle verschärfen, erhöht das nur die Wichtigkeit dieser Stelle. Es wird nicht schwieriger, dafür Leute zu werben!

Susan ist Zooführerin in Los Angeles. Sie begleitet Kindergruppen durch den Zoo und zeigt ihnen die verschiedenen Tiere. Um ihr Ehrenamt zu erhalten, musste sie eine zehnwöchige Ausbildung absolvieren und eine große Qualifikationsprüfung bestehen. Und jährlich muss sie ihre Eignung nach einer Seminarzeit erneut beweisen. Was müssen Sie tun, um in Ihrer Gemeinde mit Kindern zu arbeiten – sich in Ihrer Organisation freiwillig zu betätigen? Freiwillige Reiseführer vom Sierra Club müssen zwei strenge Trainingskurse absolvieren und ihr Können als Bergsteiger ständig auf dem letzten Stand halten. Wenn wir die Menschen in unserer Organisation halten wollen, müssen wir uns um ihre Ausbildung kümmern – unabhängig von der Form ihrer Vergütung. Es gibt einen Mythos über unbezahlte Beschäftigung. Wir fürchten, dass niemand ein Ehrenamt übernimmt, wenn wir die Latte zu hoch anlegen. Dem ist nicht so. Wenn die Möglichkeiten der Aufgabe des Freiwilligen stimmen, dann unterstreichen die hohen Anforderungen nur die Wichtigkeit der Aufgabe. Für die Position des Führers im Zoo von Los Angeles gibt es eine Warteliste.

Bei der Anwerbung geht es darum, die beste Person zu finden, um die Mission der Organisation zu unterstützen. Es ist hier entscheidend, die Position im Licht der Mission zu verstehen und darzustellen. Es ist aber auch wichtig, dass Führungskräfte das Bedürfnis nach einer Abwechslung bei dem Freiwilligen verstehen. Sogar bei Freiwilligen mit einem hohen Gehalt variiert dieses Bedürfnis je nachdem, wo diese Person in ihrem Leben, ihrer Karriere oder ihrem Dienst steht. Das Gehalt ist selten das Problem bei der Einstellung. Die Zeit könnte wichtig sein. Die Kollegen – diejenigen, mit denen eine Person arbeiten soll – sind oft die Hauptfragen bei der Anstellung für Schlüsselpositionen.

Zukunftsperspektiven stehen hoch im Kurs. Mein dreißigjähriger Sohn hat seine etablierte Stelle als Anwalt aufgegeben, um bei einer Beratungsfirma für Finanzen einzusteigen, die ihm für die Zukunft eine Beteiligung versprochen hat. Unterkunft ist für Organisationen wie das Regent College ein Problem, die in einer Gegend angesiedelt sind, in der das Wohnen sehr teuer ist. Schule für die Kinder, Transportmöglichkeiten, Freisemester, beständige Möglichkeiten zur Fortbildung – das alles sind Fragen, die man vielleicht beim Prozess der Anstellung ansprechen muss.

Für viele von uns in christlichen Gemeinden ist dies neu. Langjährige Angestellte sprechen über die Opfer, die sie machten, als sie in die Organisation eintraten. Neue Mitarbeiter möchten uns im Voraus festnageln und alle Bedürfnisse des gegenseitigen Austauschs vorab klären. Ich war sehr überrascht, als mein 28-jähriger Sohn seine Stelle wechselte, aber für den ersten Monat um bezahlten Urlaub bat. Ich war noch mehr überrascht, als ihm dies gewährt wurde! Nach zwei Jahren denkt er nun über einen weiteren Wechsel nach und seine Firma hat ihm einen Dienstwagen und einen Benzingutschein für den Arbeitsweg gegeben. Das ist nicht länger unüblich. Es ist die Art, wie die Unternehmergeneration des 21. Jahrhunderts denkt. Die Anwerbung von Mitarbeitern ist in dieser „Talent armen Wirtschaft" sehr komplex geworden.[88]

Wenn die richtige Person für eine Stelle gefunden und die wechselseitigen Verpflichtungen für den gegenseitigen Austausch – was bieten wir, was bietet er – ausgehandelt sind, dann sollte die Vereinbarung in einem Schriftstück niedergeschrieben werden. Sowohl die Führungskraft als auch der Freiwillige sollten das Gleiche verstehen in Bezug auf das, was erreicht werden soll und die Dauer der Anstellung.

Wenn nun ein Freiwilliger zum Team hinzugekommen ist, gibt es für gewöhnlich einen Prozess der Orientierung. Hier wird dem neuen Mitglied geholfen, zu lernen, wie Dinge in dieser Organisation getan werden – eine Einführung in die Kultur. Jeder Freiwillige hat das Recht, die Organisation gut zu verstehen – ihre Vision und ihre Werte, ihre Dienste und ihre Politik. Das mag durch ein Handbuch für den Freiwilligen geschehen, durch ein spezielles Programm oder beides. An diesem Punkt verweise ich auf Kirchen und andere Organisationen in den Staaten, die Freiwillige für ihr nächst gelegenes Krankenhaus einstellen. Die meisten großen Krankenhäuser haben sehr hoch entwickelte Programme für Freiwillige einschließlich einem guten Handbuch und normalerweise auch einem effektiven Programm für Freiwillige, um sich zu orientieren.

Ein gutes Handbuch ist ein wertvolles Werkzeug für Freiwillige, um sich zu orientieren. Das Handbuch könnte auch einen Dankesbrief vom Leiter der Organisation, einem Pastor oder einem Abteilungsleiter enthalten. Es sollte eine Beschreibung der Organisation oder Kirche und seiner Gemeinschaft und den Beziehungen zu anderen Denominationen enthalten sein. Es kann auch eine kurze Beschreibung der Veranstaltungen und Dienste beinhalten und vielleicht sogar ein Schaubild der Organisation, das zeigt, wer für was verantwortlich ist. Es kann Namen und Titel der Mitglieder in der Abteilung und des übrigen Personals enthalten, das gegenwärtige Budget, Verfahren und Umgang mit Freiwilligen, eine Arbeitsplatzbeschreibung für den Freiwilligen, Kriterien für die Einstellung eines Freiwilligen, Pläne für Notfälle und Telefonnummern und Vorlagen, die regelmäßig benutzt werden. Am Regent College haben wir ein ausgedehntes Handbuch für unsere Abteilung entwickelt, das ein Vorbild geworden ist und von vielen theologischen Schulen in ganz Nordamerika angefordert wird. Wir haben natürlich auch die traditionellen Handbücher für das akademische Personal und die Verwaltung – bezahlt und ehrenamtlich.

Jetzt ist der Bedarf für eine Stelle in die Planung mit einbezogen und ein Bewerber angeworben worden, um diese Stelle zu besetzen. Das Programm zur Orientierung hat das neue Mitglied des Personals auch gut eingeführt. Nun tritt die Führungsbeziehung in den Vordergrund. Jetzt liegt der Schwerpunkt auf der Förderung und der Motivation des Freiwilligen.

Der Fürsorge-Plan

Jetzt ist es passend, dass wir zum Herz jeder Führung zurückkehren – der Beziehung zwischen der Führungskraft und dem Geführten. Bei dieser Beziehung ist es wichtig, dass wir Menschen in einer Weise beeinflussen können, die sie befähigt, zu der gemeinsamen Mission unserer Organisation beizutragen und sie in ihren Fähigkeiten und ihrem Selbstvertrauen wachsen lässt.

Ich möchte diese Führungsbeziehung mit einem vereinfachten Modell zur Förderung von Personal beschreiben, das ich den Fürsorge-Plan zur Förderung von Freiwilligen nenne. Dieses Modell baut sich um vier eindeutige Verpflichtungen der Führung herum: Erwartungen klarstellen; Einigung über Ziele; Erfolg überprüfen; für Leistung und Wachstum zurüsten.

Erwartungen klarstellen

Zwei Dinge betrachten wir hier: die Arbeitsplatzbeschreibung und Leistungsstandards.

1. Arbeitsplatzbeschreibung

Jeder hat ein Recht darauf, zu erfahren, was er tut! Ich gebe zu, dass dies eine ziemlich vereinfachte und selbstverständliche Aussage ist, aber dieser Punkt wird oft übersehen. Darum geht es bei Arbeits- oder Stellenbeschreibungen – eine Person wissen zu lassen, worin ihre Arbeit besteht, was von ihr erwartet wird. Selbst in den besten Unternehmen werden Stellenbeschreibungen oft als notwendiges Übel angesehen – bürokratischer Papierkram. In Organisationen mit vielen Freiwilligen wie Kirchengemeinden gibt es sie praktisch nicht. Ich meine, dass für jeden Arbeitsplatz in einer Kirche oder einem Unternehmen Stellenbeschreibungen erstellt werden sollten – für Voll- oder Teilzeitkräfte, bezahlt oder ehrenamtlich.

Eine Arbeitsplatzbeschreibung ist ein schriftlicher Bericht über die Pflichten, Verantwortungen und Anforderungen einer Stelle. Sie beantwortet grundsätzlich die Frage: Worin besteht meine Arbeit?

Sie sollte die Arbeit sorgfältig beschreiben und die zu erfüllenden Aufgaben nennen. Sie sollte die Grenzen der Verantwortung und Befugnis aufzeigen. Die Beschreibung sollte genau und kurz sein.

Wie viele Details eine solche Beschreibung enthält, hängt direkt von der Wichtigkeit dieser Position ab. Je mehr Verantwortung mit einer Stelle verbunden ist, desto weiter sind die Verantwortung und Befugnisse, die überantwortet werden. In der Beschreibung stehen nicht konkrete Aufgaben, aber die nötigen Fähigkeiten und Gaben, und sie lässt Raum zur Initiative, wie die Aufgaben ausgeführt werden. Je weniger Verantwortung mit einer Position verbunden ist, desto genauer werden die Pflichten, die Zeit und die nötigen Fähigkeiten beschrieben – was genau getan werden muss und wann.

Die Stellenbeschreibung des zuständigen Mitarbeiters für Beziehungen zu Kirchen am Regent College enthält die nötigen Fähigkeiten zu Beziehungen, die Erfordernis, im Großraum Vancouver umherzureisen und die Forderung, mit etwa hundert Pastoren jährlich über das Programm von Regent zu sprechen. Es ist eine Teilzeitarbeit, und dem Freiwilligen wird viel Spielraum bezüglich Zeit und Vorgehen gelassen. Wenn wir aber einen Mitarbeiter für unsere Video- und Audioanlagen brauchen, schreiben wir nicht nur genau die benötigten Fähigkeiten auf, sondern auch die Arbeitszeit und was in dieser Zeit geleistet werden muss – zum Beispiel: die Anlage in der Kapelle jeden Dienstag von 11:00 bis 11:45 Uhr laufen lassen.

Werden Sie nicht zu kompliziert! Einfachere Sprache, die ihren Zweck erfüllt, ist besser. Es geht nicht um viel Papier. Es geht darum, den Mitarbeiter oder Freiwilligen zu befähigen, etwas zu der Mission beizutragen. Die Arbeitsplatzbeschreibung ist ein Werkzeug, das sowohl der Führungskraft als auch dem Geführten helfen soll, zu verstehen, was die Organisation von ihnen fordert. Das Ziel ist es, ein Dokument zu verfassen – am besten auf einer Seite – das ausdrückt, was die Führungskraft und der Geführte als „die Arbeit" verstehen. Mit den Jahren habe ich mir eine sehr einfache Form angewöhnt, eine Stellenbeschreibung zu beginnen. Wir haben diese Form in einer Reihe von Kirchen und ein paar Unternehmen benutzt. Es ist ein nützliches Modell für den Beginn. Ich weiß aber, dass vielleicht besonders bei Positionen mit mehr Verantwortung die Beschreibung doch etwas länger ausfällt. Ich halte dies nicht unbedingt für nötig, besonders, wenn wir Stellenbeschreibungen in Organisationen verfassen, wo sie nicht schon traditionellerweise existierten.

Dieses Grundmodell, mit dem ich beginne, wenn die Organisation dies nicht anders vorgesehen hat, ist eine einzelne Seite mit der Überschrift *STELLENBESCHREIBUNG* und den folgenden Punkten: Titel der Stelle; Datum der Einführung; Abteilung; Aufsicht Führender; Bezug zur Mission; Pflichten, Verantwortung und Befugnisse; nötige Fähigkeiten; nötige Zeit; erforderliche und angebotene Ausbildung; Ort der Arbeit. Dies sieht ungefähr so aus:

STELLENBESCHREIBUNG

Titel der Stelle:

Datum der Besetzung:

Abteilung:

Aufsicht Führender:

Bezug zur Mission:

Pflichten, Verantwortung und Befugnisse:

nötige Fähigkeiten:

nötige Zeit:

erforderliche und angebotene Ausbildung:

Ort der Arbeit:

(1) Titel der Stelle. Dies ist einfach die Bezeichnung in dieser Organisation. Wie nennen wir diese Person? Verantwortlicher Mitarbeiter für Beziehungen zu Kirchen? Helfer für die Audio-Video-Anlage? Präsident des Colleges? Hier geht es um etwas, mit dem man sich in den Berichten der Organisation identifizieren kann. Ich könnte hier anmerken, dass Tom Peters über die Macht von Titeln bei der Einstellung und Motivation von Angestellten gesprochen hat. Jemandem einen Titel zu geben, der einen bestimmten Verantwortungsbereich genau zeigt, ist viel motivierender als ein Oberbegriff wie z.B. „Büroangestellter".[89]

(2) Datum der Einführung. Das ist wieder nur für die Berichte des Unternehmens. Wann wurde diese Position besetzt?

(3) Abteilung. Das ergibt sich aus dem Zusammenhang. Es zeigt, wie sich diese Person in die größere Gemeinschaft der Organisation einfügt, welcher Teil des Teams sie sein wird. Der verantwortliche Mitarbeiter für Beziehungen zu Kirchen gehört bei Regent zum Büro für Entwicklung. Der Helfer für die Audio-Video-Anlage ist Teil der Verwaltung. Ähnlich könnte ein Mitarbeiter der Sonntagsschule zur Abteilung für christliche Erziehung gehören.

(4) Aufsicht Führender. Das ist wichtig. Wer ist verantwortlich für die Fortschritte dieser Person? Ich werde auf diesen Punkt später zurückkommen. Hier will ich nur so viel sagen: Wenn Sie nicht den Aufsicht Führenden benennen können, sollte niemand diese Arbeit annehmen! Der stellvertretende Leiter für Entwicklung ist verantwortlich für die Führung des verantwortlichen Mitarbeiters für Beziehungen zu Kirchen. Der Leiter des Audio-Video-Dienstes ist zuständig für den Helfer für die Audio-Video-Anlage. Aber noch einmal: Darauf kommen wir später noch einmal zurück.

(5) Bezug zur Mission. Hier geht es mir um eine Beschreibung der Pflichten oder Beiträge dieser Position mit Blick auf die Mission der Organisation. Warum ist diese Stelle wichtig? Wie trägt sie zu der größeren Mission der Organisation bei? Dieser Teil der Stellenbeschreibung erinnert die Führungskraft und den Geführten daran, dass diese Position geschaffen wurde, um der Mission der Kirche oder des Unternehmens zu dienen. Diese Position ist ein wichtiger Teil der weiter gefassten Mission und Strategien. Sie existiert nicht wegen der Führungskraft oder dem Mitarbeiter, sondern wegen der Mission. Das erscheint vielleicht als unbedeutend. Aber es kann in der Führungsbeziehung wichtig sein, dass sowohl die Führungskraft als auch der Mitarbeiter erkennen, dass sie dazu da sind, der Mission zu dienen. Der Mitarbeiter hat seine Stelle nicht, um der Führungskraft zu dienen. In Wirklichkeit ist, wie ich bald zeigen möchte, die Führungskraft dazu da, dem Mitarbeiter zu helfen, der Mission zu dienen. Wenn wir die Position und die Führungsbeziehung von der Mission her definieren, sorgen wir für Objektivität in der menschlichen Dynamik der Beziehung.

(6) Pflichten, Verantwortung und Befugnisse. Unter diesem Punkt werden die Dinge, die durch diese Position erreicht werden sollen, genau ausgeführt. Was genau möchten wir von dem Freiwilligen? Wofür ist diese Person verantwortlich? Welche Befugnisse sind erteilt, um diese Pflichten auszuführen? Welche Entscheidungen darf der Mitarbeiter eigenverantwortlich treffen? Wann braucht er eine Genehmigung, bevor er weitermacht? Wie ich vorher bereits sagte, ist Genauigkeit der Beschreibung hier umgekehrt proportional zur Verantwortung in der Stelle. Je mehr Verantwortung der Mitarbeiter trägt, desto weniger genau ist die Beschreibung. Wir möchten eine Liste von Pflichten, die jedem, der diese Arbeitsbeschreibung zur Hand nimmt, erlaubt, schnell die exakten Aufgaben dieser Person zu verstehen.

(7) nötige Fähigkeiten. Was muss diese Person können, um die Anforderungen an diese Stelle zu erfüllen? Schreibmaschine schreiben? Umgang mit einem bestimmten Computerprogramm? Ist ein Führerschein nötig? Braucht diese Person Lehrerfahrung? Einen bestimmten Stand der Ausbildung? Diese Dinge müssen klargestellt werden, bevor die Führungsbeziehung beginnt.

(8) nötige Zeit. Hier verdient der Bewerber eine ehrliche Einschätzung über die erforderliche Zeit für diese Tätigkeit. Dies ist besonders für ehrenamtliche Mitarbeiter wichtig, die ihre Zeit investieren und keine Überstundenregelung haben. Diesen Punkt klarzustellen ist aus zwei Gründen wichtig. Der Geführte und die Führungskraft müssen die Erwartung der Organisation bezüglich der am Arbeitsplatz verbrachten Zeit und auch der Nutzung der Zeit wissen. Und die Führungskraft muss die Erwartungen des Bewerbers darüber kennen, wie viel Zeit er oder sie für diese Position einbringen will.

(9) erforderliche und angebotene Ausbildung. Dieser Punkt setzt voraus, dass die Organisation an der Förderung ihrer Leute interessiert ist und sich für ihre ständige Fortbildung einsetzt. Diese Klarstellung ist aus zwei Gründen wichtig. Der Ehrenamtliche oder Angestellte sollte genau wissen, welche Fortbildung ihm angeboten wird, um ihn fähig zu machen, seine Aufgaben zu erfüllen und in der Verantwortung zu wachsen. Gleichzeitig muss es deutlich gesagt werden, wenn die Organisation eine Fortbildung anbietet, von der sie von dem Angestellten erwartet, dass er daran teilnimmt. Ich höre oft Gemeinden klagen, dass so wenig Mitarbeiter an ihren Fortbildungstreffen teilnehmen. Dafür höre ich für gewöhnlich drei Gründe. Erstens sind sie zu einem Zeitpunkt angesetzt, an dem die Mitarbeiter ungern Zeit investieren – samstags. Zweitens lässt die Qualität dieser Veranstaltungen oft zu wünschen übrig. Drittens gab es keine klare Aussage, dass erwartet wurde, an den Fortbildungsseminaren teilzunehmen, wenn man Mitarbeiterverantwortung übernimmt. Wenn von Freiwilligen erwartet wird, sich fortzubilden, muss dies in der Stellenbeschreibung klar gesagt werden. Dann muss man den Termin für die Schulung auch von den Teilnehmern festlegen lassen und dafür sorgen, dass die Qualität so hoch ist, dass niemand etwas verpassen möchte.

(10) Ort der Arbeit. Diese Information ist weniger wichtig, aber sie wird vor allem wegen der ehrenamtlichen Helfer hinzugefügt. Wo soll diese Person arbeiten? Wo möchten wir, dass sie ihre Pflichten ausführt? Hat sie ein eigenes Büro? Ein Klassenzimmer? Arbeitet sie Zuhause? Braucht sie ein eigenes Auto? Diese Dinge klärt man am besten vorab, ehe die Führungsbeziehung beginnt.

Dieser spezifische Entwurf ist natürlich nicht endgültig. Er hat mir in den letzten Jahren gute Dienste geleistet. Wenn Sie ein besseres Modell haben, dann nehmen Sie es. Wenn nicht, nutzen Sie die Vorlage als Basisentwurf.

Bei der Arbeitsplatzbeschreibung geht es um die Klarstellung von Erwartungen. Ich plädiere nicht für mehr Papierkram, aber ich bin fest davon überzeugt, dass Arbeitsplatzbeschreibungen eine wichtige Grundlage für die Führungsbeziehung sind. Sie verändern etwas. Wenn die Stelle, die wir mit jemandem besetzen wollen, wichtig genug ist, um die dortige Arbeit zu tun, dann ist sie es auch wert, sie zu beschreiben. Wenn sie nicht genug wert ist, um sie auf einer Seite zu beschreiben, dann lohnt es sich mit Sicherheit auch nicht, dass jemand seine Zeit dafür einsetzt.

Wenn in Ihrem Unternehmen oder Ihrer Gemeinde keine Arbeitsplatzbeschreibungen existieren, dann können Sie als Anfang jedem ein Blankoformular für eine Arbeitsplatzbeschreibung geben. Lassen Sie die Leute aus ihrer Erfahrung mit dem Arbeitsplatz diese Beschreibung ausfüllen. Dann lassen Sie die Leute sich mit ihrem Aufsicht Führenden zusammensetzen und klarstellen, was die Gemeinde oder das Unternehmen in dieser Stellenbeschreibung sehen möchte. Wenn sie ihre Arbeit ordentlich machen, werden in diesem Prozess gute Stellenbeschreibungen verfasst. Wenn sie dies nicht schaffen, müssen Sie sowieso das Gespräch suchen!

Als ich Leiter des christlichen Erziehungsprogramms in unserer Gemeinde war, brauchten wir zwei Helfer, die während des Hauptgottesdienstes die Kleinkinder beaufsichtigten. Zu dieser Zeit hatten wir noch keine Arbeitsplatzbeschreibungen eingeführt, aber wir gaben bekannt, dass wir Helfer suchen, und warteten auf Freiwillige. Niemand meldete sich. Schließlich wurde dem Komitee die Empfehlung gegeben, zwei Leute (gegen Geld) einzustellen, um diese wichtige Stelle zu besetzen. Arbeitsplatzbeschreibungen mit den Erwartungen wurden verfasst und eine Vergütung genannt. Fast sofort meldeten sich drei *Ehrenamtliche* für die Stelle. Als die Gemeinde sagte, „diese Verantwortung ist wichtig genug, um sie zu beschreiben und auch zu bezahlen“, entschlossen sich drei Leute, sie sei wichtig genug, um dort ehrenamtlich zu helfen. Das war der Beginn von Stellenbeschreibungen für alle Stellen für ehrenamtliche Helfer in der Gemeinde.

Jahrelang kämpfte Doug darum, Freiwillige für sein Zentrum für soziale Dienste in der Gemeinde zu bekommen. Auf der Suche nach Hilfe schrieb er sich für ein Seminar über die Unterstützung und Motivation Freiwilliger ein, das ich hielt. Er sagte, er würde so viel Zeit mit der Werbung von Freiwilligen verbringen, um Personal für das Zentrum zu bekommen, dass er nicht mehr in der Lage war, seine Pflichten in der Gemeinde zu erfüllen. Er hatte immer noch zwei Stellen, die nicht besetzt waren. Wenn sich nicht etwas änderte, würde er das Zentrum schließen müssen. Es versorgte Obdachlose und andere Bedürftige mit Nahrung, Kleidung und einer Unterkunft. Er wollte es wirklich nicht schließen. Er besuchte das Seminar und übernahm das Fürsorge-Plan-Modell für sein Zentrum. Fast ein Jahr später schrieb er, wie es funktionierte. Er sagte, er hätte sofort Arbeitsbeschreibungen für jede Stelle im Zentrum verfasst und die beiden offenen Stellen bekannt gemacht. Am ersten Sonntag nach der Bekanntgabe hatte er acht Freiwillige für die beiden Stellen. Nun, ein Jahr später, berichtete er, dass der Stand an Freiwilligen um 35 % über dem Vorjahr lag. Alle Stellen waren besetzt und er hatte eine Warteliste für Freiwillige. Es funktionierte!

Im Huntington Memorial Krankenhaus in Pasadena, Kalifornien, gibt es ein Körperkontaktprogramm für Babys. Es ist ein besonderes Programm für Kleinkinder, die ohne ihre Eltern im Krankenhaus bleiben müssen. Hierzu werden Freiwillige angeworben, die eine Stunde pro Woche Babys im Arm schaukeln. Sie halten sie einfach im Arm und wiegen sie, um sie so eine liebevolle körperliche Gegenwart spüren zu lassen. Meine Frau sah in unserer Zeitung einen Artikel über dieses Programm und war von der Idee sofort begeistert. Am nächsten Tag fuhr sie hinunter, um eine Arbeitsbeschreibung zu bekommen und sich als Freiwillige einzutragen. Für jede Stelle gab es eine Warteliste von 150 Leuten! Denken Sie einmal darüber nach. Wie lang ist die Warteliste für das Kinderzimmer in Ihrer Gemeinde? Die gleiche Arbeit – aber betrachten Sie den Unterschied. Das Krankenhaus sagt: „Dies ist ein wichtiger Dienst für die Babys und die Familien. Kommen Sie, nehmen Sie an dieser wichtigen Arbeit teil."

Die Gemeinden vermitteln zu oft den Eindruck: „Möchte jemand diese Kleinkinder ruhig halten, während wir hier im Gottesdienstraum den wirklichen Dienst versehen?"

Betrachten Sie den Unterschied. Das Krankenhaus verleiht dieser Arbeit Bedeutung und Wert. Viel zu viele Kirchen und Unternehmen schaffen es nicht, den Aufgaben, für die sie Leute brauchen, Wert und Bedeutung zu verleihen. Arbeitsbeschreibungen sind ein einfacher und wichtiger Weg, den Wert einer Arbeit zu unterstreichen und der Aufgabe Bedeutung zu verleihen.

Gary besuchte einen Kurs über Führung von Freiwilligen und entwarf für jede Stelle in seiner Gemeinde Stellenbeschreibungen. Er benutzte dafür den Entwurf, den wir gerade besprochen haben, und ließ sie von der Gemeindeleitung genehmigen. Alle Beschreibungen – Freiwillige mit Teilzeit bis zum ersten Pastor – wurden in einem kleine Buch aus Fotokopien zusammengefasst. Die Reaktionen erstaunten ihn. Er sah, wie die Menschen in die Gemeinde kamen, auf das Buch blickten und zu anderen sagten: „Schau nur, dort stehe ich. Ich stehe im gleichen Buch wie der Pastor!“ Was eine kleine Sache zu sein schien, war in Wirklichkeit wichtig, um den Beitrag von jedem Spieler in unserem Team des Dienstes anzuerkennen und seinen Wert für die Mission zu betonen.

2. Leistungsstandards

Die Arbeitsbeschreibung verdeutlicht die grundlegenden Erwartungen für diese Stelle. Wenn es nun auch Erwartungen bezüglich der Qualität oder des Leistungsstandards gibt, sollten diese auch klargestellt werden. Was erwarten Sie? Was möchten Sie gerne in welchem Zeitraum erreichen und mit welcher Qualität? Wie bewerten Sie Leistung in dieser Stelle? Welche Kriterien gibt es, um zu beurteilen, ob die Arbeit gut gemacht wird? Leistungsstandards konzentrieren sich auf Wirkungen und Ergebnisse.

In unseren christlichen Kreisen gibt es zu oft Widerstand gegen feste Standards, Maßstäbe und Rechenschaftspflicht. Wie ich aber früher schon zeigte, sollten Hesekiel 34 oder Judas 12-13 hier wachrütteln. Gott scheint klare Erwartungen für Führungskräfte zu haben. Rechenschaft und Bewertung sind ein fester Bestandteil von Pflichten. Wir müssen verstehen, was von uns als Führungskräften erwartet wird und wir schulden den Menschen, die wir führen, die gleiche Klarstellung.

Einigkeit über Vorhaben

Alle Angestellten haben das Recht zu erfahren, was von ihnen erwartet wird. Das heißt, dass jeder Freiwillige, jedes Teammitglied, einen *Aufsicht Führenden* braucht – jemand, der die Person fördern und unterstützen soll, seinen oder ihren Dienst auszuführen. Das ist wichtig! Es ist der Kern einer Führungsbeziehung, der dienenden Leiterschaft. Wir reden von Führung als einem Dienst zur Förderung der Personen, für die die Führungskraft verantwortlich ist – und nicht umgekehrt. Schauen Sie, wie ich ständig wiederhole, für wen die Führungskraft verantwortlich ist. Die Führungskraft ist für den Erfolg des Geführten verantwortlich, ob bezahlt oder ehrenamtlich. Für die Führungsbeziehung bevorzuge ich die Frage: „Für wessen Erfolg sind Sie verantwortlich?“ und nicht das Traditionelle: „Wer untersteht Ihnen?“

Dies lenkt den Fluss der Macht in die richtige Richtung – vom Unternehmen durch die Führungskraft an den Geführten, um die Mission zu erfüllen.

Führungskräfte sind für den Erfolg der Menschen, die sie führen, verantwortlich. Das ist für mich ein grundlegendes Prinzip von Führung. Als David Hubbard noch nicht lange Direktor des Fuller Seminars war, hatte er einen Konflikt mit Mitgliedern seiner Abteilung. Max DePree, der ein junges Mitglied seiner Abteilung war, nahm ihn beiseite und sagte zu ihm: „Ich stehe in dieser Sache an Ihrer Seite und ich setze mich persönlich für Ihren Erfolg als Direktor von Fuller ein.“ Viele glauben, die Amtszeit von David Hubbard in Fuller war deshalb so lang und erfolgreich, weil er Max DePree diese dreißig Jahre an seiner Seite hatte. David Hubbard würde dem wohl zustimmen. Möge doch jeder eine Führungskraft – einen Aufsicht Führenden – haben, der sich für seinen Erfolg einsetzt.

Führungskräfte sind für den Erfolg der Menschen, die sie führen, verantwortlich.

Dieser Aufsicht Führende oder diese Führungskraft kann ein bezahltes Teammitglied oder ehrenamtlich tätig sein. Das Gehalt macht niemanden zur Führungskraft. Ich sollte nebenbei bemerken, dass *jede Position mit einem ehrenamtlichen* oder einem bezahlten Freiwilligen besetzt werden kann. Ich kenne Ehrenamtliche, die Geschäftsführer, Finanzleiter, Verwaltungschefs, Direktoren, Berater, Lehrer, Marketingleiter oder Chefs für Entwicklung usw. sind. Es gibt keine Stelle, die nicht mit einer guten Stellenbeschreibung und einer Führungskraft, die für ihren Erfolg verantwortlich ist, mit einem kompetenten und guten Freiwilligen – ehrenamtlich oder bezahlt – besetzt werden kann.

„Kein Aufsicht Führender" heißt: „Niemand kümmert sich um das, was ich tue." Der Ehrenamtliche und der Aufsicht Führende arbeiten zusammen die konkreten Vorhaben für die Arbeit des Freiwilligen aus. Was genau soll diese Person tun? Diese Vorhaben sollten so deutlich auf einer Seite formuliert werden, dass jeder genau weiß, was von diesem Freiwilligen in welchem Zeitabschnitt erwartet wird. Dies ist dann der Standard, an dem der Erfolg und die Leistung des Freiwilligen gemessen wird.

Am Regent College entwerfen alle Mitarbeiter – bezahlt und ehrenamtlich – zu der Zeit, in der ihre Leistung überprüft wird, eine Liste ihrer Vorhaben für das Jahr. In einer Diskussion mit dem Aufsicht Führenden werden diese Vorhaben dann gemäß den Bedürfnissen der Universität verändert. Sie werden dann der Standard, an dem der Mitarbeiter seinen Erfolg bei der nächsten Überprüfung misst.

Jedes Jahr verfasst das leitende Managementteam eine Liste der wichtigsten Vorhaben ihrer Abteilung, die sie mit mir und der Leitung dann überprüfen. Ich stelle diese Vorhaben dann für den Jahresplan des Direktors zusammen, der dem Vorstand zusammen mit dem Jahresbudget präsentiert wird. Im Herbst reicht dann jeder Leiter eine Bewertung seiner oder ihrer Abteilung gemessen an den Vorhaben des ablaufenden Jahres ein. Ich übertrage diese Informationen dann in den jährlichen Bericht des Direktors zur Überprüfung auf dem Jahrestreffen des Vorstandes.

In der Führungsbeziehung verbindet die Führungskraft oder der

Aufsicht Führende den Geführten, den Freiwilligen, mit der Mission der Organisation. Die Führungskraft ist dafür verantwortlich, dass der Freiwillige erfolgreich zur Mission beiträgt. Durch das Aufstellen und die Überprüfung von Vorhaben sorgt die Führungskraft dafür, dass der Geführte in diesem Beitrag wächst.

Der Prozess der Überprüfung

Das dritte Prinzip dieses Entwicklungsmodells konzentriert sich auf die Bewertung. Im Management von menschlichen Ressourcen wird dies *Leistungsüberprüfung* genannt. Das ist ein Bereich, dem ich mich sehr verbunden fühle. Unglücklicherweise ist er der am meisten missverstandene und missbrauchte Bestandteil im Umgang mit Menschen. Er wird für richtend und kritisierend und jede Motivation zerstörend gehalten. Und oft ist er das auch!

Die Überprüfung der Leistung soll dabei helfen, die Ziele der Organisation im Blick zu behalten. Sie soll der Führungskraft dabei helfen, das Wachstum der Angestellten oder Ehrenamtlichen in Bezug auf Führung zu fördern. Es soll die Menschen befähigen, ihre Arbeit auf bestmögliche Art und Weise zu tun.

Leistungsüberprüfungen sind Werkzeuge für Entwicklung und Wachstum, nicht die Zeit des Richtens und Kritisierens, auch nicht die Zeit, um eine Jahresnote zu verteilen. Führungskräfte müssen üben, dies richtig zu tun. Unglücklicherweise enthält die typische Leistungsüberprüfung keinerlei fürsorgliche Auseinandersetzung. Stattdessen sind sie eher wie ein Klaps auf das Hinterteil zusammen mit dem Verweis auf einen Bereich, der schwach ist und eine Steigerung nötig hat. Anders ausgedrückt: „Bei Ihnen ist alles in Ordnung, außer in dem Bereich, wo ich Ihnen nur eine Drei geben kann."

Führungskräfte machen eine solche Überprüfung, weil man ihnen sagte, sie müssten eine Überprüfung durchführen. Sie wissen, dass sie dem Geführten zeigen müssen, wo er noch wachsen kann. Die Mitarbeiter verlassen eine solche Überprüfung nicht sehr ermutigt und oft böse. Ehrenamtliche oder Angestellte neigen dazu, all die positiven Dinge zu vergessen, die gesagt wurden. Sie sehen nur noch die negativen Bereiche, in denen sie noch wachsen müssen. Teammitglieder erleben solche Überprüfungen mehr als Kritik und nicht als Bestätigung. Die Art, wie Leistungsprüfungen normalerweise durchgeführt werden, führt dazu, dass Führungskräfte wie Geführte sie fürchten und für gewöhnlich unzufrieden aus ihnen herauskommen.

Führungskräfte sollten Leistungsüberprüfungen als Kontrollpunkte und nicht als Zeitpunkt für Kritik nutzen.

Führungskräfte sollten Leistungsüberprüfungen als Kontrollpunkte und nicht als Zeitpunkt für Kritik nutzen. Überprüfungen bieten die Möglichkeit, den Mitarbeitern zu helfen, ihre Gaben zu entwickeln. So vergrößern sie ihren Beitrag, treiben ihre Karriere voran und werden im Unternehmen befördert, weil sie besser werden – kurz gesagt: Sie werden selbst Führungskräfte. All diese Ergebnisse können erzielt werden, während man die Ziele des Unternehmens verwirklicht.

Leistungsüberprüfungen sind Bestandteil des persönlichen und des Entwicklungssystems der Führung – die Feedback-Schleife. Sie sollte der Führungskraft und dem Angestellten Informationen liefern, die beiden helfen, mit ihrem Beitrag zum Unternehmen zu wachsen. Leistungsüberprüfungen bedeuten, dass sich jemand um Sie kümmert. Wie ich oben bereits sagte, vermittelt eine Stellenbeschreibung die Botschaft: „*Das ist ein wichtiger Bestandteil unserer Mission*“ und die Ernennung eines Aufsicht Führenden zeigt: „*Jemand kümmert sich um das, was ich tue.*“

Die Leistungsüberprüfung sagt: „*Jemand kümmert sich um mich.*“ Sie gehört zu dem Engagement der Führungskraft für das Wachstum des Geführten. Sie ist ein Zeichen der Fürsorge.

Dies wurde mir prägnant vor einigen Jahren verdeutlicht. In dem Unternehmen, das ich managte, führte ich nach meinem bevorzugten Modell für das gesamte Team Leistungsüberprüfungen durch. In dieser Zeit machte ich nur bei den Vollzeitkräften eine Überprüfung. Nancy hatte drei Jahre lang mit mir als leitende Koordinatorin für das Seminar gearbeitet. Wir hatten drei Überprüfungen miteinander durchgeführt. In ihrem letzten Jahr begann Nancy drei Monate, bevor sie an einen anderen Ort in den Staaten ziehen wollte, in unserer Poststelle eine Teilzeitstelle zu besetzen. Während dieser Zeit führte ich die Leistungsüberprüfungen für die Vollzeitkräfte durch, aber nicht für Nancy. Wenn ich in den nächsten Wochen in ihr Büro kam, merkte ich irgendwie, dass etwas nicht stimmte. Niemand sagte etwas, aber ich spürte ein Problem. Schließlich klopfte Nancy eines Tages bei mir an und bat um ein Gespräch. Ich ließ sie ein und sie kam herein und Tränen liefen ihr die Wangen herunter. Ich fragte sie, was geschehen sei. Sie blickte auf und fragte: „Kümmern Sie sich nicht mehr um mich? Sie haben bei mir keine Leistungsüberprüfung gemacht – sind Sie nicht mehr an meiner Weiterentwicklung interessiert, nur weil ich nun weggehe?"

Nun, natürlich kümmerte ich mich um sie, und sie hatte Recht. Von diesem Tag an wurden alle Mitarbeiter – Voll- oder Teilzeitkräfte, bezahlt oder ehrenamtlich – in das Überprüfungsprogramm mit eingeschlossen. Es ist eine Investition in ihr Wachstum und eine wichtige Gelegenheit für das Unternehmen und die Führungskraft, zu sagen: „Ich kümmere mich um Sie."

Bei Leistungsüberprüfungen geht es darum, sich gut um jemanden zu kümmern. Sie müssen sich dafür einsetzen, Menschen zu helfen, ihre Arbeit so gut wie irgend möglich zu machen. Wenn die Arbeit nicht dem geforderten Standard entspricht, ist es an der Zeit, der Person zu helfen, sie besser zu machen. Wenn dies nicht möglich ist, muss man dem Angestellten oder Ehrenamtlichen helfen, dorthin zu gehen, wo seine Gaben besser genutzt werden können. Da es um Fürsorge geht, gehört es zu jeder Führungsbeziehung. Da es um die Konzentration auf die Mission geht, gehört es auch in jede Führungsbeziehung. Jedem Mitglied der Organisation, jedem Freiwilligen – bezahlt oder ehrenamtlich – sind wir eine Leistungsüberprüfung als das minimale Engagement für ihr Wachstum und ihre Entwicklung schuldig.

Es ist offensichtlich, dass der Kern des Überprüfungsprozesses nicht eine bestimmte Form oder die Wahl eines Modells ist. Es geht um die darauf folgende Diskussion, die Beziehung zwischen der Führungskraft und dem Mitarbeiter und die Frage: „Wie sollen wir jetzt fortfahren?"

Es ist in Wirklichkeit gefährlich, irgendeine Form zu übernehmen. Dies könnte von der Beziehung, der Diskussion und dem persönlichen Engagement der Führungskraft für den Mitarbeiter ablenken.

Leistungsüberprüfungen sind dann am wirkungsvollsten, wenn sie Teil einer Führungsbeziehung mit ständigen Rückmeldungen sind. Die Menschen verdienen zu erfahren, wie sie die ganze Zeit arbeiten. Sie brauchen die nötigen Rückmeldungen zu dem Zeitpunkt, wenn diese dazu führen, dass sie sich verbessern und ihre Arbeit gut machen. Einmalige jährliche Rückmeldungen reichen nicht aus. Es ist zu weit weg vom jetzigen Zeitpunkt. Um einen Lerneffekt zu haben, muss die Rückmeldung sofort kommen, solange die Person noch etwas daran tun kann. Wenn es uns wirklich um die Geführten und ihr Wachstum geht, werden wir ihnen gleich sagen, was sie falsch machen, damit sie es korrigieren können. Oder wir sagen ihnen, was sie jetzt gut machen, damit sie darauf aufbauen können. Ich glaube, dass eine Rückmeldung lange nach dem Geschehen in Wirklichkeit mehr ein Zeichen mangelnder Fürsorge als von echter Führungsverantwortung ist. Ich bin der Ansicht, dass eine Führungskraft das Recht verliert, eine jährliche Überprüfung zu machen, wenn er oder sie nicht in der Zwischenzeit Probleme anspricht, sodass der Geführte seine Fehler korrigieren kann.

In den 80-igern plädierte das kleine, sehr gut verkaufte Buch *Der Ein-Minuten-Manager*[90] sehr überzeugend für eine ständige Überprüfung und Einschätzung und schlug ein regelmäßiges, einminütiges Lob oder kurze Anmerkungen zu Fehlern vor. Ich stimme dem Prinzip der ständigen Rückmeldung, das die Autoren verfechten, vollkommen zu. Die vorgeschlagene Art und Weise war jedoch ein wenig mechanisch, was zu einem weiteren Buch – dem *Fifty-nine Second Employee: How to Stay One Second ahead of Your One-Minute Manager!*[91] führte. Ich möchte hier nicht für eine bestimmte Art und Weise werben, sondern für das Prinzip der Beziehung – regelmäßiges miteinander Reden und Diskutieren, ständige Rückmeldung und stetiges Lernen.

Ich möchte, dass die Menschen, für deren Erfolg ich verantwortlich bin, vor der jährlichen Leistungsüberprüfung genau wissen, wie gut sie arbeiten. Wir führen am Regent College diese Überprüfungen im Mai und Juni durch und benutzen ein Modell, das ich hier vorstellen werden. Wir benutzen dieses Modell, seit ich 1988 dort begann. Als ich am Fuller Seminar war, entwickelten wir die Vorgehensweise, die wir das Modell zur stetigen Überprüfung nannten. Es war eines von drei Modellen für Manager. Die anderen beiden waren eher traditionelle Formen der jährlichen Überprüfung – feste Listen mit Punkten zur Bewertung. In meiner Abteilung des Seminars benutzten wir mein Modell. In Regent haben wir dann dieses Modell offiziell für die ganze Universität eingeführt. (Es hat manche Vorteile, der Präsident zu sein!) Als ich am Regent begann, fand ich den üblichen Widerwillen vor, Leistungsüberprüfungen durchzuführen. Die meisten Führungskräfte und Mitarbeiter hatten viele schlechte Erfahrungen damit gemacht und sie wehrten sich dagegen, diesen „demütigenden und entmutigenden" Bestandteil wieder in den Führungsprozess aufzunehmen. Als ich mit dem Führungsteam eine Leistungsüberprüfung durchführte, fanden sie dies völlig schmerzlos, wenn nicht sogar hilfreich, und wandten dieses Modell dann für ihre Leute an. Jetzt funktioniert das Modell, sodass – wie ich hoffe – die Mitarbeiter ständige Rückmeldungen über ihre Arbeit bekommen. Sie sehen auch in den Leistungsüberprüfungen die Gelegenheit für eine Selbstbewertung und eine Zeit, den Führungskräften Rückmeldungen darüber zu geben, wie wir sie besser für ihren Beitrag und ihr Wachstum unterstützen können.

In unserem Modell stelle ich eine Woche vor dem angesetzten Treffen eine Liste von Fragen für die Person auf, die überprüft wird. Für das Führungsteam, für das ich verantwortlich bin, habe ich acht Fragen. Eine ähnliche Liste von neun Fragen wird für die Teammitglieder ohne Führungsaufgaben benutzt. Von jeder Person wird erwartet, dass sie vorbereitet zu dem Gespräch kommt, um über diese Fragen zu sprechen.

Bevor ich eine Leistungsüberprüfung durchführe, schreibe ich dieser Person einen persönlichen Dankesbrief, in dem ich ausdrücke, wie sehr ich den Beitrag schätze, den er oder sie im vergangenen Jahr geleistet hat. Wenn es einen Problembereich gibt, kann ich das im Brief kurz ansprechen, aber es ist in erster Linie ein Brief zur Bestätigung und Danksagung. Ich gebe zu Beginn des Gespräches der Person diesen Brief. Dann höre ich zu.

Das Gespräch dauert ungefähr eine Stunde. Die meiste Zeit beurteilt die Führungskraft seinen oder ihren Beitrag, indem sie die Antworten auf die acht Fragen, die ich unten beschreibe, diskutiert. Ich mache Notizen. Die Fragen zeigen die Richtung der Unterhaltung zur Leistungsüberprüfung:

1. Wie bewerten Sie Ihren Beitrag für das Regent College im letzten Jahr?

Dies ist der Zeitpunkt, an dem die Führungskraft ihre Stärken, Schwächen und Beiträge für die Universität bewerten kann. Eine solche Selbsteinschätzung eignet sich besser, Bereiche hervorzuheben, in denen Verbesserung nötig ist, als eine Bewertung durch die Führungskraft. Fast nie hatte ich jemanden, der eine völlig voreingenommene Bewertung von sich selbst abgibt, die ich korrigieren muss. Wenn wir das Jahr hindurch ehrlich miteinander umgegangen waren, wird ihre Bewertung sehr offen und ungeschützt sein.

2. Wie bewerten Sie die Beziehung von Regent Ihnen gegenüber? Hat die Universität Ihre Erwartungen erfüllt?
Dies gibt der Führungskraft die Gelegenheit, zu beurteilen, wie gut sie sich in das Team eingefügt hat und wie gut die Universität ihre Versprechen gehalten hat. Diese Frage kann für den Leiter schwierig sein, weil es die Führungskraft dazu einlädt, nicht erfüllte Erwartungen zu benennen. Es gab Gelegenheiten, an denen ich zustimmen und mich entschuldigen musste, wenn eine Führungskraft zeigte, dass ich sehr mit meiner Arbeit beschäftigt war und nicht so sehr für die Führungskraft da war, wie er oder sie dies brauchte. In mancher Hinsicht versetzt diese Frage den Geführten in die Rolle dessen, der überprüft.

3. Wie sehr sind die Mitglieder Ihres Teams unter Ihrer Führung gewachsen?
Dies ist eine Frage, die mir die Abteilung gestellt hat. Sie ist eine Erinnerung daran, dass die Arbeit einer Führungskraft am meisten am Wachstum ihrer Leute gemessen wird. Das gibt ihnen die Gelegenheit, zu zeigen, wie sie sich für ihre Leute eingesetzt haben und wie sie die Ergebnisse bewerten.

4. Was sind Ihre vorrangigen Ziele für das kommende Jahr?
Hier präsentiert der Mitarbeiter einen ersten Entwurf für die wichtigsten Vorhaben für die Diskussion. Das Gespräch konzentriert sich auf den Gehalt, die Durchführung und die von mir benötigte Unterstützung oder Hilfe.

5. Auf welche Bereiche Ihrer Arbeit im nächsten Jahr freuen Sie sich?
Hier möchte ich ihre Vision hören. Ich möchte, dass sie ihre Vision formulieren, die sie im folgenden Jahr antreiben wird. Es ist bei Routinearbeiten leicht, stehen zu bleiben – es geht schnell, dass Menschen nicht mehr wachsen. Die meisten Menschen brauchen neue und frische Ideen, um das Interesse zu behalten. Darüber ha-

ben wir beim Thema Vision gesprochen. Ich möchte, dass sie über ihre Vision für Regent und ihren Beitrag zu dieser Vision sprechen.

6. Welche wichtigen Dinge werden Sie im nächsten Jahr nicht tun können, ohne andere wichtige Dinge, unsere Mission zu erfüllen, zu streichen?

Peter Drucker nennt dies, das Alte abstreifen. Wir können nicht neue Dinge beginnen, ohne vorher Zeit zu schaffen – also Dinge zu streichen, die wir nun nicht mehr tun müssen. Dies fällt den meisten von uns in der Führung nicht selbstverständlich zu. Diese Frage soll uns zum Nachdenken anregen. Womit können wir aufhören, um Raum für Neues zu schaffen?

7. Was für eine Art von Übung oder Programm zur Fortbildung haben Sie für das nächste Jahr geplant?

Ich setze voraus, dass jede Führungskraft in Regent sich irgendwie weiterbildet, um ihre Arbeit effektiver tun zu können, oder sich ständig fortbildet, um erweiterte Verantwortungen übernehmen zu können. Ich möchte, dass sie vor dem Treffen darüber nachdenken und mit einem Vorschlag für ihr persönliches Wachstum zum Gespräch kommen. In manchen Fällen, wenn wir jemanden auf einen Posten befördern, für den er keine Erfahrung besitzt, binden wir die Fortbildung in die Vergütung mit ein. Vor ein paar Jahren wurde Mary Lam, unsere Leiterin für die Finanzen, die Verwaltungschefin des Colleges. Als Teil der Gehaltserhöhung, die mit der Stelle verbunden war, gaben wir ihr auch einen bestimmten Betrag für die Teilnahme an professionellen Fortbildungsveranstaltungen, die ihre neuen Pflichten betrafen. Im ersten Jahr stellten wir auch Mittel, die sie für Berater verwenden konnte, die sie in Bereichen beraten sollten, wo ihre Berufserfahrung noch nicht ihren Pflichten entsprach.

8. Was kann ich tun, um Sie bei Ihrer Arbeit, in Ihrem Dienst, Ihrer Karriere, zu unterstützen?

Punkt 8 macht mich selbst zum Diener. Wie kann ich meine Mitarbeiter fördern? Manchmal bedeutet dies, ihren Stil herauszufinden, manchmal einfach, mehr verfügbar zu sein. Manchmal heißt es einfach mehr beten und sich um die Person kümmern, wenn jemand dabei ist, eine wichtige Entscheidung in seinem Leben zu fällen.

Die letzte Frage bringt uns auch wieder zum Kern der Führung zurück. Führung ist eine Beziehung. Es ist ein sich Einsetzen für eine andere Person, um ihre Gedanken, Überzeugungen, Taten und Einstellungen zu beeinflussen. Es ist eine Beziehung, in der die Führungskraft und der Geführte, also beide, wachsen sollen. Ich benutze dieses Modell für Leistungsüberprüfungen bereits seit über 15 Jahren mit Voll- und Teilzeitkräften, bezahlt oder ehrenamtlich. Es ist ein bestärkendes und motivierendes Verfahren. Es ist eher ein Vorausblicken als eine Note für vergangene Taten. Als ich das Modell beim Programm für leitende Angestellte an der Universität von Calgary vorstellte, mochten die für die Weiterbildung des Personals zuständigen Fakultätsmitglieder es, aber sie schlugen vor, ich sollte es „Leistungsvorausschau" nennen, weil es mehr um das Morgen als um das Gestern geht. Der Vorschlag gefiel mir.

Die Fragen für die Mitarbeiter ohne Führungsverantwortung sind ähnlich gestaltet:

1. Wie bewerten Sie Ihren Beitrag für das Regent College im vergangenen Jahr? Glauben Sie, Sie haben Ihre Arbeit gelernt? Fühlen Sie sich als Teil des Teams?

2. Haben wir unsere Versprechen erfüllt? Haben wir Ihre Erwartungen erfüllt?

3. Schauen Sie auf Ihre Stellenbeschreibung. Ist sie passend, wenn Sie das betrachten, was Sie im vergangenen Jahr tatsächlich getan haben?
Mit dieser Frage lenken wir Aufmerksamkeit bei der Überprüfung wieder auf die Stellenbeschreibung. Wenn es keinen Widerspruch zwischen der Stellenbeschreibung und der täglichen Erfahrung gibt, sind wir wahrscheinlich am Ziel. Wenn es Unterschiede gibt, muss entweder die Arbeitsplatzbeschreibung genauer verfasst werden, oder die Aufgaben müssen angepasst werden, um der Stelle zu entsprechen. Diese Frage betrachtet die Arbeit wieder von ihrem Beitrag zur Mission her.

4. (freiwillig) Wie beurteilen Sie Ihren Fortschritt bei den Dingen, die wir verbessern wollten?

5. (freiwillig) Welche Ziele sollten wir uns in diesen Bereichen setzen? Wann sollte dies überprüft werden?
Die Fragen 4 und 5 zielen auf die Möglichkeit ab, dass es negative Rückmeldungen im Laufe des Jahres gab und ein Plan ausgearbeitet wurde, um das Problem zu lösen. Die jährliche Überprüfung sollte dieses Problem nicht ignorieren, sondern wieder ansprechen, den Fortschritt bewerten und einen Zeitrahmen zum Weiterarbeiten und einer weiteren Überprüfung setzen.

6. Was möchten Sie im nächsten Jahr unternehmen, damit Ihre Arbeit interessanter wird und mehr Verantwortung bekommt?
Das zielt auf die persönliche Vision ab. Wenn auch nicht jeder Vorschlag von einem Mitarbeiter durchgeführt werden kann, haben wir schon von Leuten aus den unteren Abteilungen viele gute Ideen bekommen.

7. Welche wichtigen Dinge werden Sie im nächsten Jahr nicht tun können, ohne andere wichtige Dinge, unsere Mission zu erfüllen, zu streichen?

8. Was sollten nach unserer übereinstimmenden Meinung Ihre besonderen Ziele für das nächste Jahr sein?

9. Was kann ich in diesem Jahr tun, um Ihnen zu helfen, Ihre Ziele für die Arbeit, in Ihrem persönlichen Dienst und Ihrer Karriere zu erreichen?

Wenn das Gespräch vorbei ist, gebe ich der Person eine Kopie von meinen Notizen und allem, was mir der Mitarbeiter gab, um es in seine Personalakte einzutragen. Wenn es bei der Diskussion um etwas Kontroverses oder Negatives über seine Arbeit geht, fasse ich sie schriftlich zusammen und gebe der Person eine Kopie, ehe ich es abhefte. Ich kann wiederum sagen, dass dieses Modell sehr effektiv die Beziehung zwischen der Führungskraft und dem Geführten stärkt. Es hilft uns, als Team mit einer gemeinsamen Vision und gemeinsamen Werten zu arbeiten und eine gemeinsame Mission zu verfolgen.

Zurüstung für Leistung und Wachstum

Das letzte Prinzip für die Förderung von Leuten konzentriert sich auf das Bereitstellen von Weiterbildung und ständiger Fortbildung, die der Geführte braucht, um in seiner Arbeit zu wachsen. Wenn die Leistungsüberprüfung die Entwicklung des Angestellten oder Ehrenamtlichen im Blick hat und sie für größere Verantwortung zurüsten will, dann sollten daraus Vorhaben zur Entwicklung resultieren, die von zusätzlicher Ausbildung unterstützt werden. Wir versuchen, das in unser Überprüfungsprogramm für Führungskräfte einzubauen, aber es sollte eigentlich auch zu der Überprüfung des Personals gehören. Ich erwarte von jeder Person am Regent College, weiter zu lernen und zu wachsen.

Führungskräfte sollten in jeder Person, für deren Erfolg sie verantwortlich sind, jemanden sehen, der für eine höhere Position – einen erweiterten Dienst – ausgebildet wird. Was für eine Art von Weiterbildung braucht diese Person? Wie können wir ihre Motivation hoch halten? Wie können wir ihre Fähigkeiten fördern, im Reich Gottes zu dienen? Ich möchte glauben können, dass jeder, der in Regent angestellt war – bezahlt oder ehrenamtlich – die Universität besser ausgerüstet für seinen Dienst verlässt, als er gekommen ist. Es ist ein Teil der Investition in die Kräfte, die Gott unserer Fürsorge unterstellt.

Führung ist eine fördernde, persönliche Beziehung. *Eine Führungskraft* – Sie oder ich, mit all unserer kulturellen Last und unseren Erfahrungen, unserer momentanen persönlichen Reife und oft mit einer vorgefassten Meinung über den passenden Führungsstil – *in einer fürsorglichen Beziehung* – die den Gegenüber ernst nimmt und Vertrauen schafft; die für die Entwicklung und das Wachstum dieser Person sorgt und sie fördern will, damit sie ihre Aufgabe für die Mission der Organisation zur Ehre Gottes erfüllen kann – *mit einem Geführten* – einer Person mit ihrer eigenen kulturellen Last und ihren Erfahrungen, einer eigenen vorgefassten Idee über den passen Führungsstil, den die Führungskraft praktizieren sollte – *auf einem persönlichen Stand der Reife* – einem Können und Selbstvertrauen, das sich von Tag zu Tag und oft innerhalb eines Tages ändert – *in einer bestimmten Situation* – gerade jetzt, heute, diese Aufgabe zu diesen Bedingungen.

Gute Führungskräfte bringen sich ein in solch fördernde Beziehungen mit den Menschen, für die sie verantwortlich sind. Der passende Führungsstil ist dann eine angepasste Reaktion auf die Pflicht der Fürsorge für jede Person, um die gemeinsame Vision, die gemeinsamen Werte und den gemeinsamen Dienst zu verwirklichen.

Schlussfolgerung: Führen ist Macht nutzen, um Menschen zu dienen

Am Schluss dieses Kapitels kommen wir zu einem weiteren biblischen Muster. Es unterstreicht die Rolle der Führung für die Fürsorge und Förderung von den Menschen, die Gott uns anvertraut. Es erinnert uns auch an unsere Verantwortung vor Gott, die das Thema des letzten Kapitels ist.

Sie waren die politischen und geistlichen Führungskräfte einer mächtigen Nation, eines von Gott gesegneten Landes. Sie führten eine Nation, deren bewaffnete Kräfte mehr geachtet wurden, als die relative Größe auf der internationalen Ebene vermuten ließ. Dieses Land gründete sich auf starke religiöse Prinzipien, ein Volk, das unter Gott lebte. Ein gesegnetes Land mit natürlichen Ressourcen und mit einer guten strategischen Position für einen starken internationalen Handel. Das menschliche, natürliche und geistliche Potenzial für die Führung auf der Weltbühne war immens.

Und doch wurden diese Führungskräfte von ihren Ämtern abgesetzt. Die politischen Führer fielen Staatsstreichen zum Opfer oder wurden im Krieg besiegt. Die religiösen Anführer wurden als unwichtig für ein modernes Volk abgetan. Ihrer Frömmigkeit und ihrem rhetorischen Können wurde applaudiert, aber sie veränderten nichts mehr im Leben und Verhalten der Menschen um sie herum (Hesekiel 33,30–33). Warum?

Ein Mann stand auf und sagte warum – ein Prediger namens Hesekiel. Nachdem die Nation Juda von Babylon besiegt worden war, Jerusalem, seine Hauptstadt, zerstört und das Volk in anderen Ländern im Exil war, übermittelte Hesekiel, ein Prophet und Priester, der unter Gottes Autorität lebte, den politischen und religiösen Führern Gottes Botschaft. Hören Sie auf die Worte von Hesekiel.

Und des HERRN Wort geschah zu mir: Du Menschenkind, weissage gegen die Hirten Israels, weissage und sprich zu ihnen: So spricht Gott der

HERR: Wehe den Hirten Israels, die sich selbst weiden! Sollen die Hirten nicht die Herde weiden? Aber ihr esst das Fett und kleidet euch mit der Wolle und schlachtet das Gemästete, aber die Schafe wollt ihr nicht weiden. Das Schwache stärkt ihr nicht, und das Kranke heilt ihr nicht, das Verwundete verbindet ihr nicht, das Verirrte holt ihr nicht zurück und das Verlorene sucht ihr nicht; das Starke aber tretet ihr nieder mit Gewalt. Und meine Schafe sind zerstreut, weil sie keinen Hirten haben, und sind allen wilden Tieren zum Fraß geworden und zerstreut. Sie irren umher auf allen Bergen und auf allen hohen Hügeln und sind über das ganze Land zerstreut, und niemand ist da, der nach ihnen fragt oder auf sie achtet.
Darum hört, ihr Hirten, des HERRN Wort! So wahr ich lebe, spricht Gott der HERR: weil meine Schafe zum Raub geworden sind und meine Herde zum Fraß für alle wilden Tiere, weil sie keinen Hirten hatten und meine Hirten nach meiner Herde nicht fragten, sondern die Hirten sich selbst weideten, aber meine Schafe nicht weideten, darum, ihr Hirten, hört des HERRN Wort! So spricht Gott der HERR: Siehe, ich will an die Hirten und will meine Herde von ihren Händen fordern; ich will ein Ende damit machen, dass sie Hirten sind, und sie sollen sich nicht mehr selbst weiden. Ich will meine Schafe erretten aus ihrem Rachen, dass sie sie nicht mehr fressen sollen. Hesekiel 34,1-10

Die politischen und religiösen Führer Israels hatten ihre Macht – die Position und die Kräfte, die Gott ihnen und ihrem Land gegeben hatte – zu ihrem eigenen Vorteil, ihrem eigenen Gewinn, benutzt. Sie waren von der Herde fett geworden. Aber sie hatten ihre Macht und Autorität nicht benutzt, um die Herde zu weiden. Sie sorgten nicht für die Menschen und förderten nicht die, für die sie verantwortlich waren.

Uns wurde eine unglaubliche Verantwortung gegeben – die Herde Gottes zu weiden, für das Volk Gottes zu sorgen. Wir sind Gott gegenüber dafür verantwortlich, wie wir die Macht nutzen, die er uns gegeben hat. Die Propheten beobachten uns. Wie werden wir unsere Macht nutzen?

6 Verantwortlich beeinflussen

Verantwortung: Geduld und Beharrlichkeit

Mit den Worten von Hesekiel noch im Ohr, mit denen wir das letzte Kapitel beendeten, kommen wir zum letzten Kapitel. Wir betrachten noch einmal Judas, den Halbbruder unseres Herrn. Dort finden wir ein Bild, das diese abschließenden Gedanken über Führung durch Beziehungen beinhaltet. Das fünfte und letzte Bild für diese falschen Führungskräfte, die in der Gemeinde von Judas Einfluss ausübten, ist anschaulich und auch ernüchternd: „Umherirrende Sterne; deren Los ist die dunkelste Finsternis in Ewigkeit."

Ein aufregender Blitz, der die Bühne des Lebens streift und dann ohne etwas zu erreichen verschluckt wird. Keine Verpflichtung, keine Geduld oder Ausdauer, kein langfristiger Einsatz für die Menschen – nichts, was zeigen würde, dass es dort jemals Führung gab. Eine Explosion der Energie, die die Aufmerksamkeit auf die Führungskraft lenkt. Aber nichts wird nachhaltig verändert.

Anders als die vorhergehenden Bilder enthält dieses Bild sein eigenes Urteil. Sternschnuppen, die in der Finsternis des Nachthimmels verschwinden, drücken gut das seichte und zeitlich begrenzte Charisma von Führungskräften aus, die von der Bühne abtreten, ehe sie irgendeinen bedeutenden Einfluss auf die Menschen oder die

Mission hatten. Sie sind auf ihrer eigenen Reise und sorgen nicht für die Menschen. Beachten Sie das negative Ende dieses Bildes. Judas sagt nicht einfach, „die in der Dunkelheit verschwinden". Er verbindet es mit einem Urteil. Sie sind Menschen, „deren Los ist die dunkelste Finsternis in Ewigkeit". Sie sind Rechenschaft schuldig! Sie verschwinden nicht einfach. Die Finsternis ist ihr Los. Sie verschwinden genau deshalb in der Finsternis, weil sie nur für sich selbst leuchten. Sie haben den Menschen nichts anzubieten. Sie hinterlassen nichts von Substanz.

Paulus und Philemon: eine verantwortungsvolle Beziehung

Noch ein letztes Mal kehren wir kurz zu unserer Geschichte von Philemon und seiner wichtigen Beziehung zu Paulus zurück. Paulus ist kein Blitz im Dunkeln. Sein Glaube wurde geprüft. Er sitzt im Gefängnis, weil er Christus und die Menschen liebt. Er hat sein Leben für die Menschen eingesetzt, die Gott ihm in den Weg stellte. Er macht dies auch weiter, sogar in Haft. Er sitzt wegen seiner dienenden Führung im Gefängnis, weil er sich entschieden hat, dem auferstandenen Christus und dem Volk Gottes zu dienen.

Und Paulus möchte sicherstellen, dass Philemon nicht nur redet und als charismatische Person auftritt. Er möchte Taten – dass der Glaube Philemons etwas verändert. Er erwartet von Philemon, dass er das tut, was er predigt, und gemäß den Erwartungen von Paulus handelt. Paulus zieht Philemon zur Verantwortung. Paulus sagt zu Philemon: „Erinnerst du dich an all deine Predigten und Ansprachen über Gemeinschaft? Denkst du an die Lektionen über Vergebung und Aussöhnung? Jetzt ist die Zeit da, zu zeigen, dass du wirklich das glaubst, was du verkündest! Nimm Onesimus wieder in dein Haus auf und heiße ihn als Bruder in Christus willkommen." Bei diesem kraftvollen kleinen Brief mit seiner einflussreichen Anordnung geht es um Verantwortlichkeit.

Und es geht noch um mehr. Der Brief stellt Philemon zur Rede. Er soll gemäß seiner Werte und Überzeugungen leben. Paulus fügt noch einen Punkt zur Verantwortlichkeit hinzu: „Zugleich bereite mir die Herberge; denn ich hoffe, dass ich durch eure Gebete euch geschenkt werde." Mit anderen Worten: Ich will dich besuchen kommen und nachschauen, ob du dich wirklich mit Onesimus versöhnt hast. Das ist Verantwortlichkeit. Es wird eine Leistungsüberprüfung geben.

Für Judas und Paulus sind Führungskräfte für ihr Tun verantwortlich. Die dienende Führungskraft setzt sich für Menschen ein und verfolgt ein Ziel. Führung verändert etwas; es sollte eine nachhaltige Veränderung sein. Führungskräfte, die durch Beziehungen führen, sind für ihren persönlichen Beitrag zur gemeinsamen Mission und das Wachstum der Leute, für deren Arbeit sie verantwortlich sind, Rechenschaft schuldig. Sie sind auch verantwortlich für ihr anhaltendes persönliches Wachstum.

Verantwortung und Angreifbarkeit

In diesem letzten Kapitel möchte ich die Rechenschaftspflicht und Angreifbarkeit einer Führungskraft betrachten, die durch Beziehungen führt. Wir haben von Gott eine unglaublich große Verantwortung bekommen. Wir sollen für sein Volk sorgen und es fördern. Uns ist die Aufgabe überantwortet worden, zu führen – eine große Verpflichtung. Wir wissen, dass wir zerbrechliche menschliche Gefäße sind, schwach und leicht abzulenken. Wir brauchen Disziplin und Rechenschaftspflicht, um unsere Verantwortung vor Gott im Blick zu behalten. Betrachten wir also unsere Verantwortung vor Gott, für die Organisation und für uns selbst.

Weil wir Rechenschaft schuldig sind, sind wir auch angreifbar. Es ist riskant, zu führen – riskant, sich auf eine Beziehung der gegenseitigen Abhängigkeit mit jemand anderem einzulassen. Es ist auch riskant, uns selbst für den Dienst an der Mission und an Menschen zu opfern. Die Möglichkeit des Versagens ist hoch und liegt oft außerhalb unserer Kontrolle. Bei Führung geht es um Rechenschaftspflicht und Angreifbarkeit. Aber wenn wir eine so große Verantwortung bei unserer Führung tragen, warum riskieren wir es dann? Warum machen wir uns so angreifbar? Der für mich einzige Grund, die Verantwortung als Führungskraft auf sich zu nehmen, ist Gottes Auftrag, der uns zu einer Gabe für sein Volk macht (Römer 12). Und wenn wir führen, weil Gott dies will, dann haben wir auch das Vertrauen, dass unsere Angreifbarkeit in die Hoffnung auf Vergebung eingehüllt ist. Bei Führung durch Beziehungen – einer dienenden Führung – geht es auch um Vergebung.

Verantwortung vor Gott

Dieses Thema wurde regelmäßig im ganzen Buch angesprochen. Wir sind aktiv, weil Gott uns zum Dienst berufen hat. Und wir wissen, dass unser Einfluss durch unseren Dienst direkt mit unserer Abhängigkeit von Gott verknüpft ist. Aus eigener Kraft können wir nichts für Gott tun. Die Art von Einfluss, die Paulus und Judas sehen möchten, können wir nur haben, wenn Gottes Kraft in und durch uns wirkt. Wir brauchen die ständige erneuernde Gegenwart Christi in uns, wenn wir die immense Aufgabe der Führung auf uns nehmen.

Bei unserer Verantwortung gegenüber Gott geht es um persönliche Erneuerung und Abhängigkeit. Ich kann keine Formel für persönliche Entwicklung vor Gott anbieten. Jeder von uns muss einen Weg finden, der am besten für ihn ist. Aber ich möchte uns noch einmal auf die Kraftquellen für die Führung hinweisen, die wir am Ende des Judasbriefes gefunden haben. Insbesondere möchte ich die

Wichtigkeit von Bibel und Gebet unterstreichen – dem Hören auf Gott.

Ich habe immer versucht, die persönliche Beziehung zu Gott ständig aufrechtzuerhalten und in meinen Tagesablauf Zeit für Gebet und Andacht einzubauen. Es war jedoch nicht immer einfach, ein dauerhaftes und erfolgreiches Modell zu finden. Ich hasse es, früh aufzustehen, und abends bin ich zu müde. Im Tagesablauf bin ich dann zu sehr mit meinem vollen Terminkalender beschäftigt, der meine Zeit in Anspruch nimmt. Zwar habe ich immer die Freiheit, ständig zwanglos mit Gott im Gespräch zu bleiben. Aber ich habe es nicht immer geschafft, eine bestimmte Zeit frei zu halten, um auf Gott zu hören und mit ihm zu reden. Zumindest bis jetzt! Als ich die Führungsverantwortung im Regent College übernahm, wusste ich, dass dies meine Fähigkeiten übersteigt. Ich war vorher noch nie Universitätspräsident gewesen und war mir nicht sicher, ob ich der Aufgabe gewachsen wäre. Ich spürte die unglaubliche Verantwortung dieser Mission und der Gemeinschaft, die Gott meiner Führung anvertraute. Von dem Tag an, wo ich nach Vancouver kam, fand ich es weitaus leichter, Zeit mit Gott zu verbringen. Dies kam durch meine Abhängigkeit und durch die Angst vor dem Versagen! Ich wusste, dass ich diese Arbeit nicht ohne die ständige Gegenwart und Kraft Gottes tun konnte. Ich konnte mir nicht vorstellen, meine täglichen Pflichten zu beginnen, ohne vorher den Tag mit Gott durchzusprechen. Hier versuchte ich zu verstehen, worum es ging. Dieses vollständige Gefühl der Abhängigkeit und des Mangels trieb mich dazu, Zeit zum Gebet für die zu nehmen, für die ich verantwortlich war, und um Weisheit, eine Vision und Kraft zu beten, wenn ich über den Plan für den Tag nachdachte.

Nun, elf Jahre später, ist das ein fester Bestandteil meines Tages geworden. Ich beginne jeden Morgen mit Bibellese und Gebet und versuche, auf Gott zu hören und zu verstehen, was an dem kommenden Tag wichtig ist. Ich habe zumindest bei mir entdeckt, dass es zwischen „das ist mir zu hoch“ und dem Finden von Zeit für

Gott eine direkte Beziehung gibt. Wenn ich glaube, alles unter Kontrolle zu haben, ist es leichter, die Andacht und Stille vor Gott auszulassen. Aber wenn ich mir meiner Angreifbarkeit und völligen Abhängigkeit bewusst bin, bekommt diese Zeit oberste Priorität. Das trifft so sehr zu, dass ich bemerkt habe, dass die Umkehrung dieser Beobachtung auch zutrifft. Wenn ich nicht beständig Zeit mit Gott verbringe, heißt das wahrscheinlich, dass ich nicht viele Risiken im Glauben auf mich nehme. Ich glaube, dass es einen Zusammenhang gibt zwischen dem Erkennen unserer Abhängigkeit von Gott und dem Einsatz von Zeit, um auf Gott zu hören. Ich glaube auch offensichtlich immer noch, dass mir meine jetzige Verantwortung zu hoch ist!

> ***Ich glaube, dass es einen Zusammenhang gibt zwischen dem Erkennen unserer Abhängigkeit von Gott und dem Einsatz von Zeit, um auf Gott zu hören.***

In diesem Zusammenhang ist das Gebet für mich ein wichtiger Bestandteil des Hörens auf Gott. Ich entdecke, dass ich während meiner Gebetszeit die Wirklichkeit meines Tages oft aus einer anderen Perspektive sehe. Ich lege Papier und Stift neben meine Bibel und unterbreche auch, um die Ideen aufzuschreiben, die mir während des Gebets oder der Bibellese kommen. Ich bin davon überzeugt, dass unser Verstand in der Stille anders arbeitet als bei normalem Nachdenken. Ich entdecke, dass ich in der Zeit des Gebets und der Stille anders denke. Diese Zeit wurde für mich eine wichtige Zeit der Inspiration. Ich bekomme viele meiner Ideen für die Führung, auch Entwürfe für Predigten und feste Überzeugungen, während ich in der Bibel lese und bete. Obwohl ich andere in der Fürbitte vor Gott bringe und meinen eigenen Tagesplan vor Gott darlege, ist diese Zeit mehr eine Zeit des Hörens und des Sehens von Dingen aus Gottes Perspektive.

Per Definition übernehmen Führungskräfte eine riskante Position. Wir sind für Entscheidungen verantwortlich, die das Leben und die Arbeit von anderen und auch von uns betreffen. Bei der Führung müssen wir uns entscheiden, weil wir nicht gleich wissen, was die richtige Entscheidung ist. Es gehört nicht viel Führung dazu, eine offensichtlich richtige Entscheidung zu treffen. Leadership ist dann gefragt, wenn die Alternativen völlig gleichwertig erscheinen. Das *Risiko* etwas zu entscheiden, wenn die richtige Entscheidung unsicher ist, ist ein Teil dessen, was mich ins Gebet treibt.

Als mittlere Führungskraft könnte ich Entscheidungen empfehlen und wüsste, dass jemand, der „weiser ist" und Verantwortung für mich hat, meine Entscheidungen korrigieren oder verändern würde, wenn ich falsch liege. Nun als Präsident gibt es niemanden, der mich so bewahrt. Somit wird meine Abhängigkeit von Gott noch entscheidender. Jeden Morgen bete ich den Plan für den Tag durch. Während des Tages bete ich um die Weisheit, die Dinge aus Gottes Perspektive zu sehen – mit den Augen Jesu zu sehen und zu verstehen, was hier wichtig ist und was auf dem Spiel steht. Abends überprüfe ich – oft auf Veranlassung meiner Frau – den Tag und danke Gott für das, was er in unserer Mitte getan hat.

Das Gebet ist für mich mehr ein Ausdruck meiner Schwachheit und Abhängigkeit als die Erwartung, dass Gott die Entscheidungen für mich treffen wird. Ich glaube, dass uns das Gebet auf Gottes Gedanken bringt, sodass wir verstehen, was wichtig ist – welches die Werte sind, die wir bewahren sollen. Gelegentlich bekomme ich glänzende Einblicke, wenn ich um solche Weisheit bitte, aber normalerweise ist es nur eine Bestätigung der Werte, die zur Debatte stehen. Mein Gebet als Führungskraft ist, dass ich niemandem schade und mein letztes Vertrauen liegt in der Überzeugung, dass ich nicht den souveränen Plan Gottes zunichte machen kann.

Das Hören auf Gott ist grundlegend. Diese Priorität für christliche Führungskräfte war eine der ersten Voraussetzungen dieses Buches: *Nehmen Sie sich Zeit für Ihr geistliches Wachstum.* Bauen Sie

Gebet und Pflege mit ein. Nehmen Sie sich Zeit für Gott. Finden Sie Ihren Sabbat-Rhythmus. Raum für die Hingabe an Gott, wenn Sie innehalten, um Ihre Seele wieder mit Ihrem Körper in Einklang zu bringen. Nehmen Sie sich Zeit mit Gott, und nicht bloß, um Gott zu studieren. Führung ist eine Dienstbeziehung. Und wie Judas uns ermahnt, beginnt dies mit einer Beziehung zu Gott und führt aus der Stärke dieser Beziehung heraus.

■ ***Nehmen Sie sich Zeit für Ihr geistliches Wachstum.***

Verantwortung für die Organisation

Hier möchte ich zwei Dinge erwähnen: Selbstbewertung und Erneuerung und das Arbeiten in einem Vorstand. Ein guter Vorstand wird Sie für die Mission und die Menschen zur Rechenschaft ziehen und von Ihnen erwarten, in irgendeiner Form an einer Überprüfung und Bewertung teilzunehmen. Aber als Führungskräfte sollten wir selbst für eine weitergehende Selbstbewertung unserer Führung und unseres Wachstums sorgen. Wir müssen auch die richtige Balance zu Verpflichtungen außerhalb unserer Organisation finden.

1. Selbstbewertung und Leistungsüberprüfung

Als ich die Stelle des Universitätspräsidenten übernahm, bat ich den Vorstand um eine jährliche Leistungsüberprüfung. Ich möchte regelmäßig wissen, wie gut ich arbeite. Erfülle ich ihre Erwartungen? Was für eine Art von Führung wird die Hochschule in fünf oder zehn Jahren brauchen? Kann ich mich auf diese Rolle vorbereiten? Es ist für die Universität eine Gelegenheit, mich an meine Verantwortung für die Mission und die Gemeinschaft zu erinnern. Es ist aber auch eine Gelegenheit für mich, die Hochschule an ihre Verantwortung mir gegenüber zu erinnern.

Dieser Prozess wird jedes Jahr normalerweise vom Leiter des

Ausschusses oder von mir in Gang gesetzt. Zu einem vereinbarten Termin liefere ich einen fünfseitigen Entwurf meiner Einschätzung meines Beitrages zur Hochschule. Ich versuche ehrlich zu sein und die positiven Errungenschaften und negativen Folgen zu benennen. Ich überprüfe meine Stärken und mein Wachstum und gestehe meine Schwächen und Enttäuschungen. Ich bewerte das Wachstum und den Fortschritt derer, für deren Erfolg ich verantwortlich bin. Ich bewerte die Beziehung zwischen mir und dem Vorstand. Und ich benenne kurz, was ich zu meiner eigenen Erneuerung und für mein Wachstum tue. Ich streiche auch die wichtigsten Vorhaben für das kommende Jahr heraus. Diese Bewertung sende ich dem Ausschussvorsitzenden, der ein kleines Komitee aus Ausschussmitgliedern damit beauftragt, meine Leistung zu überprüfen. Normalerweise treffe ich sie für drei oder vier Stunden und wir diskutieren unsere Beziehung. Das sind wichtige Zeiten geworden. Sie sind nicht immer einfach, aber sie sind nötig für die ständige Entwicklung der Beziehung zwischen Präsident und Vorstand und das anhaltende Wachstum beider.

Beständiges Lernen und Wachstum ist für Führungskräfte entscheidend. Wir dienen sich ändernden Organisationen in einer sich verändernden Welt. Die Zeiterfordernis zur Führung übersteigt weit die Zeit, die wir geben können. Wir können leicht so sehr mit Führen und Dienen beschäftigt sein, dass wir uns nicht Zeit für Erneuerung und Wachstum nehmen. Studium, Lernen und ständiges Erneuern sind für die Führung extrem wichtig. Es ist schwer, eine Vision zu fördern, wenn man müde ist. Es ist schwer zu führen, wenn man nicht wächst. Neues Lernen gibt Kraft. Es erneuert und gibt die Kraft, die zur Führung nötig ist. Deshalb bauen wir in den Prozess der Leistungsüberprüfung und Bewertung die ständige Weiterbildung mit ein. Führungskräfte müssen genauso wie sie es von den Menschen erwarten, die sie führen, Zeit für ihre Weiterbildung und ihr Wachstum finden.

Führen ist schwer, wenn man selbst nicht wächst.

Wie ich oben bereits gesagt habe, ist die Leistungsüberprüfung ein Instrument, das Wachstum und die Entwicklung der Führungsbeziehung bringen soll. Auch meine Überprüfung soll mich dazu ausrüsten, die Art von Führungskraft zu sein, die Regent in den nächsten Jahren braucht. Der Vorstand und ich möchten ein so effektives Führungsteam sein, wie wir nur können, und der Verantwortung gerecht werden, die Gott uns gegeben hat.

2. Vorstände

Somit kommen wir zu dem Thema Vorstände. Es gibt wahrscheinlich keine wichtigere und möglicherweise auch problematischere Beziehung als die zwischen der Führungskraft und dem Vorstand. Wir können dieses Thema hier nicht angemessen behandeln, aber ich möchte es für ein späteres Nachdenken empfehlen.

In Wohltätigkeitsorganisationen, oder – wie Drucker es ausdrückt – dem Bereich des Dienstes, gibt es Vorstände aus ehrenamtlichen Treuhändern, Leitenden oder Direktoren. Sie ziehen die Führungskraft für deren Leute, die Mission und die weitere Umgebung zur Rechenschaft. Der Vorstand ist der Führungskörper, dem die Mission anvertraut wurde. Er ist für die ständige Lebensfähigkeit und Gesundheit der Organisation oder Kirche zuständig, wenn sie ihre Mission ausführt. Der Vorstand verwaltet die Mission und denkt strategisch über die zukünftige Entwicklung der Organisation nach. Er ist verantwortlich dafür, die richtigen Leute auszuwählen, um ihnen die Führung der Organisation zu überlassen. Er beaufsichtigt auch Führungskräfte, dass sie gemäß der Vision und der Werte der Gemeinschaft leben und handeln. Vorstände sind für die strategische Planung, aber nicht für das tagtägliche Management verantwortlich.

Führungskräfte müssen sich für die Entwicklung von starken und aktiven Vorständen einsetzen, welche die Mission verstehen und die Vision und Möglichkeiten übernehmen. Dies ist für all die von uns eine der Hauptaufgaben, die im Wohltätigkeits- oder geistlichen Bereich tätig sind. Und doch ist dies auch genau der Punkt, an dem es in vielen Organisationen zu Spannungen kommt. Denn hierdurch gibt es zwei Arten von „Eigentümern", zwei sich ergänzende und miteinander konkurrierende Führungsgruppen: den eingestellten Geschäftsführer und den Vorstand. Beide tragen Verantwortung, beide sind lebhaft an der Organisation interessiert, beide sind „Eigentümer" und beide haben eine Vision. Der Vorstand hat normalerweise das letzte Wort, aber oft verbringt der Direktor mehr Zeit in der Organisation und kennt das Leben dort besser. Wenn sie zusammenarbeiten, bilden Vorstände und Führungskräfte ein schlagfertiges Führungsteam. Wenn sie aber gegeneinander arbeiten sind sie für das Unternehmen ein Alptraum. Im Durchschnitt wechseln die Universitätspräsidenten in Kanada und den USA alle vier Jahre. Bei Verwaltungschefs in Krankenhäusern ist die Zeit ähnlich kurz. Wenn die Spannungen zunehmen, geht die Führungskraft weg. Bei Pastoren ist es oft genau umgekehrt. Wenn die Spannungen zunehmen, gehen die Mitglieder des Vorstands oder der Vorstand wird an den Rand gedrängt. Viel zu viele Pastoren ignorieren den Vorstand und versuchen, die Gemeinde auf eigene Faust zu führen.

Ich habe keine Patentlösung für diese Kämpfe. Ich denke, dass sie in allen unseren Organisationen unter der Decke schwelen. Und doch bin ich immer noch von diesem Modell überzeugt. Führungskräfte müssen Rechenschaft ablegen, um auf ein Ziel konzentriert zu bleiben. Der Vorstand ist das hauptsächliche Mittel dafür in unserer Art von Gemeinschaft. Wir müssen ihn stärken, uns für sein Wachstum und Wissen einsetzen und Kommunikationsstrategien entwickeln, die das gemeinsame Führen fördern, das sich daraus ergibt. Führungskräfte, die anderen keine Rechenschaft ablegen müssen und nicht einer Mission verpflichtet sind – die keine Struktur haben, die sie auf eine Richtung lenkt –, stehen in der großen Gefahr, ihre Macht für ihren eigenen Vorteil auszunutzen. Dietrich Bonhoeffers prophetische Radioansprache bei der Machtergreifung Hitlers unterstreicht diese gefährliche Spannung zwischen Führen,

Menschen verantwortlich und doch *Der Führer* zu sein, der nur sich selbst Rechenschaft schuldig ist.[92] In Kirchen und Wohltätigkeitsorganisationen ist der Vorstand die vorrangige Institution, der die Führungskraft Rechenschaft schuldig ist. Wir brauchen starke Vorstände.

Aber obwohl der Vorstand wichtig ist, muss er doch den Unterschied zwischen seinen Pflichten und denen des Führungsteams lernen. Der Vorstand muss die Führung abgeben, in den Hintergrund treten und die strategische Überwachung übernehmen. Er muss der Führung sein Vertrauen geben und muss erreichbar sein, wenn seine Sachkenntnis und sein Rat gebraucht werden. Der Vorstand muss lernen, Verantwortung wahrzunehmen, ohne selbst das Management innezuhaben. Das Führungsteam muss lernen, offen zu sein und Rechenschaft abzulegen und nicht die Verantwortung des Vorstands zu unterlaufen. Wir reden von *gemeinsamer Führung, Rechenschaft und Vertrauen.* Es geht um die Partnerschaft einer gemeinsamen Vision. Führungskräfte können ihre Aufgaben nur verantwortlich ausführen, wenn ihnen Verantwortung überantwortet wird und sie regelmäßig im Licht der Mission und der Werte der Gemeinschaft überprüft werden.

Es gibt noch viel mehr, was man über Vorstände sagen könnte. Über dieses Thema sind Bücher geschrieben worden. Aber für den Zweck dieses Buches reicht es aus zu sagen, dass Vorstände ein wichtiges und entscheidendes Element für die Rechenschaftspflicht in unseren Organisationen sind. Sie sind ein Element, dass Zeit und Entwicklung braucht, wenn wir die Art von Führung in unseren Organisationen schaffen wollen, die im 21. Jahrhundert nötig ist.

Verantwortung für uns selbst

Hier müssen wir zwei Themen ansprechen: Zeit verstehen und zu leben. „Zeitmanagement" war immer eines der beiden meist gefragten Seminare, die ich führte. („Die Führung von Freiwilligen" war das andere.) Führungskräfte kämpfen immer mit der Zeit. Sie haben nie genug. Sie scheint vor uns zu fliehen. Doch wir müssen verantwortlich handeln. Wir sind verantwortlich dafür, wie wir unsere Zeit nutzen und oft auch die Zeit von anderen nutzen. Es ist wichtig, dass Führungskräfte die Zeit verstehen – verstehen, dass es verschiedene Sichtweisen von Zeit gibt und dass Führungskraft und Geführte die Zeit, die sie gemeinsam verbringen, vielleicht verschieden sehen. Dieses Buch handelt von der Führungsbeziehung. Darauf müssen Führungskräfte achten. Aber das ist nicht genug. Wir sind es unseren Organisationen schuldig, ein weiteres Leben zu führen. Führungskräfte müssen lebendige und bereichernde Beziehungen außerhalb der Organisation führen, um ihr Denken und ihre Sichtweise über das Lebens zu weiten. Zwei müssen hier besonders erwähnt werden: Familie und Freunde.

1. Zeit verstehen

Immer wenn ich darum gebeten werde, etwas über Zeitmanagement, Prioritäten setzen und mit Verpflichtungen leben zu sagen, bin ich ein wenig gespalten. Ich halte sehr viel von Zeitmanagement, Prioritäten setzen, Werte formulieren und Versprechen halten. Die Verantwortung für die Nutzung unserer Zeit ist ein Problem, das jeden von uns belastet. Wir haben alle Schwierigkeiten mit unserer Zeitplanung! Es gibt nie genug Zeit. Aber an dieser Stelle kann ich wenig sagen, das Sie nicht schon gehört haben oder nicht schon wissen. Das Problem liegt nicht darin, dass wir nicht wissen, wie wir unsere Zeit planen sollen. Das Problem ist es, dies zu tun! Wir mögen es nicht, uns selbst zu erziehen. Die meisten Führungskräfte gehen mit ihrer Zeit sehr lax um. In Wirklichkeit entscheiden wir uns oft bewusst dafür, unsere Zeit wenig zu planen, um einer Sache aus dem Weg zu gehen. Es ist auch schwer für mich, über Zeitplanung zu sprechen. Denn dann erinnere ich mich daran, wie schlecht ich meine eigene Zeit plane! Beim Zeitmanagement geht es um die Verantwortung für uns selbst. Es geht darum, unser Leben vor Gott zu verwalten – Diener unserer Zeit zu sein.

■ ***Natürlich wissen wir, wie wir unsere Zeit planen können. Wir müssen es nur tun.***

Zeit ist ein vergängliches Gut, das uns durch die Finger rinnt wie der Sand in einer Sanduhr… *oder ist Zeit so?* Das bringt uns zu einem anderen Problem bei der Zeitplanung. Die Menschen haben unterschiedliche Sichtweisen von Zeit. Die hängen von der Kultur ab, in der sie aufgewachsen sind und von den persönlichen Voraussetzungen, die sich bei ihnen dadurch über die Jahre gebildet haben.

Die Forschung nennt meistens zwei grundlegende Sichtweisen von Zeit: die einschichtige und die vielschichtige Zeit.[93] Aber ich brauche nicht die Forschung, um zu wissen, dass es unterschiedliche Sichtweisen von Zeit gibt. Ich bin nun 36 Jahre mit Beverly verheiratet! Das war genügend Zeit, um mich davon zu überzeugen! Es kann keine verschiedeneren Sichtweisen von Zeit geben, wie die, die Beverly und ich haben. Ich stelle genau meine Uhr und möchte exakt wissen, wo genau ich mich jetzt auf der Zeitschiene befinde. Beverly mag keine Uhren, und wenn sie eine trägt, macht sie diese absichtlich für fünf bis 15 Minuten aus – sie kann nicht zählen, wie oft sie dies macht! – sodass die Uhr nicht ihr Leben kontrollieren kann. Sie können sich vorstellen, wie viele Konfliktpunkte es in dem „Uhrwerk" unserer Beziehung gibt. Die Menschen sehen Zeit unterschiedlich, und das hängt von ihrer Kultur, ihrer Erziehung, ihrem Stil zu denken, ihrer Logik oder ihrer Kreativität ab.

Einschichtige Zeit – wird als linear, zunehmend, in einer Reihe ablaufend und vorhersagbar angesehen. Das Wichtige sind die Ziele, Vorhaben und Endtermine. Zeit wird als ein Gut gesehen, das aufgebraucht wird. Dabei gibt es die Tendenz, sich zu konzentrieren und das Denken einzuengen und immer nur eine Sache zu einer Zeit zu machen.[94]

Vielschichtige Zeit – wird schichtweise gesehen, fast schon räumlich. Hier ist es normal, viele Aufgaben auf einmal zu übernehmen. Es werden mehrere Sachen auf einmal gemacht, ohne den linearen Fluss der Zeit zu beachten. Wichtig sind Werte und Beziehungen. Weil viele Dinge gleichzeitig laufen, ist es nicht ungewöhnlich, das verschiedene Aufgaben liegen gelassen und wieder begonnen werden. Hierbei gibt es keine sichtbare Logik und kein Muster – zumindest nicht von der einschichtigen Zeit aus gesehen.[95]

Ich denke, wir leben in einer Welt, die von uns verlangt, beide Sichtweisen von Zeit zu nutzen. Aber unsere erste Sicht wird von der Kultur bestimmt, in der wir aufwachsen und von unserer Art zu denken – unserer Mischung aus rechter und linker Hirnhälfte. Dies sind keine unumstößlichen Einteilungen, sondern mehr sich überschneidende Tendenzen.

Im Allgemeinen bewerten westliche Kulturen wie in Europa oder Nordamerika die einschichtige Zeit höher als die vielschichtige. Lateinamerikanische, asiatische und afrikanische Kulturen dagegen tendieren dazu, die vielschichtige Zeit höher zu achten.[96]

In beiden Kulturen gibt es jedoch Menschen, die zu einem homogenen Denken neigen – die sich ausrichten und sich konzentrieren – und Menschen, die zu divergentem Denken neigen, eher das Gesamtbild betrachten. Menschen, die eher konvergent denken – sich ausrichten und konzentrieren –, fühlen sich normalerweise in der einschichtigen Zeit wohler. Menschen, die aber divergent denken – das Gesamtbild sehen –, fühlen sich in der vielschichtigen Zeit wohler. Ähnlich meint die Forschung, dass Menschen mit einer dominanten linken Hirnhälfte, die strukturelles und logisches Denken bevorzugen, sich in der einschichtigen Zeit aufhalten. Menschen mit einer dominanten rechten Hirnhälfte, die Kreativität und Spontaneität mögen, bewegen sich in der vielschichtigen Zeit.[97]

Warum belästige ich Sie damit? Weil ich glaube, dass wir beide Sichtweisen von Zeit brauchen. Wir wollen Verantwortung als Führungskraft ausüben und in unseren christlichen Gemeinschaften durch bezugsbezogenes Führen dienen. Wir dienen in unseren Organisationen auch einer Gemeinschaft, die viele verschiedene Herangehensweisen an die Zeit mit einschließt. Am Regent College sehen in jedem Jahr die Hälfte der Leute die Zeit als einschichtig und die andere Hälfte als vielschichtig. Wir sind unterschiedlich – und das ist so in Ordnung. Darum geht es ja in einer Gemeinschaft. Wir können nicht erwarten, dass die Person, die neben uns sitzt, Zeit genauso sieht wie wir. Aber wir sollten die Gelegenheit ergreifen, die Sichtweise von anderen kennen zu lernen, weil wir uns in beiden auskennen müssen.

Hier ein kleines Beispiel aus der Welt der Ausbildung. Da es sich bei einschichtiger Zeit vor allem um Zeitrahmen und Endtermine dreht, ist völlig klar, dass eine Ausbildung vor allem einschichtig ist. Die Studenten absolvieren in neun Monaten das akademische Jahr. Sie haben klar definierte Leseaufgaben, Arbeiten zu schreiben und Endtermine, wann die Arbeiten fertig sein müssen. Ohne Rücksicht auf ihre Kultur oder Einstellung durchlaufen sie ein Studienprogramm, das sich in der einschichtigen Zeit abspielt. Die „vielschichtigen" Studenten müssen sich dieser Gegebenheit anpassen. Zugleich legen wir am Regent College wert auf Gemeinschaft. Gemeinschaft lässt sich nicht programmieren. Zwanzig Minuten Zeit täglich für eine Beziehung bildet nicht notwendigerweise eine Freundschaft. Die Bildung einer Gemeinschaft und das Pflegen von Beziehungen sind vielschichtig. Sie können nicht nach Plan ablaufen. Die „einschichtigen" Menschen müssen sich dieser Begebenheit anpassen. Wir leben in einer Welt, in der es erforderlich ist, unsere

Sichtweisen von Zeit zu vermischen. Aber weil wir an den Wert der Gemeinschaft glauben, können wir voneinander lernen.

Wir können auch sehen, wie gut dies in unsere Tagesordnung als Führungskraft passt. Führungskräfte sind dafür verantwortlich, eine Organisation zu führen und die Gemeinschaft zu fördern – zwei Seiten der gleichen Medaille, denn es handelt sich um dieselben Menschen. Führungskräfte sind für die Vision und die Werte verantwortlich. Wir übersetzen unsere Vision durch monochromes Denken in Handlungen, indem wir unsere Kräfte bündeln und die Mittel einer Organisation auf unsere Mission konzentrieren.

Doch wir sind auch verantwortlich für das Wertesystem. Führungskräfte fördern die Werte und die Kultur einer Organisation. Dazu ist polychromes Denken nötig. Das schließt Kreativität, divergentes Denken und einen ganzheitlichen Blick auf das Gesamtbild mit ein – nämlich wer wir sind und was uns wichtig ist. Führungskräfte müssen in der Lage sein, mit beiden Sichtweisen umzugehen. Die Durchführung der Mission erfordert eine einschichtige Herangehensweise, die Förderung der Gemeinschaft eine vielschichtige. Keine ist richtig und keine ist falsch. Es sind nur zwei Wege, zu sehen, wer wir sind und was wichtig ist. Aber es ist entscheidend für uns daran zu denken, dass die meisten von uns besser mit einer Herangehensweise leben können. Es ist wichtig, dass wir uns selbst kennen, dass wir verstehen, welche Sichtweise von Zeit wir am besten finden. Wir brauchen in unseren Organisationen Partner, die gerne mit der anderen Sichtweise leben. Zusammen können wir gemeinschaftlich unsere Organisation so führen, wie sie es in dieser sich schnell ändernden Zeit braucht.

2. Leben

Die Erfordernisse der Führung einer Organisation können einen aufzehren. Es ist eine nie enden wollende Aufgabe, das Netzwerk von Beziehungen zu unterstützen, das eine Gemeinschaft ausmacht. Führungskräfte stehen in der Gefahr auszubrennen, wenn sie die

Organisation zu ihrer Lebensmitte machen. Und Organisationen liebend gern jede Art von Führungskraft.

Schließlich gibt es in jeder Organisation mehr zu tun, als eine Führungskraft normalerweise in ihrem Leben schaffen kann. Deshalb haben wir eine gemeinsame Vision, geteilte Werte, Teams und die Delegierung von Aufgaben. Aber wir sind unseren Organisationen mehr schuldig. Wir sind ihnen ein Leben schuldig. Führungskräfte brauchen Verpflichtungen und Beziehungen außerhalb der Organisation, die ihnen eine Perspektive und Kraft geben – und sie befähigen, etwas in die Organisation einzubringen. Wir haben bereits die Beziehung der Führungskraft mit Gott betrachtet. Da sind auch noch die Beziehungen zu der Familie und zu Freunden. Führungskräfte sind es sich selbst schuldig, ihr Leben in Balance zu halten und sich selbst in diese entscheidenden Beziehungen außerhalb ihrer Organisation einzubringen. Sie sind es auch ihrer Familie und ihren Freunden schuldig. Und sie sind es ihrer Organisation schuldig. Führungskräfte müssen ein eigenes Leben haben, wenn sie ihre Organisationen mit Leben füllen wollen.

■ ***Führungskräfte sind es sich selbst schuldig, ihr Leben in Balance zu halten und sich selbst in Beziehungen außerhalb ihrer Organisation einzubringen.***

(1) familiäre Verpflichtungen: Ich lege sehr viel Wert auf familiäre Verpflichtungen. Sie haben für mich oberste Priorität. Ich bin folgender Meinung: Wenn Sie geheiratet haben, dann sind Sie eine lebenslange Verpflichtung für das Wohlergehen und Wachstum Ihres Ehegatten eingegangen. Das hat eine hohe Priorität. Studenten halten einen berüchtigten Rekord bei der Zahl von zerbrochenen Ehen, weil sie ihre gesamte Zeit in der Bibliothek zubringen und sich nicht um ihre Ehepartner kümmern. Theologiestudenten können noch schlimmer sein, weil sie es ja „für Gott“ tun. Die Modelle, die wir früh in unserem Leben und Studium übernommen haben, beeinflussen unsere Prioritäten bei der Führung. Zu viele Familien von christlichen Führungskräften zerbrechen, weil diese Führungskräfte so sehr damit beschäftigt sind, Gott zu dienen, dass sie sich überhaupt nicht mehr um ihre Familien kümmern. Das ist unentschuldbar. Leben Sie!

Führungskräfte müssen sich um ihre Verpflichtungen in Beziehungen kümmern. Wenn wir die Eheverpflichtung eingegangen sind, ist uns ein wichtiges Feld des Dienstes gegeben – und das haben wir akzeptiert. Wenn wir nicht bewusst und effektiv Zuhause dienen können, dann habe ich ernsthafte Zweifel, ob wir es überhaupt irgendwo können! Beverly und ich haben all die Jahre mit der Zeit und anderen Dingen gekämpft, aber unsere Beziehung war für uns beide oberste Priorität. Das bedeutete, sich die Zeit für Gespräche zu nehmen. Zusätzlich zu der normalen Zeit, die man zusammen bei den Mahlzeiten, im Auto und in der Gemeinde verbringt, haben wir mindestens eine Stunde täglich einfach zusammen gesessen und geredet und einander zugehört, ohne etwas anderes zu tun. Die Pflege einer Beziehung braucht Zeit!

Wir haben das Gleiche bei unseren beiden Söhnen gemacht. Von der Zeit an, als der Ältere fünf Jahre alt war bis der Jüngere auf die Universität ging, bin ich immer mit einem der beiden jeden Mittwoch zum Abendessen ausgegangen, um einfach mit ihm zu reden. Sechzehn Jahre lang! Ich freue mich immer noch, mit ihnen zusammen zu sein, und sie mögen es immer noch, von mir zum Abendessen eingeladen zu werden. Denken Sie einmal darüber nach. Wie viel Zeit verbringen Sie wirklich jeden Tag unter vier Augen mit den Mitgliedern ihrer Familie, um zu reden und zuzuhören?

(2) Freunde: Führungskräfte brauchen Freunde – Menschen außerhalb ihrer Organisation, mit denen sie das Leben genießen, Dinge lernen können, die nichts mit der Mission ihrer Organisation zu tun haben und neue Dinge entdecken und auf unserem gemeinsamen Weg mit Gott wachsen können. Freunde fügen etwas zu der Reife hinzu, die eine Führungskraft in die Organisation einbringt. Freundschaften sollten für jede Führungskraft Priorität haben.

Eines Winters machten Beverly und ich an einem Strand in Mexiko Urlaub. Wir beobachteten drei Männer von ungefähr siebzig Jahren, die lachten, sich unterhielten, schwammen und scherzten. Ihre Frauen saßen in der Nähe im Schatten. Wie ich sie beobachtete, begann ich über mein Leben im Alter nachzudenken. Würde ich drei Freunde haben, mit denen ich im Meer schwimmen oder durch die Berge wandern könnte? Mir wurde klar, dass ich mich jetzt für solche Beziehungen einsetzen müsste, wenn dies später wichtig für mich wäre. Wir erreichen diese Qualität der Freundschaft nie ohne eine lebenslange Beziehung. Führungskräfte können nicht zulassen, dass ihre Pflichten in der Organisation ihr Denken so einengen, dass sie es nicht schaffen, sich in dem breiteren Netz von Freunden in den verschiedenen Gemeinschaften einzubringen, in die Gott sie gestellt hat.

Das ist eine weitere Priorität sowohl für Beverly als auch für mich. Wir bringen uns selbst in kleinen unterstützenden Gruppen ein, die sich die letzten 29 Jahre wöchentlich getroffen haben. Und wir bleiben mit vielen in Kontakt, für die wir uns so eingesetzt haben. Die Beckers in New Mexico, die Partens in Minneapolis, die Whites in Los Angeles und noch viele andere. All das sind Menschen, mit denen wir nach einem Satz wieder lebhaft im Gespräch sind, und das sogar nach langer Trennung voneinander und großer geographischer Entfernung.

Und dann ist das noch meine Gruppe, mit der ich Bergwanderungen mache. Don Bosch, Brent Stenberg, Rich Butman, Don Dwyer, Newt Malony, Steve Sittig und ich sind nun seit fast 30 Jahren auf Berge gestiegen, haben in Schneehöhlen übernachtet und sind Bergflüsse hinab gepaddelt. Wir sind am Erntedankfest-Wochenende 1975 auf unsere erste Tour gegangen und machen seitdem mindestens drei pro Jahr zusammen. Wir genießen nicht nur die Natur gemeinsam. Über die Jahre ist uns auch klar geworden, dass dies wichtige Beziehungen sind. Da sind sechs andere Männer, denen wir unser Leben anvertraut haben. Es sind Männer, mit denen wir fast 25 Jahre unseres Lebens und des persönlichen Wachstums verbracht, und auch Touren durch unberührte Natur unternommen haben.

Das ist Freundschaft! Dies sind Menschen, die mich durch und durch kennen und trotzdem mögen! Sie schaffen einen Ausgleich und eine Perspektive außerhalb des Drucks meiner beruflichen Pflichten. Es gibt nichts, über das wir nicht miteinander reden können und auch reden. Sie kommen aus einer anderen Welt mit anderen Pflichten. Sie bereichern mein Leben immens. Wir kommen nun genauso viel wegen unserer Beziehung zusammen wie wegen des Bergsteigens. Das ist für mich von großer Wichtigkeit geworden. Ich plane Zeit ein, um mit diesen Freunden auf Berge zu steigen und um sie anzurufen und nach ihnen zu sehen. Ich plane Aufenthalte in Los Angeles, Memphis und Chicago und sie kommen nach Vancouver. Wir möchten das noch gemeinsam tun, wenn wir achtzig sind, und wir setzen uns jetzt für diese Zukunft ein!

Das sind polychrome Verpflichtungen. Wir können Beziehungen nicht in einen Zeitplan pressen, aber wir können Freundschaften zu unseren Prioritäten machen und sicherstellen, dass wir Zeit für die Menschen in unserem Leben finden. Zwanzig Jahre später werden die Beziehungen, die wir aufgebaut haben, wichtiger sein als unser Erfolg als Führungskraft. Verantwortlich für meine Zeit sein heißt auch, Zeit für Freundschaften zu finden, die über die Grenzen meiner Pflichten als Führungskraft hinausgehen. Es heißt, die richtige Balance zwischen beruflichen und freundschaftlichen Beziehungen zu finden.

Verantwortung und Vergebung

Führungskräfte verpflichten die Geführten auf die Mission der Organisation und ihren Beitrag und ihr Wachstum. Vorstände achten in der gleichen Art auf die Führungskräfte. Aber Führungskräfte und Geführte sind ebenso gegenüber Gott, einander und der Mission Rechenschaft schuldig, die sie zusammenbringt. *Führung ist eine wechselseitige verantwortliche Beziehung, die auf einer Beziehung mit Gott in Jesus Christus aufbaut.* Der letzte Teil dieses Satzes vermittelt uns Hoffnung. Führung muss verantwortlich geschehen. Führung durch Beziehungen ist angreifbar. In einer Beziehung zu Gott bekommen wir durch Christus Hoffnung. Wenn Gott uns dazu beruft, zu führen – wenn er uns ins Leben ruft –, dann schließt diese Berufung Vergebung mit ein. Ich glaube nicht, dass es ohne Vergebung Führung geben kann.

Im Frühjahr 1996 gab es in der Welt der Bergsteiger eine Tragödie. Zwei Führer verloren ihr Leben. Am 10. Mai starben Rob Hall und Scott Fischer, als sie ihre Vision verfolgten. Genauso starben sechs weitere Männer und Frauen bei einer der schlimmsten Katastrophen in der Geschichte des Mount Everest.

Berge vergeben nicht. Dieses Prinzip war lange Bestandteil des Wissens und der Literatur über Bergsteigen. Menschen machen Fehler und Menschen können vergeben. Aber Berge sind keine Umgebung, die vergibt. Wir wissen dies alle; Bergsteiger wissen es nur zu gut. Aber wir reagieren immer noch schockiert und entrüstet, wenn es geschieht. Die Grenze für einen Fehler ist in einer Höhe von 8800 m sehr schmal, aber wir schreien immer noch schmerzvoll auf, wenn der Preis für eine Entscheidung der Tod ist!

Niemand weiß genau, was wirklich am 10. Mai falsch lief. Es hat schon viele Spekulationen gegeben, und es wird noch mehr geben, wenn Bergsteiger, Sponsoren, die Familien und Beobachter über die Everest-Tragödie nachdenken. Für manche war es ein Fehler in der Vision. Niemand, der bei klarem Verstand ist, würde sich solch ein

Ziel setzen, geschweige denn 65000 Euro für diese Möglichkeit bezahlen! Für manche lag der Fehler bei den Werten. Die Gemeinschaft von Bergsteigern ist gegenseitig voneinander abhängig und sorgt füreinander. Hier aber wurde sie durch eine Sammlung von individuellen Egos ersetzt, die alle ihrem eigenen Traum folgten. Für manche war es Gottes Handeln, als ein wunderschöner Morgen sich in einen höllischen Orkan mit eiskaltem Wind und Schnee verwandelte. Für viele lässt sich jedoch alles als ein Fehler in der Führung zusammenfassen. Der Führung auf vielen Ebenen. Der Führung des Leitungsteams, das versäumte, die Zahl der Bergsteiger zu kontrollieren, die den Aufstieg versuchten. Der organisatorischen Führung, die es zuließ, dass Expeditionen miteinander konkurrieren, anstatt zusammenzuarbeiten. So standen sich 23 Kletterer auf dem letzten Stück vor dem Gipfel im Weg. Und der persönlichen Führung, bei der persönliche Ziele die Regeln des Bergsteigens missachteten. Man macht Fehler und die Berge vergeben nichts.

Rob Hall war eine erfahrene Führungskraft, ein routinierter Bergführer, der kommerzielle Klettertouren auf die höchsten Berge der Welt organisierte und leitete. Er war sehr angesehen und als solider und konservativer Führer bekannt, ein Mann, mit dem man gut klettern konnte. Er war eine Führungskraft, bei der die Menschen sich entschlossen, ihr zu folgen. Er verstand Führung als eine Vertrauensbeziehung und ihm wurde vertraut.

Rob Hall wusste um die Bestandteile von Führung, die mit Beziehung zu tun haben. Er wusste etwas über eine *Vision*. Er wusste, wohin er wollte. Er hatte bereits auf dem Gipfel des Mount Everest gestanden. Hall hatte tatsächlich in den letzten Jahren 39 Bergsteiger auf den Gipfel des Everest geführt. Er wusste genau, was er tun musste, um sein Ziel zu erreichen – für seine Kunden und für seine Firma. Und es war eine *gemeinsame Vision*. Wenn seine Bergsteiger das Honorar bezahlten, verpflichteten sie sich, diese Vision zu übernehmen und Verantwortung für sie zu tragen. Sie waren bereit, für diese Vision zu leben und – wie es sich herausstellte – zu sterben. Sie hatten eine gemeinsame Vision, aber sie machten Fehler bei der Durchführung dieser Vision, und Berge vergeben nicht.

Rob Hall wusste auch etwas über *Werte*. Er verstand es sogar dann, wenn er mit den anderen Expeditionen konkurrierte, im Team und mit den anderen zusammenzuarbeiten. Er wusste, wie er für seine Leute sorgen musste. Er war die 65000 Euro wert. Er sorgte zuallererst für ihre Gesundheit und Sicherheit und erst als Zweites für den Aufstieg zum Gipfel. Er kannte die Getriebenheit des Menschen und seine Würde. Er wusste, wie er unter Druck mit Furcht und Konflikten umgehen sollte. Er wusste vom Wert des Lebens und von Beziehungen und paukte seinen Leuten die Regeln einer Gemeinschaft von Bergsteigern ein. Sie teilten diese Werte und erklärten sich bereit, verantwortlich nach ihnen zu leben. Unglücklicherweise haben sie sie nicht immer befolgt. Es wurden Fehler gemacht.

Rob Hall wusste auch etwas von *Angreifbarkeit*. Er verstand das Risiko, sich mit einem Seil an jemandem festzubinden und sich seinen Schwächen, aber auch seinen Stärken auszuliefern. Ein Fehler in ihrem Team konnte anderen schaden. Eine Verletzung in einem anderen Team konnte Zeit und Kraft von ihrer Mission weg lenken, wenn eine Rettungsaktion nötig würde. Er wusste, dass Fehler – falsche Beurteilung, schlechte Entscheidungen, körperliche Grenzen (seine oder die von jemand anderem) – die Mission zum Scheitern bringen oder die Vision beenden, ja sogar in einer Tragödie enden lassen konnten. Bergsteiger sind Menschen und Menschen machen Fehler. Angreifbarkeit erfordert Vergebung. Am 10. Mai wurden Fehler gemacht und das kostete Menschen das Leben.

Rob Hall war eine Ausnahmeerscheinung. Wusste er, wohin er wollte? Ohne jeden Zweifel! Wusste er, was wirklich wichtig war? Vollkommen! Wusste er um seine Angreifbarkeit? Natürlich. Was lief dann falsch? Das kann keiner mit Sicherheit sagen. Aber eines scheint klar zu sein: Seine Werte und seine Verpflichtung gegenüber seinen Bergsteigern veranlassten ihn dazu, mit einem verletzten

Kletterer zurückzubleiben, der dringend Sauerstoff benötigte. Am Ende brachten ihn seine Werte um. Einer Reihe von schlechten Entscheidungen ausgesetzt, sich verschlechterndem Wetter und einem verletzten Bergsteiger gegenübersehend, rief Hall mit seinem Satellitentelefon seine Frau an und verabschiedete sich von ihr. Fehler kommen vor und Berge vergeben nicht.

Vision, Werte und Angreifbarkeit. Drei entscheidende Bestandteile von Führung. Das wusste Rob Hall auf dem Mount Everest. Eine Vision erfordert Verantwortung, Werte erfordern Rechenschaft, und Angreifbarkeit erfordert Vergebung. Bei Führung geht es um eine Vision, um Werte und Angreifbarkeit. Es geht auch um Verantwortung, Rechenschaft und Vergebung.

Wir haben über eine Vision und über Werte gesprochen. Wir haben Verantwortung und Rechenschaft betrachtet. Aber was ist mit Vergebung? In der Literatur über Management steht wenig über Vergebung. Das könnte gut und gerne die Krise für die Führung heute sein. Ich bin immer mehr davon überzeugt, dass es ohne Vergebung keine Führung geben kann. Führung erfordert Vergebung, und Vergebung fördert die Führung.

Den Führungskräften vergeben

Letztes Jahr rief mich der Redakteur einer Wochenzeitung an. Er bat um einen Artikel als Antwort auf den Vorwurf, dass es in der Führung bei der Universitätsausbildung in Kanada eine Krise gäbe. Ein Wissenschaftler hatte die vielen Stellenanzeigen für Dekane und Universitätsdirektoren gesehen und gefolgert, dass es hier eine Krise geben müsse. Ich schrieb den Artikel und erwiderte, dass es vielleicht tatsächlich eine Krise gibt, aber nicht die, welche der Wissenschaftler vermutet. Ich sagte, dass es keinen Mangel an Möglichkeiten für die Führungskräfte in der höheren Ausbildung gibt, wie angenommen wurde. Ich sagte auch, dass es keinen Mangel an passenden Menschen gäbe, die fähig seien, diesen Organisationen zu dienen und hart für die Vision und die Werte ihrer Institutionen zu arbeiten. Aber ich gab zu, dass die Führungskräfte in der höheren Ausbildung nicht sehr lange bleiben. In der theologischen Ausbildung z.B. bleiben die Direktoren im Durchschnitt vier Jahre und die Dekane weniger als drei Jahre. Nach elf Jahren als Universitätspräsident werde ich als ein Veteran betrachtet – ein erschreckender Gedanke! Die Krise bei der Führung ist meiner Ansicht nach eine Krise bei der Vergebung. Von Führungskräften wird erwartet, dass sie fehlerlos sind. Es gibt in unseren Organisationen wenig Nachsicht gegenüber Fehlern und wenig Anerkennung der menschlichen Grenzen von Führungskräften. Organisationen wünschen sich Führungskräfte, die sie vor sich stellen und ihnen die Last der Entscheidung aufbürden können, ohne dass diese Fehler machen. Fehlerlose Führung ist ein Paradox.

Vielleicht haben Sie schon die Geschichte von der jungen leitenden Angestellten gehört, die den schroffen alten Firmenleiter ausfragte. Sie fragte ihn: „Wie kann ich eine so große Führungskraft werden wie Sie?"

Der alte Mann schaute auf sie herab und sagte schroff: „Zwei Worte: Richtige Entscheidungen!"

Nachdem sie eine Minute über diese Weisheit nachgedacht hatte, fragte die junge Angestellte: „Wie lerne ich es, die richtigen Entscheidungen zu treffen?"

Der alte Leiter hielt ein wenig inne und antwortete: „Ein Wort: Erfahrung!"

Hartnäckig fragte die junge Frau nach: „Aber wie bekomme ich Erfahrung?"

Und wie Sie wahrscheinlich bereits vermuten, drehte sich der ältere Leiter zu ihr um und sagte: „Zwei Worte: Falsche Entscheidungen!"

Führungskräfte führen, indem sie aus ihren Fehlern lernen. Und Führungskräfte sollen andere Führungskräfte fördern. Dazu müssen sie den Menschen, für die sie verantwortlich sind, Raum geben, Fehler zu machen und zu lernen.

Am Ende meiner Befragung durch den Vorstand von Regent wurde mir die Gelegenheit gegeben, ihnen Fragen zu stellen. Ich fragte: „Wie werden Sie reagieren, wenn ich Fehler mache? Ich bin vorher nie Präsident gewesen. Ich werde Fehler machen. Werden Sie mich hinauswerfen, wenn ich auf das Gesicht falle? Oder werden Sie mich aufheben, auf die Füße stellen und mich ermutigen, es noch einmal zu probieren?“ Sie hatten auf diese Fragen nicht sofort eine Antwort, aber vielleicht ist das Nachdenken darüber einer der Gründe, warum ich immer noch hier bin – immer noch als Führungskraft, immer noch Fehler machend und immer noch aus ihnen lernend.

Organisationen müssen ein Klima der Vergebung schaffen, wenn sie qualifizierte Führung haben möchten. Und Führungskräfte müssen ihre eigene Fehlbarkeit annehmen und Geführten vergeben, wenn sie zu diesem Klima der Vergebung beitragen und die Führungsfähigkeiten ihrer Leute fördern wollen. Vergebung ist vielleicht das wichtigste Geschenk, das eine Organisation ihren Führungskräften machen kann. Es ist auch das wichtigste Geschenk, das eine Führungskraft den Menschen machen kann, für die er oder sie verantwortlich ist. Vergebung gibt Menschen die Möglichkeit, Risiken einzugehen. So lernen und wachsen sie für ihre eigenen Führungsfähigkeiten in der Organisation. Führungskräfte brauchen angesichts ihrer eigenen Fehlbarkeit Vergebung. Sie müssen auch anderen vergeben, obwohl das Versagen von anderen ihre eigene Fehl- und Angreifbarkeit erhöht.

Vergebung ist das wichtigste Geschenk, das eine Organisation ihren Führungskräften machen kann.

Sich selbst vergeben

Aber es gibt noch einen weiteren Aspekt in diesem Bild von Führung, Angreifbarkeit und Vergebung. *Führungskräfte müssen in der Lage sein, sich selbst zu vergeben.* Das ist vielleicht das Schwerste von allem. Jeder von uns quält sich mit den dummen Dingen, die er gemacht hat. Er denkt an die gemachten Fehler und das gestrige Versagen. Unsere Führungsfähigkeiten sind direkt von unserer Fähigkeit abhängig, uns selbst zu vergeben und weitere Fehler zu riskieren. Wenn unser Handeln von Furcht vor Versagen eingeengt wird, können wir nicht führen. Versagen muss vergeben werden und aus Fehlern muss man lernen. Und es gibt nichts Schwierigeres, als sich selbst zu vergeben.

1928 hat General Umberto Nobile eine italienische Expedition zum Nordpol angeführt. Zusammen mit dem berühmten Forscher Finn Malgrem flogen Nobile und seine Männer mit dem Luftschiff *Italia* vom Kongs Fjord in der norwegischen Arktis zum Nordpol. Die Expedition erreichte erfolgreich den Pol, aber sie endete in einer ähnlichen Tragödie wie die Expeditionen am Everest 1996.

1969 wurde die Geschichte in dem dramatischen Spielfilm *The Red Tent* mit Peter Finch, Sean Connery und Claudia Cardinale in den Hauptrollen von Hollywood verfilmt. Ich benutze diesen Film in meinem Kurs über Führung in Regent. Obwohl der Film nun schon gut dreißig Jahre alt ist, ist er immer noch dramatisch und fesselnd, und es dreht sich alles um Führung. Ein Gericht soll Nobiles Führung bewerten, und jetzt, wie er sich als alter Mann an die Expedition erinnert, stehen in seinen Gedanken wieder alle Zeugen auf. In seiner Fantasie bewertet Nobile die Sache mit den Augen jedes Teilnehmers, als er versucht, vor Gericht wegen seiner Führung und seinem Versagen zu bestehen. Es ist ein sehr kraftvoller Film. Wenn ich ihn in dem Kurs zeige, stoppe ich ihn an drei entscheidenden Punkten, an denen der General eine Entscheidung treffen muss. Hier frage ich die Klasse, was sie tun würde. Am Ende, vor der endgültigen Bewertung, halte ich den Film noch einmal an und bitte die Studenten, seine Führung zu bewerten. Wenn sie wirklich mit den Entscheidungen vorher mit gerungen haben, sind sie sich am Ende weitaus weniger sicher, wie sie ihn beurteilen sollen.

Zu Beginn des Spielfilms hat Nobile die Vision – den Traum, am Nordpol zu landen. Er ist von dieser Vision besessen und zeigt zu jeder Zeit dieses sein Ziel. Das wirkt ansteckend und seine Männer werden von dieser Vision ebenfalls gefangen genommen. Ich halte das Band an und frage die Klasse – wie ich auch Sie fragen würde: Haben Sie eine Vision für das, was Sie erreichen möchten? Für Ihr Leben? Ihre Organisation? Ihre Abteilung? Leben Sie Ihre Vision mit einer solchen Energie, dass Ihre Leute sie übernehmen und Ihren Enthusiasmus teilen?

Der Film läuft weiter und Nobile erreicht mit seiner Mannschaft den Nordpol und bereitet sich auf die Landung vor. In diesem Moment ändert sich jedoch das Wetter – wieder wie am Everest – und er muss eine schwere Entscheidung treffen: Landet er und erfüllt seine Mission für sein Land? Oder bricht er die Landung ab und kehrt zur Kings Bay zurück (wie Kongs Fjord in dem Film genannt wird), um die Sicherheit seiner Männer zu gewährleisten? Sein Stellvertreter, Major Zippi, drückt es deutlich aus: „Ein Offizier ist seiner Mission verpflichtet – Sie müssen landen."

Aber der Forscher Malgrem kontert: „Nein, ein Offizier ist auch für seine Leute verantwortlich – Sie müssen nach Kings Bay zurückkehren."

Wieder halte ich den Film an und wir entscheiden. Vision oder Werte? Was würden Sie tun?

General Nobile trifft seine Entscheidung und macht auf dem Eis der Arktis eine Bruchlandung, wobei er mehrere Männer seiner Expedition tötet. Zusammengedrängt auf dem Eis in einem roten Zelt wird der Film zu einer eiskalten Geschichte über Überleben, Heldentum und Rettung. Dies bringt noch mehr wichtige Entscheidungen für den General. Am Ende wird Nobile nach den Entscheidungen, die er getroffen hat, beurteilt. Aber das Gericht der Geschichte verfolgt ihn nicht. Es ist Nobile selbst, der sich nicht vergeben kann. Vierzig Jahre später quälen ihn immer noch Alpträume über diese Expedition, seine Führung und sein Versagen. Erst als er sich in einem schmerzlichen und eindrucksvollen Schluss der harten Realität stellt, kann er sein Versagen zugeben. Er kann nun auch seine Verdienste akzeptieren und das Urteil der Geschichte über seine Führung annehmen. Dann erst kann er sich selbst vergeben und wieder ruhig schlafen.

Dies ist ein beeindruckender Spielfilm über Visionen, Werte und die Fehlbarkeit jeder Führung – eine starke Aussage über den entscheidenden Zusammenhang zwischen Führung und Vergebung. Führung durch Beziehungen ist ein riskantes Geschäft. Uns wird eine Vision anvertraut. Uns werden auch die Träume, Gaben und Hoffnungen unserer Leute anvertraut. Wir sind Gott und der Organisation Rechenschaft schuldig. Wir werden versagen und andere werden gegenüber uns versagen. Ohne die Hoffnung auf Vergebung würden wir nie den Mut haben, Führungsrollen zu übernehmen – uns selbst als Diener für die gemeinsame Vision und die gemeinsamen Werte der Organisation anbieten. Ohne Vergebung würden wir uns nie auf die voneinander abhängigen Beziehungen in unseren Gemeinschaften einlassen. Aber Vergebung ist fest an die Gabe der Führung gebunden. Sie ist die stärkende Seite der Rechenschaftspflicht. Und Vergebung ist der Kern der Beziehung der Führungskraft zu Gott.

■ ***Vergebung ist der Kern der Beziehung der Führungskraft zu Gott.***

Schlussfolgerung: Gebet und Segen

Wenn Sie die Pflichten der Führung übernehmen, sich selbst als Diener für die Menschen einbringen, die Gott Ihrer Fürsorge anvertraut hat – wenn Sie diese Menschen bei der Durchführung der gemeinsamen Vision und Ihrer gemeinsamen Werte begleiten – wenn Sie die Mission Ihrer Organisation mit Gemeinschaft erfüllen wollen, dann bete ich mit Paulus und Judas:

Darum lassen wir auch von dem Tag an, an dem wir's gehört haben, nicht ab, für euch zu beten und zu bitten, dass ihr erfüllt werdet mit der Erkenntnis seines Willens in aller geistlichen Weisheit und Einsicht, dass ihr des Herrn würdig lebt, ihm in allen Stücken gefallt und Frucht bringt in jedem guten Werk und wachst in der Erkenntnis Gottes und gestärkt werdet mit aller Kraft durch seine herrliche Macht zu aller Geduld und Langmut. Mit Freuden sagt Dank dem Vater, der euch tüchtig gemacht hat zu dem Erbteil der Heiligen im Licht. Er hat uns errettet von der Macht der Finsternis und hat uns versetzt in das Reich seines lieben Sohnes, in dem wir die Erlösung haben, nämlich die Vergebung der Sünden.

Kolosser 1,9-14

Dem aber, der euch vor dem Straucheln behüten kann und euch untadelig stellen kann vor das Angesicht seiner Herrlichkeit mit Freuden, dem alleinigen Gott, unserm Heiland, sei durch Jesus Christus, unsern Herrn, Ehre und Majestät und Gewalt und Macht vor aller Zeit, jetzt und in alle Ewigkeit! Amen.

Judas 24-25

Fußnoten

1 Robert Greenleaf, der früher eine leitende Position bei AT&T innehatte, war der Erste, der in seinem Buch Servant Leadership (New York: Paulist Press, 1977) das Konzept einer dienenden Führung auf die Geschäftswelt anwandte.

2 Margaret Craven, I Heard the Owl Call My Name (New York: Dell Publishing, 1973).

3 Paul Hersey und Kenneth Blanchard, Management of Organizational Behavior (Eglewood Cliffs, N.J.: Prentice Hall, 1988), 5.

4 Howard Gardner, Leading Minds (New York: Basic Books, 1996), 8.

5 James MacGregor Burns, Leadership (New York: Harper & Row, 1978).

6 Tom Peters und Nancy Austin, A Passion for Excellence (New York: Warner Books, 1989), 354-359.

7 Peter Koestenbaum, The Heart of Business (Dallas: Saybrook Publishing Company, 1987), 352.

8 James M. Kouzes und Barry Z. Posner, Credibility (San Francisco; Jossey-Bass, 1993), 22.

9 Koestenbaum, The Heart of Business, 354-355.

10 Parker J. Palmer, 'Leading from within', Insights on Leadership (New York: John Wiley, 1998), 205.

11 Os Guiness, Von Gott berufen – aber wozu (Hänssler, 2000) 4.

12 Henri Nouwen, In the Name of Jesus (New York: Crossroad, 1989), 28.

13 Nouwen, In the Name of Jesus, S. 31.

14 Mary C. Richards, Centering in Pottery, Poetry and the Person (Middletown, Conn.: Wesleyan University Press, 1964), in Charlotte F. Speight, Hands in Clay (Sherman Oaks, Kalif.: Alfred Publishing, 1979), 217.

15 Henri Nouwen, Reaching Out: The Three Movements of the Spiritual Life (Garden City, N.Y.: Image Books, 1986), 48.

16 Judas 18-19.

[17] Max DePree, Leadership is an Art (East Lansing: Michigan State University Press, 1987), 11. Deutsche Ausgabe: Die Kunst des Führens, Campus. Nicht mehr lieferbar.

[18] H. Gardner, Minds bemerkt auf Seite 38, dass sogar die Stalins und Saddams in unserer Welt überzeugen müssen, obwohl sie das Mittel des Terrors benutzen, um ihre Untertanen zu kontrollieren.

[19] Hermann Hesse, Die Morgenlandfahrt (1932). Mit dieser Geschichte beginnt Robert Greenleaf sein grundlegendes Werk Servant Leadership, 1977.

[20] Thomas J. Peters und Robert H. Waterman Jr., In Search of Excellence (New York: Harper & Row, 1982). Deutsche Ausgabe: Auf der Suche nach Spitzenleistungen, vergriffen.

[21] Gary A, Yukl, Leadership in Organizations (Englewood Cliffs, N.J.: Prentice Hall, 1981),3. Siehe auch Howard Gardner, Leading Minds (New York: Basic Books, 1996), 8-9.

[22] Paul Hersey und Kenneth Blanchard, Management of Organizational Behavior (Englewood Cliffs, N.J.: Prentice Hall, 1988), 5.

[23] John W. Gardner, On Leadership (New York: Free Press, 1990), 2.

[24] Yukl, Leadership in Organizations, 10-17.

[25] Hersey und Blanchard, Management of Organizational Behavior, 171.

[26] James O'Toole befürchtet in Leading Change (San Francisco: Jossey-Bass, 1995), 7-8, dass die vorausschauende Führung der Führungskraft erlaubt, jedes Mal zu dem für sie bequemen Führen durch Anweisungen zurückzukehren, wenn sie sich in einer komplexen oder schwierigen Situation befindet. Und dies ist meistens der Fall. Wenn dies geschieht, ist vorausschauende Führung nicht effektiv, sagt O'Toole.

[27] Jack O. Balswick und Walter C. Wright jr., „A Complementary-Empowering Model of Ministerial Leadership“, in J.I. Packer (Hg.), The Best in Theology, Bd. 4 (Carol Stream, Ill.: Christianity Today, 1990), 323.

[28] James MacGregor Burns, Leadership (New York: Harper & Row, 1978), 4.

[29] Peter Block, The Empowered Manager (San Francisco: Jossey-Bass, 1987), 15.

[30] Diese Geschichte wurde von Max DePree bei einem öffentlichen Vortrag erzählt und ist mit seiner Erlaubnis abgedruckt.

[31] Der Spielfilm Schindlers Liste ist ein weiteres anschauliches Beispiel für diese Art von Führung, die befähigt.

32 Tom Peters und Nancy Austin, A Passion for Excellence (New York: Warner Books, 1989).

33 Ich hörte diese Geschichte zuerst von Max DePree, der sie Shula auf einer Veranstaltung in Puerto Rico erzählen hörte.

34 Gardner, Leading Minds, 10.

35 James M. Kouzes und Barry Z. Posner, Credibility (San Francisco: Jossey-Bass, 1993), 22.

36 Walter C. Wright jr., „Watercooler Management", Leadership 10, 2 (1989), 132.

37 Max DePree, Leadership Jazz (New York: Doubleday, 1992), 157.

38 Harold Westing, Multiple Church-Staff Handbook (Grand Rapids: Kregel, 1985), 16.

39 Die Geschichte wird eindrücklich bei John Roskelly, Nanda Devi (Harrisburg, Penn.: Stackpole Books, 1987) erzählt.

40 Emilie Griffin, The Reflective Executive (New York: Crossroad, 1993), 53.

41 Max DePree, Leadership is an Art, 61.

42 Max DePree, Leadership Jazz (New York: Doubleday, 1992), 82.

43 DePree, Leadership is an Art, 11.

44 DePree, Leadership is an Art, 82-83.

45 Charles Handy, The Age of Unreason (Boston: Harvard Business School Press, 1989); The Age of Paradox (Boston: Harvard Business School Press, 1994).

46 Handy, The Age of Unreason, 5-9.

47 Siehe Stan Davis und Christopher Meyer, Blur: The Speed of Change in a Connected Economy (Reading, Mass: Addison-Wesley, 1998), 13.

48 Russell Chandler, Racing Toward 2001 (Grand Rapids: Zondervan, 1992), 314.

49 Faith Popcorn, Der Popcorn Report (New York: Doubleday, 1991), 41.

50 Davis und Meyer, Blur: The Speed of Change in a Connected Economy, 167.

51 Handy, The Age of Unreason, 184.

52 Bill Green, „Money Isn't Everything", Fast Company (April-Mai 1998), 240.

53 Esther Dyson, Release 2.0: A Design for Living in the Digital Age (New York: Broadway Books, 1997), 77.

54 Stephen R. Covey, „Servant Leadership from the Inside Out“, Insights on Leadership, xiv.

55 Davis und Meyer, Blur: The Speed of Change in a Connected Economy, 217-218.

56 Bemerkungen aus einem Seminar.

57 Davis und Meyer, Blur: The Speed of Change in a Connected Economy, 13.

58 Davis und Meyer, Blur: The Speed of Change in a Connected Economy, 148.198.201.

59 Peter F. Drucker, Post-Capitalist Society (New York: Harper-Business, 1993), 42; siehe auch Dyson, Release 2.0: A Design for Living in the Digital Age, 81.

60 Handy, The Age of Unreason, 184.

61 Tom Peters, The Circle of Innovation (New York: Knopf, 1997), 395-423.

62 Jeremy Rifkin, The End of Work (New York: Putnam, 1995), 238-239.

63 Eugene Linden, The Future in Plain Sight (New York: Simon & Schuster, 1998), 79.

64 Darrell L. Guder, Missional Church (Grand Rapids: Eerdmans, 1998), 1.

65 Guder, Missional Church, 44.

66 Jürgen Moltmann, Hope and Planning (New York: Harper & Row, 1971), 184-190; siehe auch Ray S. Anderson, Minding God's Business (Grand Rapids: Eerdmans, 1986), 139-140.

67 Edgar H. Schein, Organizational Culture and Leadership (San Francisco: Jossey-Bass, 1992), 53.

68 Peter F. Drucker, Managing in Turbulent Times (New York: Harper & Row, 1980), 45.

69 Block, The Empowered Manager, 107.123.

70 Oscar Hijuelos, Mr. Ives' Christmas (New York: HarperCollins, 1995).

71 James M. Kouzes und Barry Z. Posner, Credibility (San Francisco: Jossey-Bass, 1993), 59.

72 Warren Bennis, On Becoming a Leader (Reading, Mass.: Addison-Wesley, 1989), 40.51.

[73] Kouzes und Posner, Credibility, 51ff.

[74] Max DePree, Leadership Jazz (New York: Doubleday, 1992), 1-3.

[75] Terrence E. Deal und Allen A. Kennedy, Corporate Cultures Reading, Mass: Addison-Wesley, 1982); Thomas J. Peters und Robert H. Waterman, Jr., In Search of Excellence (New York: Harper & Row, 1982); Craig R. Hickman und Michael A. Silva, Creating Excellence (New York: New American Library, 1984); Tom Peters und Nancy Austin, A Passion for Excellence (New York: Warner Books, 1989); Tom Peters, Thriving on Chaos (New York: Knopf, 1987); DePree, Leadership Jazz; Kouzes und Posner, Credibility; J. Michael Fuller, Above the Bottom Line (Toronto: Macmillan Canada, 1993); James O'Toole, Leading Change (San Francisco: Jossey-Bass, 1995).

[76] Edgar H. Schein, Organizational Culture and Leadership (San Francisco: Jossey-Bass, 1992), 2.

[77] Schein, Organizational Culture and Leadership, 12.

[78] Schein, Organizational Culture and Leadership, 95.

[79] Schein, Organizational Culture and Leadership, 95-96.

[80] Schein, Organizational Culture and Leadership, 96.

[81] Schein, Organizational Culture and Leadership, xiv, 2.

[82] Schein, Organizational Culture and Leadership, 5.

[83] Diese Liste wurde veröffentlicht in Fuller, Bottom Line, 164.

[84] DePree, Leadership Jazz, 26.

[85] Max DePree, Leadership is an Art (East Lansing: Michigan State University Press, 1987), 27; siehe auch Max DePree, Leading without Power (San Francisco: Jossey-Bass, 1997).

[86] Fast Company: How Smart Business Works, August 1998.

[87] The Vancouver Sun, Juli 1990.

[88] Scott Kirsner, „Hire Today...Gone Tomorrow", Fast Company: How Smart Business Works, August 1998, 138.

[89] Peters und Austin, A Passion for Excellence, 213-218.

[90] Kenneth H. Blanchard und Spencer Johnson, The One Minute Manager (New York: Morrow, 1982). Deutsche Ausgabe: Der Minuten-Manager (Hamburg: Rowolth 2002)

[91] Rae Andre und Peter Ward, Fifty-nine Second Employee (Boston; Houghton-Mifflin, 1983).

[92] Dietrich Bonhoeffer, „The Nazi Rise to Power“, No Rusty Swords (New York: Harper & Row, 1965), 190-204. Enthalten in Bonhoeffer: Dietrich Bonhoeffer Werke (Gütersloh, Gütersloher Verlagshaus)

[93] Ann McGee Cooper, Time Management for Unmanageable People (New York: Bantam Books, 1994), 21.

[94] Cooper, Time Management for Unmanageable People, 25.

[95] Cooper, Time Management for Unmanageable People, 25-28.

[96] Cooper, Time Management for Unmanageable People, 29.

[97] Cooper, Time Management for Unmanageable People, 41.